高等职业教育“十三五”规划精品系列教材

21世纪高职高专规划教材 · 空中乘务系列

# 民航团队拓展训练实务

Civil Aviation Team Development Training Practice

主　编 / 池锐宏　陈振旗

副主编 / 黄进委　白文宇　张晓明

中国人民大学出版社

· 北京 ·

# 前 言

据资料统计，四分之三以上的民航飞行事故是由人为因素造成的，对人为因素的改善已成为提高当前和未来民用航空安全水平的最有效途径。党的二十大报告提出“必须增强忧患意识，坚持底线思维，做到居安思危、未雨绸缪”。

在民航岗位工作中，也存在许许多多的团队，如飞行组、乘务组、安保组、维护组等。对乘务组成员、安保组成员进行团队拓展训练，能有效地减少不安全因素，杜绝人为差错，更好地保障旅客生命与财产的安全。

本教材以团队拓展训练为切入口，充分结合民航行业案例，根据民航岗位工作特征，依照能力体系，注重每一种具体能力的实训项目设计，尤其注重学生实训学习后多维度的讨论、分享、总结环节的设置。教材理论与实践相结合，内容实用，可操作性强，学生在实训学习后，情绪力、抗挫力等 14 种能力将得到有效提升。

本教材在内容选取与编写方式上有以下四个特点：

一是体例丰富。本教材打破传统教材的编写思路，以理实一体化设计模式下的项目教学为主，除了导论部分，书中每一个项目都设置了项目导引、学习目标、案例导入、任务实训、知识链接、课外拓展、自我测试、课后锦囊等学习栏目，让教师的课堂教学、学生的学习方式多元化，实现了理实有机结合。

二是内容创新。本教材基于民航岗位工作特征，总结并提炼出一套能力体系，共有情绪力、抗挫力等 14 种能力，这些内容涵盖了民航服务类学生在校学习、踏上未来工作岗位所应具备的主要能力。每一种能力设置若干个实训任务，学生通过体验式学习进行各具体能力的有效提升，增强未来岗位工作竞争力。

三是可读性、可操作性强。遵循学生的认知规律，本教材选取了大量最新的民航一线岗位真实案例、实训图片，图文并茂，增强了直观性，提高了吸引力。

四是时代性强。本教材的主题与当代民航精神中培养团结协作的工作作风高度契合。

本教材由池锐宏担任第一主编，负责教材统稿、内容审定、撰写前言等工作，并负责教材导论、项目五、项目六的编写；陈振旗担任第二主编，负责教材编写体例、能力体系的制定，并负责项目一、项目二、项目三、项目四的编写；黄进委担任第一副主编，负责项目七、项目八、项目九的编写；白文宇担任第二副主编，负责项目十、项目十一、项目十二的编写；张晓明担任第三副主编，负责项目十三、项目十四的编写。实训任务图片拍摄由翁柳欣、郭洋、刘露、刘阳、周聪慧、雒珊、沈鞍励、卞佳伦、吴晓婷、李爽同学参与完成。

本教材既可作为高职院校经营管理服务类专业学生的用书，也可以作为旅游类专业学生的选修课教材或航空企事业单位的培训用书。

在本教材编写的过程中，我们参考、借鉴了国内外同行、专家大量的研究成果，在此表示真诚的感谢！由于水平有限，书中疏漏和不妥之处在所难免，欢迎读者批评指正。

**编者**

# 目　录

# 导论　认识民航团队拓展训练

## 项目导引

本项目主要介绍团队、团队精神、团队拓展训练的内涵以及机组资源管理的相关知识，通过本项目的学习，学生可以对民航团队拓展有基本的了解，对在民航岗位中提升团队能力有基本的认识，能够具备一定的团队拓展训练能力。

## 学习目标

### 一、知识目标

1. 熟悉团队、团队精神、团队拓展训练的内涵。
2. 理解团队拓展训练与机组资源管理之间的联系。

### 二、能力目标

1. 能够理解民航团队拓展训练与学习者的关系。
2. 能够具备一定的团队拓展训练能力。

## 案例导入

### 从阿罗哈航空243号航班事故看机组资源管理（节选）

**事件回顾**

1988年4月28日13时25分，阿罗哈航空公司机长罗伯特·舜施泰莫和副驾驶马德林·汤普健斯驾驶243号航班（由波音737-200飞机执飞）从希洛国际机场起飞，前往檀香山。飞机上载有89名旅客和5名机组人员，飞机在起飞和爬升时并没有出现任何异常情况。13时48分，飞机爬升到巡航高度24 000英尺（7 300米）时，飞机驾驶舱传来一阵呼呼的声音，紧接着就听到一声巨响。副驾驶感觉头被人向后扯了一下，等她再回头，发现驾驶舱的纸质文件乱飞；机长也扭头，发现驾驶舱的门没了，而飞机头等舱的顶棚出现了一个大洞，可以看见蓝天。

原来，由于飞机老化，在机身严重锈蚀的情况下，固定飞机的蒙皮铆钉不能承受应力，在断裂后带走了从驾驶舱后方一直到机翼附近的一大块机舱天花板。一名机舱乘务员直接被气流扯进机体的破洞，然后被甩出机舱外。

当班的乘务组表现出非常优秀的职业水平。飞机快速释压时，一名乘务员正好站在第 15 排和第 16 排中间，并被猛烈地抛向机舱地板。她一边给自己戴好氧气面罩，一边协助旁边的旅客戴好氧气面罩。等飞机下降到安全高度能自主呼吸后，她又爬起来，走到机舱前排的位置，协助安抚受惊的旅客。另一名乘务员当时站在机舱前排的位置，因被脱落的残骸击中而受伤，在其他旅客的帮助下，她保住了性命。

飞机在当地时间 13 时 58 分安全降落在卡富鲁伊机场 02 跑道上。奇迹的是，只有那名被甩出机舱的乘务员死亡，旅客全部生还。

**在 13 分钟内力挽狂澜**

爆裂性的快速释压发生在 13 时 45 分 43 秒，飞机落地时间为 13 时 58 分 45 秒。在这煎熬的 13 分钟内，阿罗哈航空 243 号航班的两名飞行员力挽狂澜，创造了奇迹。那么，他们在这段时间内都做了什么？

机长发现机体破裂快速释压后，和副驾驶毫不迟疑地先戴上了氧气面罩，并要求副驾驶立即联络毛伊岛机场，请求紧急降落。

机长接替了飞机操作，但飞机开始变得反复左右侧滚，不能受到有效控制。机长知道，最重要的是尽快下降到 10 000 英尺的安全高度，这样旅客才可以不用佩戴氧气面罩安全呼吸。机长迅速下降飞机飞行高度，使用减速板，保持空速 280～290 节，下降率一下增至每分钟 4 100 英尺。

副驾驶开始 Mayday 报告。由于飞机破裂，风噪很大，机组成员根本听不清对方在说什么，无法进行对话，只能用手势来交流意见。副驾驶按照程序，将应答机代码调至 7700（表示遇到紧急情况）。其实，檀香山的管制员根本无法在如此大的噪音下听清楚机组说了什么，但他根据 7700 的应答机知道飞机快速释压并紧急迫降了。

根据驾驶舱记录器记录的机组语音和打开开关的动作声音，我们得知机组在这 13 分钟内的对话和实施的措施。在这 13 分钟内，他们干净利索地完成了一系列动作：快速释压下降到安全高度，联系塔台通报紧急情况并请求支援；在空中启动发动机，但没有成功，在判断前起落架没有放下后，用襟翼 5 做最好的机动两轮落地；查看襟翼 5 的机动速度，并要求紧急支援。

虽然事后发现还有个别地方做得不够完美，但机组成员在这种紧急情况下，能在最快时间内安全落地，体现出的是其沉着、冷静、优秀的心理素质，以及丰富的飞行经验和高超的飞行技能。更重要的是，机组成员的配合几乎天衣无缝。不得不说，优秀的机组资源管理起到了关键作用。

资料来源：http：//news. carnoc. com/list/313/313173. html

---

**小任务** 阅读案例后请小组分享团队拓展训练对于机组资源管理的重要意义。

### 知识链接

20 多年前，丰田、沃尔沃等公司将团队引入生产历程中时，曾轰动一时。很多媒体争相报道这些团队的工作过程和事迹。但 20 多年后，世界 500 强企业中如果哪个公司没有接纳团队形式，亦会成为消息热门。仅仅 20 多年的时间，团队已经如此普及，渗透到各个优秀企业和部门，甚至政府部门都将领导团队作为不可或缺的环节进行建设。管理学理论指出，两个或两个以上相互作用和相互依赖的个体，为了实现某个特定目标而结合在一起的集合体称为工作群体，工作群体的绩效仅仅是每个群体成员个人奉献的总和。工作团队则不同，它通过其成员的共同努力能够产生积极协同作用，其团队成员努力的结果使团队的绩效水平远远大于个体成员绩效之和。

## 一、团队的内涵

### （一）团队的定义

团队是一个由少数成员组成的小组，小组成员具备相辅相成的技术或技能，有共同的目标、评估标准和做事方法，共同承担最终的结果和责任。

### （二）团队的特征

团队的特征主要表现为：一小群具有不同技能的人相互依存地工作在一起。这群人认同某一共同目标，为了达成这一目标，各自扮演好自己的角色，贡献自己的能力，彼此分工合作，沟通协调，齐心协力，共同承担责任。团队的特征如表 1-1 所示。

**表 1-1　　团队的特征**

| 序号 | 特征 | 具体内容 |
| --- | --- | --- |
| 1 | 团队规模有限制 | 人员规模应当在 2～25 人，最好在 8～12 人 |
| 2 | 团队成员具有不同的技能、知识或经验，每个队员能做出不同的贡献 | 团队成员应能了解彼此的角色、特长及重要性，在团队中分工合作，分享信息、交换信息，相互接纳，应能认识到每个成员是缺一不可的，少了任何一人，团队的目标都将无法顺利达成 |
| 3 | 团队成员共同承担团队成败的责任 | 顺利完成团队的目标时，全体成员将分享成果，共同接受组织的激励与奖励；当团队无法顺利完成特定任务时，则全体成员将共同承担失败的责任，而非团队的领导者或管理者单独承担失败的责任 |
| 4 | 团队的建立以完成团队的共同目标为主要任务 | 当人们为了共同的目标在一起工作时，信任和承诺便会随之而来。因此，拥有强烈集体使命感的团队必将作为一个集体，对团队的业绩表现共同承担责任 |

### （三）成功团队的特点

（1）责任自负、功能自建；
（2）配置合理、平衡一体；
（3）目标一致、团结协作；
（4）环境宽松、关系和睦；
（5）有效约束、职责分明；
（6）共同愿景、善始善终。

### （四）团队的类型

1. 问题解决型团队

问题解决型团队由职责范围部分重叠的员工及主管人员组成，人数一般在8～10人。他们定期相聚，讨论面临的问题，调查问题的原因，提出解决问题的建议，并采取有效的行动。

2. 自我管理型团队

自我管理型团队通常由10～15人组成，一改传统的群体工作模式，做到了独立自主，不仅承担很多在过去由领导担任的职责，而且亲自执行解决方案，承担工作责任。

3. 多功能型团队

多功能型团队是由来自同一层次、不同领域和部门、拥有不同技能的员工组成的，他们通过合作完成多样化的任务。该类型的团队打破了部门之间的界限，使得来自不同领域的员工可以相互交流信息，共同解决复杂的问题。

4. 虚拟型团队

虚拟型团队是随着通信技术的发展和网络服务的完善而逐渐兴起的一种新的团队形式。虚拟是指团队环境的虚拟，每个成员所做的工作以及所做的贡献等都是真实的，通过虚拟世界进行的相互沟通和协作也是真实存在的。

### （五）团队与群体的区别

下面四个类型中，哪些是群体？哪些是团队？

A. 龙舟队　B. 旅行团　C. 足球队　D. 候机旅客

1. 领导方面

作为群体，应该有明确的领导人；团队则未必，尤其是当团队发展到成熟阶段时，成员共享决策权。

2. 目标方面

群体的目标必须与组织保持一致；而团队除了这点之外，还可以产生自己的目标。

3. 协作方面

协作性是群体和团队最根本的差别：群体的协作性可能是中等程度的，有时成员还有些消极，甚至对立；而团队中则有一种齐心协力的气氛。

4. 责任方面

群体的领导者要负很大责任；而团队中除了领导者要负责之外，每一个团队成员都要负责，甚至要相互作用、共同负责。

5. 技能方面

群体成员的技能可能是不同的，也可能是相同的；而团队成员的技能是互补的，只有把不同知识、技能和经验的人综合在一起形成角色互补，才能达到整个团队的有效组合。

6. 结果方面

群体的绩效是每一个个体的绩效相加之和；团队的绩效则表现为由大家共同合作完成的产品。

团队和群体的比较如表 1-2 所示。

**表 1-2　群体与团队的比较**

| 群体 | | 团队 |
|---|---|---|
| 明确的领导人 | ←领导→ | 分担领导权 |
| 与组织一致 | ←目标→ | 可自己产生 |
| 中性/有时消极 | ←协作→ | 积极 |
| 个人负责制 | ←责任→ | 人员相互负责 |
| 随机或不同 | ←技能→ | 互补 |
| 个人产品 | ←结果→ | 集体产品 |

## 二、团队拓展训练

### （一）团队成员的角色与合作

在团队中，成员之间是存在差异的，大家相辅相成，共同完成集体的目标。在形成团队的过程中，团队成员的角色逐步明确并得到组合。团队成员自觉或不自觉地都在扮演某种角色，团队中角色的合理组合对团队活力和绩效都有显著的影响。曾任剑桥产业培训研究部主任的梅雷迪思·贝尔宾（R. Meredith Belbin）博士及其同事，经过多年的研究与实践，于 20 世纪 80 年代提出了著名的贝尔宾团队角色理论（见表 1-3），即一支结构合理的团队应该由 8 种角色组成。

表 1 - 3 贝尔宾团队角色理论

| 角色 | 优点 | 缺点 | 在团队中的作用 |
| --- | --- | --- | --- |
| 实干家 | 保守、顺从、务实可靠、有组织能力和实践经验、自我约束能力强 | 缺乏灵活性、对没有把握的观点不感兴趣 | 整理建议，使之与已经取得一致意见的计划和已有的系统相配合；把谈话与建议转换为实际步骤；考虑什么是行得通的，什么是行不通的 |
| 协调员 | 沉着、自信、有控制局面的能力、对各种有价值的意见不带偏见地兼容并蓄 | 在智力以及创造力方面并非超群 | 明确团队的目标和方向；选择需要决策的问题，并明确它们的先后顺序；帮助确定团队中的角色分工、责任和工作界限；总结团队的感受和成就，综合团队成员的建议 |
| 推进者 | 思维敏捷、开朗、主动探索、有干劲、随时准备向低效率和自满自足挑战 | 好激起争端、爱冲动、易急躁 | 寻找和发现团队讨论中可行的方案；使团队内的任务和目标成形；推动团队达成一致意见，并朝向决策行动 |
| 智多星 | 有个性、思想深刻、才华横溢、知识面广 | 高高在上、不重细节、不拘礼仪 | 提供建议，提出批评并有助于引出相反意见，对已经形成的行动方案提出新的看法 |
| 外交家 | 性格外向、热情、有好奇心、消息灵通、有广泛联系人的能力、勇于迎接新的挑战 | 时过境迁，一旦工作失去了对他的吸引力，其兴趣就会马上转移 | 提出建议并引入外部信息，接触持有其他观点的个体或群体，参加具有磋商性质的活动 |
| 监督员 | 理智、谨慎、判断力强、讲求实际 | 缺乏鼓动和激发他人的能力，自己也不容易被别人鼓动和激发 | 分析问题和情景；对繁杂的材料予以简化，并澄清模糊不清的问题；对他人的判断和作用做出评价 |
| 凝聚者 | 擅长人际交往、温和、敏感、有适应周围环境以及人的能力、善于促进团队成员的合作 | 在危急时刻往往优柔寡断 | 给予他人支持，并帮助他人；打破讨论中的沉默；采取行动扭转或克服团队中的分歧 |
| 完美主义者 | 勤奋有序、认真、有紧迫感、追求完美、持之以恒 | 常常拘泥于细节、容易焦虑、不洒脱 | 强调任务的目标要求和活动日程表；在方案中寻找并指出错误、遗漏和被忽视的内容；刺激其他人参加活动，并促使团队成员产生紧迫感 |

## （二）拓展训练的意义

### 1. 增强应对困境的毅力

人在职业生涯中往往要面临许多抉择，可能会面对很多机遇，抉择需要勇气，把握机遇需要决心。拓展训练更多的是对人的心理挑战，让人直面人生，勇敢地迈出那艰难的一步。在拓展训练中，人的潜能会得到最大限度的开发。

2. 建立合作共赢的意识

团队成员的相互信任和协作精神有利于组织目标的实现。在高绩效的团队中，团队成员是相互信任、相互依存的，良好的人际关系有助于增进成员之间的情感沟通和信息交流，使成员齐心协力向目标前进。

3. 提高综合素质

拓展训练可以使团队成员大大提高自己的多方面素质，具体来说，可以起到以下作用：

（1）全面明确和认同组织目标；

（2）增强团队的凝聚力；

（3）培养相互配合、相互支持的团队精神和整体意识；

（4）改善人际关系，形成积极向上的组织氛围；

（5）促进组织内部的沟通与交流；

（6）挖掘员工在工作上的更多潜能；

（7）形成从容有序的团队协作风格。

## 三、民航团队拓展训练

在民航工作中，也存在许许多多的团队，如飞行组、乘务组、安保组、维护组。民航团队拓展训练课程的开发源于民用航空机组资源管理训练。

### （一）机组资源管理的概念

民用航空机组资源管理训练是航空界针对各类人员个人能力和团队配合，根据《大型飞机公共航空运输承运人运行合格审定规则》CCAR 121 第 429 条“客舱乘务员的初始和转机型地面训练”要求中的 a 款Ⅲ项——机组资源管理训练而设置的。学习目的是理解机组资源管理的概念，了解它的发展，掌握沟通和团队合作的方法，明确机组资源管理在航空安全方面的作用。

机组资源管理（Crew Resource Management，CRM）的概念是从国外引进的，由于文化背景不同，各国开发的 CRM 内容和方法不尽相同，但 CRM 训练是基于社会心理学、认知心理学和组织管理心理学的原理，对人的因素的研究。学习 CRM，首先要了解它的概念，理解它的理论基础，明确它的目的，只有这样才能在内容和方法上发展和完善。

机组资源管理是指充分、有效、合理地利用一切可以利用的资源来达到安全有效飞行运行的目的，核心内容是权威、参与、决断、尊重，通过有效提高机组人员的沟通技巧、提倡团队合作精神、合理分派任务、正确做出决策来体现。CRM 的对象包括软件（如文件资料等）、硬件（如飞机、设备等）、环境和人等多个方面及其相互关系。涉及的人员除飞行机组外，还包括日常与飞行组一起工作的所有人员，这些人员与决断飞机营运有关。这些人员包括乘务员、空警、安全员、飞行签派员、地面机务维修人员及空中交通管制人员等。一般将地面机务维修人员、空中交通管制人员及其他有关人员，称为“机组资源”中的人力资源。

C——Crew（组）：意为飞行组、乘务组、安保组和维护组等，扩展到整个公司。

R——Resource（资源）：人力资源，包括自动化设备等硬件资源，操作手册等软件资源，油料、精力、时间等易耗资源。

M——Management（管理）：协调运用“人-机-环境-任务”中可能的一切资源以达到目标。

军事歼击机驾驶舱只有一名飞行员，尚无“机组”的概念，称为驾驶舱资源管理。民用飞机由多人驾驶，在驾驶舱内操纵飞机的人员称为飞行人员，包括机长（正驾驶）、副驾驶、领航员、报务员、机务工程师。目前，双人制飞机只有两名飞行员，即机长和副驾驶；二人以上的称为组，便有了“机组”的概念。

民用飞机客舱中的服务人员称为乘务员，包括乘务长或主任乘务长、乘务员和安全员，共同组成乘务组。广义的机组人员包括飞行组和乘务组。

概括而言，机组资源应包括人力资源、设备资源、信息资源、易耗资源和其他资源。机组资源管理是以提高机组人员的工作能力和工作绩效为目标，包括飞行人员的专业飞行技能、术语化技能、个体交流和团体协作技能。广义上也包括乘务员的客舱服务、交通管制员的指挥、机务人员的维修、气象人员的预报、飞机制造厂家的资料及对整个航空公司配置资源的开发利用。

### （二）机组资源管理的发展历史

从驾驶舱资源管理（Cockpit Resource Management）到机组资源管理（Crew Resource Management）的转变：

1978 年，美国联合航空公司一架载有 189 名乘客的 DC-8 型客机试图在俄勒冈州波特兰着陆时坠毁了，机上有 10 人丧生。对这次事故进行的调查表明，那架飞机的唯一问题就是有一盏指示灯出了故障（虚警）。机长的错误不在于他想要排除一个可能危及生命的机械故障，而在于他没有对在高度紧张的情况下驾驶飞机的其他关键因素给予足够的注意。

这次事故恰好发生在美国国家航空航天局（NASA）对 20 世纪 50 年代末开始使用高度可靠的涡轮喷气发动机飞机之后出现的客机失事原因进行调查的时候。这次调查清楚地表明，70%以上的客机事故都或多或少地涉及人为因素。更令人吃惊的是，大多数这类失误的起因都不是技术上的缺陷，而是由于在信息、合作和决策等方面出了毛病。

1979 年，NASA 的“驾驶舱资源管理”的概念问世，其目的是加强培训驾驶员之间的配合、机组间的协作、改变人的行为方式以及减少飞行中人为因素造成的失误。

1986 年，国际民航组织（ICAO）在关于飞行安全与人为因素的 A26-09 决议中推广 CRM 培训计划。

1989 年，美国联邦航空局（FAA）在它的通告中正式把 Cockpit 改为 Crew。

我国航空领域的人为因素研究起步比较晚。20 世纪 90 年代，国外人为因素的理论开始传入我国民航系统，其中有著名的墨菲定律、事件链原理等，人们这才逐步认识到人为因素对飞行安全的重要影响。90 年代中期，中国民航大学民航安全科学研究所从中国的民航实际出发，结合国外机组资源管理的研究，开展了机组资源管理培训。2000 年 1 月，中国民航总局航空安全技术中心向科技部提出立项，确定开展“民用航空人为因素研究及应用”课题的研究，并成立了“人为因素研究领导小组”指导课题的研究。该项目于 2001 年 2 月得到科技部的批准，经过课题组全体人员两年多的共同努力，取得了较丰硕的成果。这一课题研究涉及民用航空的机组资源管理、航空器维修、空中交通管理等各专业系统和安全政策、安全文化等多个方面，是我国第一次全面、深入地开展民用航空人为因素研究。

### （三）机组资源管理与团队

良好的团队建设及维护团队观念的重要性应当成为每个 CRM 培训计划的一部分。通过在 CRM 培训（应当用团队观念来解决问题）过程中不断强化，通过展示范例，通过在公司或政府必需的检查训练中获得的许可或推荐，团队建设可以得到最好的推动。领导力和协作都是必需的，并且都是可以训练和加强的。

#### 1. 团队维护

运行环境一旦产生团队，即将成员联系在了一起，确保运行和利用与维护团队观念便成为机长的工作。团队观念的维护可以采取多种方式。最初，团队观念通过机长大体上的态度和行为来维护，其他机组成员必须熟知团队观念。通过确保所有机组成员都处于运行循环之中，同时通过确保本人及其他机组成员的相关经验都得到分享，这样也可以维护团队观念。机长必须把飞行航程看作“我们的航程”而非“我的航程”，其他机组成员必须把飞行航程看作“我们的航程”而非“机长的航程”。维护团队观念需要协作互助、相互理解以及全体机组成员的适当参与。

#### 2. 领导

优秀的领导可以带动一个好的团队。为了带动一个好的团队，领导者需要在适当的时候对团队成员委以重任，并且在做决策时先听取所有人员的意见，然后进行评判，最后才进行决策。

3. 协作

协作是任何团队运行中的一个重要概念，因为任何团队不但要有领导者，而且要有同伴。两个专职机长的配对是一种非常危险的组合，他们都不知道怎样做一个好的同伴。如果领导者拥有良好的同伴，那么他的任务会简单得多。良好的团队总是需要良好的同伴。

优秀的领导者还具备担当优秀同伴的能力，同时对系统了如指掌。他们意识到运行处在动态多变的行业中，并在组织严密的资深系统中进行。他们的身份经常会发生变动，机长可以成为同伴，同伴也可以成为机长。例如，一些美国航空公司允许飞行员在达到美国联邦航空局要求的 60 岁退休年龄后转为飞行工程师，这些飞行员中的很多都担任了很长时间的机长，如大多数评论所说的，他们非常成功地完成了从机长到同伴的角色转换。认识并理解这一系统，对每个人都至关重要。

## （四）事故致因理论

事故致因理论是用来阐明事故的成因、过程和结果，以便对事故现象的发生、发展进行明确的分析。事故致因理论从最早的单因素理论逐渐发展为包含不断增多的复杂因素的系统理论。

1. 墨菲定律

“凡是有可能搞错的地方，一定会有人搞错，而且以最坏的方式发生在最不利的时机。”墨菲定律告诫人们容易犯错误是人类与生俱来的弱点，不论科技多发达，事故都会发生；而且我们解决问题的手段越高明，面临的麻烦就越严重。因此，人们绝不能对可能出错的地方掉以轻心、存侥幸心理；凡是可能出错的地方都要有有效的防范措施，只有消除了出错的可能性，事故才可以避免。

2. 事故链理论

国际民航组织在防止事故过程中最早提出了事故链理论，认为安全事故的发生并不是单一原因所致，而是一连串的失误造成的。即一些大事故极少是一个原因引起的，而是许多因素像链一样把各个环节连接在一起时发生的。所以，要防止事故，就要在事故发生之前，将某一失误链打断或者移走，只要切断这个链条上的某一个环节就可以了。

3. 事故因果连锁理论

1931 年，美国的海因里希（Heinrich）在《工业事故预防》一书中阐述了工业安全理论。该书的主要内容之一就是事故发生的因果连锁理论，海因里希把工业伤害事故的发生发展过程描述为具有一定因果关系事件的连锁：人员伤亡的发生是事故的结果，事故的发生原因是人的不安全行为或物的不安全状态，人的不安全行为或物的不安全状态是人的缺点造成的，人的缺点是不良环境诱发的或者是先天的遗传因素造成的。

海因里希将事故因果连锁过程概括为以下五个因素：遗传及社会环境、人的缺点、人的不安全行为或物的不安全状态、事故、伤害。海因里希用多米诺骨牌来形象地描述这种事故因果连锁关系。在多米诺骨牌系列中，一块骨牌被碰倒了，将发生连锁反应，其余的几块骨牌将相继被碰倒。如果移去中间的一块骨牌，则连锁被破坏，事故过程被中止。

4. Reason 模型

Reason 模型认为事故的发生是系统失效引起的，而系统失效可以分为显性失效和隐性失效。显性失效因素是指飞行员的不安全行为（第一级），即飞行员的人为差错和违章，它对系统造成直接的负面影响。隐性失效因素是指不安全行为的前提条件（第二级）、监督不到位（第三级）、组织管理不当（第四级）。隐性失效因素不会对系统造成即时负面影响，因其具有延滞性而往往容易被调查人员忽视。

5. 海恩法则

海恩法则（又称事故冰山理论）是由德国飞机涡轮机的发明者帕布斯·海恩提出的一个关于航空飞行安全的理论，是指每一起严重事故的背后，必然有 29 次轻微事故、300 起未遂征兆以及 1 000 起事故隐患。它说明任何一起事故都是有原因的，并且是有征兆的；它同时说明安全生产是可以控制的，安全事故是可以避免的；它也给企业管理者提供了生产安全管理的一种方法——发现并控制征兆。

## （五）客舱安全问题与团队协作

客舱安全问题类型及处置如表 1-4 所示：

**表 1-4　客舱安全问题与团队合作**

| 安全问题类型 | 处置时的团队合作 |
| --- | --- |
| 客舱失火 | 灭火程序需要至少 3 名客舱机组成员组成工作组，团队努力是消灭机上火情的最有效的方法。应按照下列角色确定工作：消防员、通信员、辅助消防员。这 3 个客舱机组成员应发挥互补的作用，并同时执行自己的分工以便优化灭火工作。<br>1. 消防员<br>首先发现失火的机组成员应该承担起消防员的工作。该客舱机组成员应：<br>（1）警戒其他的客舱机组成员；（2）取下最近的灭火器；（3）立刻确定火源；（4）灭火。<br>2. 通信员<br>现场第 2 位客舱机组成员。通信员应该：（1）通知飞行机组失火及烟雾的情况，包括位置、火源/烟雾、严重程度/浓度（烟雾颜色/气味）、灭火进展、使用的灭火器数量、开始计时灭火动作；（2）通过灭火区域附近的内话，保持客舱与飞行机组之间的交流；（3）向飞行机组提供准确的灭火工作和客舱情况的说明。<br>3. 辅助消防员<br>现场第 3 位客舱机组成员。辅助消防员应该：（1）提供额外的灭火设备；（2）提供灭火援助；（3）清除区域中可燃烧的材料；（4）时刻准备着代替消防员，并且按需与消防员交换工作。<br>4. 支援机组成员<br>这些机组成员并不直接参与灭火工作，但要提供援助，如重新安排旅客的位置、提供急救、让旅客保持冷静并且确保其信心等。 |

续前表

| 安全问题类型 | 处置时的团队合作 |
|---|---|
| 客舱失压（快速、慢速失压） | （1）失压之后，不但飞行机组和客舱机组之间的交流会出现困难，而且客舱机组和旅客之间的交流同样会出现问题，这取决于失压的类型。由于噪音等级会非常高，因此快速/爆炸性失压的交流会更加困难。<br>（2）在失压等所有空中紧急情况期间，客舱机组成员的第一个动作应该是解决对飞行安全的最大威胁。客舱失压的最大威胁是缺氧以及被吸出机外。这时，客舱机组成员应立即采取的动作是：戴上离自己最近的氧气面罩，坐下或者抓住一个固定物体，并且要抓紧，直到飞行机组成员发出指令可以在客舱走动。要考虑到失压之后自身对于氧气的需求。注意，身体活动时比坐下时需要更多的氧气。一个缺氧昏厥的机组成员显然不能够执行安全职责和帮助旅客。为了防止出现缺氧症状，客舱机组成员在失压之后的走动期间应转为使用手提式氧气瓶。交流是任何紧急情况中的生命线，客舱机组成员提供给旅客的信息将会拯救生命。在任何紧急情况期间，分享信息是至关重要的，无论在机组之间还是旅客之间，飞机安全和救生都是一项需要团队努力的工作。 |

**课外拓展**

1. 寻找一个关于团队合作的民航业真实案例，根据导论中的理论思考与分析，并以小组为单位分享。

2. 以团队协作为主题，以小组为单位，提炼 2～3 个自己平时学习生活中的案例与同学分享。

自我测试、课后锦囊和参考文献请扫描下方的二维码。

# 项目一　情绪力的有效提升

## 项目导引

本项目主要介绍情绪、情绪力的内涵以及调节的方式、方法。本项目的学习，可促使学生提升自我情绪的调控能力，这对学生的日常学习、生活都有着至关重要的影响，对民航行业的人员也不例外。乐观积极的人总是我们学习的榜样，而且现实生活中他们也表现得更加沉着、稳重、阳光、快乐。学会把控自身的情绪、提升自我的情绪力，有利于我们在工作中展现优秀的自己。

## 学习目标

### 一、知识目标

1. 熟悉情绪、情绪力的概念、特点、深层机制及其对我们的影响和作用。
2. 理解情绪力的提升与我们自身素养之间的关系。

### 二、能力目标

1. 能够掌握有效地调控自我情绪的方式、方法。
2. 能够培养自身的情绪调控能力，并在实践中反思。

## 案例导入

### 经验的蜕变过程

空乘专业学生小张在毕业后成为一名男乘务员，他因为用心、好学，仅经过2个月的专职安全员实践学习，就掌握了一名乘务员所需掌握的服务方法和技能，工作做得确实很到位，但他在一次飞行中还是因自己情绪、情感上的控制不成熟而出现了问题。

在一次北京飞贵阳的航班上，乘坐该航班的两名老先生想把自己的行李放在自己头顶正上方的行李架上以方面保管，但当时该行李架上放有毛毯和乘务员的工作箱。在旅客提出要求后，小张赶紧把前面一排的行李架整理了出来，并帮两位老先生把行李放了上去。可是两位老先生执意要把行李放在自己座位上方的行李架内。看见小张不愿意这样做，他们就把自己的行李放在了过道上，其中一名老先生说："你是什么服务态度，我坐了这么久的飞机还没碰到过你这样的乘务员呢。你做不好这个工作就下飞机去！"老先生的语气相当强硬。这时小张终于忍不住了，一句话脱口而出："今天你如果把行李放在过道上，那你就下飞机去！"两位老先生听到这句话后就更生气了，一直不停地骂小张。后舱一名女乘务员听到后立即把小张拉回了服务间，飞机上的专职安全员很快把两位老先生的行李放在了他们头顶上方的行李架内。

由于当时时间紧迫，飞机已经开始滑行，而且这件事情小张确实有做得不妥的地方。为了不让事态进一步恶化，其他乘务员立即给两位老先生倒了两杯水，同时向他们表达了歉意，并表示起飞后将让当事人亲自向他们道歉。同时，也向他们表明了小张是一名刚参加工作不久的乘务员，在服务经验上还存在不足，请两位老先生多多谅解，给小张一次成长的机会。小张觉得非常委屈，认为是乘客不讲道理，倚仗自己是乘客就不把服务员当人看，不尊重服务员。

资料来源：http：//www. doc88. com/p—8418937320539. html

**案例解读**

从本案例可以看出，男乘务员小张在这件事情的处理上确实有失偏颇。类似的事情在以后的工作和生活中会经常发生，我们不能强求周围的环境或事物都匹配自己的需求或愿望，每一次也不能都以争吵的方式应对，因为这不仅会影响我们的工作，而且会扰乱我们的情绪，甚至会影响我们未来的发展和提升。

作为一名乘务员，在工作中会碰到很多烦心的事情（如乘客的无理要求、不合理的态度等），往往会导致我们的情绪出现波动或起伏，如何调控或缓解我们的情绪就显得尤为重要和关键。具备管理自己情绪的能力是一名职业乘务员的基本素质和前提。作为一名职业乘务员，不能因自己受到了委屈就表现出不耐烦、愤怒或焦躁的情绪，与乘客对着干，也就是说不应把不良的情绪带到工作中来。为了能更好地适应类似的职业环境或职业岗位，需要进行有针对性的管理与培训，提升自身的素养与能力。

---

**小任务** 阅读案例后请小组分享情绪力对于成功处置案例事件的重要意义。

## 任务实训

### 实训任务一　你猜我演

（一）训练目的：通过本训练，学生可以充分了解情绪的类别与特点，从而更好地进行自我情绪管理与调控。

（二）训练时间：15～20 分钟。

（三）训练场地：室内、室外均可。

（四）训练参与人数：分为 6～8 组，每组 8～10 人。

（五）训练器材：6～8 套情绪卡片，情绪卡片上分别写有愤怒、悲伤、恐惧、惊讶、厌恶、羞耻、快乐、爱等类别的情绪；计时器。

附：情绪卡片上的几大类情绪。

A. 愤怒：生气、恼怒、敌意、怒火中烧、义愤填膺、怒气冲冲、气急败坏、勃然大怒、暴跳如雷、愤愤不平、火冒三丈、大发雷霆、怫然不悦等。

B. 悲伤：忧伤、沮丧、绝望、郁郁寡欢、痛心疾首、忧心忡忡、撕心裂肺、泪流满面、心如刀割、痛不欲生、伤心欲绝、泣不成声、垂头丧气等。

C. 恐惧：焦虑、紧张、惧怕、惶惶不安、毛骨悚然、不寒而栗、胆战心惊、闻风丧胆、坐卧不安、惴惴不安、战战兢兢、惊心破胆、破胆寒心等。

D. 惊讶：震惊、讶异、叹为观止、瞠目结舌、惊喜交加、惊愕失色、目瞪口呆、受宠若惊、闭口翘舌、大惊小怪、惊世骇俗、舆论哗然等。

E. 厌恶：轻视、轻蔑、嘲讽、可恶、讨厌、憎恨、鄙夷不屑、深恶痛绝、冤家路窄、咬牙切齿等。

F. 羞耻：内疚、尴尬、懊悔、侮辱、卑鄙龌龊、厚颜无耻、没脸没皮、羞惭满面、恬不知耻、羞面见人等。

G. 快乐：喜悦、兴奋、狂喜、笑逐颜开、眉飞色舞、喜出望外、兴高采烈、神采飞扬、心花怒放、手舞足蹈、得意忘形、乐不可支、欢呼雀跃、欢声笑语、欣喜若狂、欢呼雷动、乐极生悲、皆大欢喜等。

H. 爱：和善、亲切、信任、一见钟情、流连忘返、情有独钟、一往情深、爱不释手等。

（六）训练操作流程：

1. 教师准备好所需的情绪卡片，并向学生介绍本训练的大概情况。

2. 组织学生分组，选出组长。

3. 请每组分别推选一位同学作为“演员”。

4. 让每个小组的“演员”随机抽出一张情绪卡片，用表情、肢体动作等非言语信息表达卡片上所写的情绪，但不能用语言表述。同时，让其他的小组成员猜测台上同学表达的是什么情绪。

5. 根据训练的进展情况，由组长决定成员轮换，即谁做下一个“演员”。

6. 由教师决定小组之间是否进行“PK 赛”。

（七）训练注意事项：

1. 训练过程中，教师要强调大家须遵守规则，不可作弊等。

2. 情绪卡片上的情绪可根据情况自行选择。

（八）训练交流与分享：

（1）组织学生讨论情绪是否有好坏之分，并说明理由。

（2）让小组代表上台与大家分享小组讨论的结果。

（九）训练总结与点评：

1. 情绪本身没有好坏之分，但因情绪而产生的结果是有好坏之分的，如因暴怒打人、因悲伤影响学习等。

2. 告诉学生在日常生活中要适度地表达自我的情绪，别让不恰当的表达影响自己的学习和生活。

3. 及时发现自身的不良情绪，并学习适合自己的情绪管理的方法，从而积极有效地调控自己的情绪。

## 实训任务二　情感病毒

（一）训练目的：使学生了解消极情绪及其带来的巨大影响，同时掌握处理或缓解消极情绪的技能和方法。

（二）训练时间：20～30 分钟。

（三）训练场地：室内。

（四）训练参与人数：30～50 人。

（五）训练器材：竹片、纸、线、胶水、酒精灯、剪刀等。

（六）训练操作流程：

1. 所有人围成一圈并闭上眼睛，主持人在圈外拍一下某学生的后背，确定“情绪源”。

2. 学生们睁开眼睛并散开，在屋里任意交谈。

3. “情绪源”通过“眨眼睛”将不安情绪传递给其他三个人，任何一个接收眨眼睛信息的人都要向另外三个人眨眼睛，将不安情绪再传递给他们。

4. 5 分钟后，大家坐下来，情绪源、那三个被他传递的、被那三个人传递的，直到所有被传递的人都站起来，你会惊奇于情绪传递的可怕性。

5. 我们不能让“情绪源”肆无忌惮地传递下去，那该怎么办呢？就是要制造“快乐情绪源”，即用真挚柔和的微笑来冲淡大家不安的阴影。

6. 让大家围成一圈并闭上眼睛，告诉大家你将会从中选择一个作为“快乐情绪源”，并通过微笑传递快乐，任何接收到微笑的人也要将微笑传递给其他三个人。

7. 主持人在学生们的身后转圈，假装指定了“快乐情绪源”。然后让他们睁开眼睛，声称游戏开始。

8. 自由活动 3 分钟，3 分钟后，让收到快乐讯息的学生举手，然后让大家指出他们认为的“快乐情绪源”，你会发现大家的手指会指向很多不同的人 。

9. 实际上根本就没有指定的“快乐情绪源”，是他们的快乐感染了他们自己。

（七）训练注意事项：

1. 参与者要集中注意力，观察大家的反应与变化。

2. “快乐情绪源”并没有被指定，而是学生自身变化引起的。

（八）训练交流与分享：

1. 不安和快乐哪一个更容易被传递？当你被传递了不安的情绪，你会真的感觉到不安吗？

2. 对于别人传递给你的不安的预期，导致你真的不安，你想让别人对你微笑促使你给予微笑吗？

3. 在团队中，个人的情绪是否会影响其他人？是否会影响团队的工作效率？为了防止受别人消极情绪的影响，你需要做什么？

（九）训练总结与点评：

1. 情绪有积极与消极之分，积极情绪会给我们带来开心、快乐和幸福，是我们天天期待的和努力追求的；而消极情绪就像病毒一样，大家都想远离它，永远都不要接触它，因为它带给我们的是痛苦、悲伤和灾难。

2. 不管是哪种情绪，我们自身是最主要的制造者。通过训练也能发现：快乐是源于自己的。因此，一旦被消极情绪缠身，我们要努力学会运用自身的力量去克服它、摆脱它，甚至征服它。

3. 消极情绪与积极情绪是可以互相转化的。我们要做的就是将消极情绪转化为积极情绪。因此，每个学生都应积极寻求适合自己的情绪调节方式，以免备受消极情绪的攻击。

## 实训任务三　情绪蛋糕

（一）训练目的：让学生学会觉察自身的情绪，明了情绪对自己的影响与重要性，知晓管理自我情绪和情感的必要性。

（二）训练时间：15～20 分钟。

（三）训练场地：室内。

（四）训练参与人数：30～50 人。

（五）训练器材：纸和笔。

（六）训练操作流程：

1. 静思自己过往的经历，记录当你忧伤、喜悦和愤怒时，身体上的一些变化。

2. 请学生们画一个大圆代表自己近一个月的情绪状态（见图 1-1），同时用大小不等的小圆来表示以下 8 种情绪的比例：A. 喜悦；B. 悲伤；C. 愤怒；D. 恐惧；E. 爱；

图 1-1　情绪蛋糕训练

F. 焦虑；G. 害羞；H. 其他。完成后，分析各种情绪所占的比例，判断自身的情绪状况。

3. 把刚才学生们画的内容回收，再随机分发给每一个学生，并让学生宣读出来。

4. 每个学生静静地思考和感受自己情绪的变化，可与其他学生分享。

（七）训练注意事项：

1. 训练过程中，教师要注意观察是否由于回忆往事，某些学生的情绪变化较大。

2. 提前做好调查工作，谨慎考虑针对情绪起伏较大的学生该如何缓解。

（八）训练交流与分享：

1. 当你忆起当初的经历时，现在的感受是什么？身体感受上有哪些变化？

2. 曾经的情绪和情感给你带来了哪些变化？

3. 现在回看当初的往事，你会如何调整自己的消极情绪？

（九）训练总结与点评：

1. 我们每个人都是在一步一步地成长，现在的我们就是最好的证明，对自身情绪的调控也是这样的。

2. 情绪变化时，我们的生理指标也会发生变化，如失眠、无食欲、体重下降等。

3. 情绪对我们的影响是多方面的：

（1）会影响我们的身体健康；

（2）会影响我们的理性和正常水平的发挥；

（3）影响我们的人际交往。

## 实训任务四　冥想放松

（一）训练目的：通过本训练，学生可以学会调控和管理自我的情绪，同时明白情绪具有可控性。

（二）训练时间：15～20分钟。

（三）训练场地：室内。

（四）训练参与人数：30～50人，或者更多。

（五）训练器材：适宜冥想的轻音乐，如《高山流水》《平湖秋月》《春涧流泉》等。

（六）训练操作流程：

1. 请以一个让自己感到舒服的姿势，在座位上坐好（见图1-2）。双脚微微打开与肩同宽，双臂可以轻轻地在身旁放松。现在请你闭上眼睛，感受自己的呼吸，不要刻意用力地呼吸，只要感觉到你的呼吸变得缓慢而深沉即可。在你吸气的时候，气会被你带到腹部下方，并且你会意识到在你每次吸气的时候，小腹会微微隆起。在呼气时，将所有的烦恼也一起呼出（重复做三次吸气、呼气的动作）。如果你感到很平静，就说明你的全身正在放松。

图1-2　冥想放松训练

2. 冥想词：可根据自己的实际情况自行选择合适的冥想词。

3. 过程中播放适宜放松的轻音乐。

（七）训练注意事项：

1. 引导学生将所有的杂事、琐事等都暂时抛到脑后，让自己的心情尽量放松。

2. 冥想过程中，根据情况可选择站着或坐着。

3. 教师也可以根据情况选择新的冥想词。

（八）训练交流与分享：

1. 对学生进行合理分组，并进行小组讨论。

2. 让学生讨论放松的感受、体会与心得。

3. 如何在日常生活中使用类似的放松方法？

（九）训练总结与点评：

1. 美国哈佛大学华莱士教授是最早用科学方法研究冥想的现代研究者之一。他早期的研究以及后来与赫伯特·本森（Herbert Benson）的合作研究都证明，冥想可减少耗氧量，降低心率和α脑电波的释放量。同时，冥想可增强皮肤抵抗力，降低血乳酸（与焦虑有关）含量和二氧化碳的产生，以及增加外周血液的流量。

2. 冥想除了能降低焦虑之外，研究者还发现，冥想与更好的自我实现、更积极的感受（遭遇压力源后）、睡眠的改善、吸烟的减少、头痛的减轻以及积极的心理健康状况有关，甚至对饮食障碍也有积极的作用。

3. 学生可以根据自身的状况和需要进行冥想放松训练，促进自己的身心健康。

## 实训任务五 情绪 ABC

（一）训练目的：理解情绪 ABC 理论的内涵，在面临困难和挫折时，学会用该理论进行自我分析和调节。

（二）训练时间：15～20 分钟。

（三）训练场地：室内。

（四）训练参与人数：30～50 人。

（五）训练器材：纸和笔。

（六）训练操作流程：

1. 讲解情绪 ABC 理论：

（1）情绪 ABC 理论是由美国心理学家阿尔伯特·埃利斯（Albert Ellis）开创的。该理论认为诱发事件 A（Activating Event）只是引发情绪和行为后果 C（Consequence）的间接原因，而引起 C 的直接原因则是个体对诱发事件 A 的认知和评价而产生的信念 B（Belief）。也就是说，人的消极情绪和行为障碍结果（C），不是某一诱发事件（A）直接引发的，而是由经受这一事件的个体对它不正确的认知和评价而产生的错误信念（B）所引发的。错误信念也称非理性信念。

（2）常见的非理性信念：

A. 自己理应比别人强，自我评价过高；

B. 人应该得到生活中所有对自己重要的人的喜爱和赞许；

C. 有价值的人应在各方面都比别人强；

D. 任何事物都应按自己的意愿发展，否则会很糟糕；

E. 一个人应该担心随时可能发生灾祸；

F. 情绪由外界控制，自己无能为力；

G. 已经定下的事是无法改变的；

H. 一个人碰到的各种问题，都应该有一个正确、完满的答案，如果一个人无法找到答案，便是不能容忍的事；

I. 对不好的人应该给予严厉的惩罚和制裁；

J. 逃避挑战与责任可能要比正视它们容易得多；

K. 要有一个比自己强的人做后盾才行。

（3）认识自己与他人的情绪：闭上眼睛并做3～4次深呼吸，然后就情绪问题将以下语句补充完整，之后与他人配对讨论。

1）我生活中最幸福的时光是：________________。

2）嘲笑使我感到：________________。

3）当________________时，我感到快乐。

4）当他人悲伤的时候，我通常：________________。

5）我最近一次哭是在：________________。

6）在家里，令我烦闷的是：________________。

7）被伤害时，我通常：________________。

8）心情莫名烦恼时，我一贯的反应是：________________。

9）当得知好朋友取得好成绩时，我通常：________________。

（4）情绪ABC认知训练体验。使用ABCDE自我分析改进的步骤：

1）请写下你认为的诱发事件，即A：________________。

2）写下诱发事件所导致的结果，即C，包括情绪和行为两方面：________。

3）仔细聆听你的信念和自言自语，即B，然后写下你的非理性信念和自言自语：______。

4）反驳和挑战你的非理性信念和自言自语，即D：________________。

5）请写下你反驳的效果——新的情绪和行为，即E：________________。

6）用E去替代C进行反应，这是关键和目标：________________。

（七）训练注意事项：

1. 教师一定要让学生了解情绪ABC理论的内涵。

2. 教师通过举例让学生明白情绪ABC理论的操作步骤。

（八）训练交流与分享：

1. 认真分析自我成长过程，你都受过哪些非理性信念之苦？

2. 通过自我分析，你将如何纠正自己的非理性信念？

3. 把自我的成长与其他同学进行分享。

（九）训练总结与点评：

1. 非理性信念的特征。依据情绪 ABC 理论，分析日常生活中的一些具体情况我们不难发现，人的非理性信念往往具有以下三个特征：

（1）绝对化要求：是指人们常常以自己的意愿为出发点，认为某事物必定发生或不发生。它常常表现为将“希望”“想要”等绝对化为“必须”“应该”“一定要”等。例如：“我必须成功”“别人必须对我好”等。

（2）过分概括化：这是一种以偏概全的非理性思维方式的表现，它常常把“有时”“某些”过分概括化为“总是”“所有”等。用埃利斯的话来说，这就与仅凭一本书的封面来判定它的好坏一样。它具体体现在人们对自己或他人的非理性评价上，典型特征是以某一件或某几件事来评价自身或他人的整体价值。例如，有些人在遭受失败后，就会认为自己一无是处、毫无价值，这种片面的自我否定往往导致自暴自弃、自罪自责等不良情绪。

（3）糟糕至极：这种观念认为如果一件不好的事情发生，那将是非常可怕和糟糕的。例如：“我没考上大学，一切都完了”，“我没当上班长，不会有前途了”。这样的想法是非理性的，因为对任何一件事情来说，都会有比之更坏的情况发生，所以没有一件事情可被定义为糟糕至极。

2. 非理性信念具有以上三个特征，我们在自己的学习生活中，要积极正视这些信念，将其转化为理性信念，成为自己成长的动力与精神支持。

3. 非理性信念长期占据我们的大脑，很容易让我们形成负性自动思维，这些思维在很大程度上影响着我们的生活。

### 知识链接

情绪与我们日常的行为、身心的健康、思考的决策等有着千丝万缕的联系，可以说怎么去关注和理解它都不为过。随着科学家的不断研究与探索，“情绪智力”的概念脱颖而出，使人们对于情绪的研究进一步发展和深化。情绪智力在人们的日常生活中、工作绩效上以及心理健康层面都有非常重要的作用和意义。因此，积极关注自身情绪，努力提高自己的情绪智力，有助于获得更成功的人生、更多的生活幸福感。

## 一、什么是情绪

### （一）情绪的概念

1884 年，美国著名心理学家威廉·詹姆斯（William James）就“什么是情绪”做出了最早的阐述。从此，人们就“情绪”这一概念展开了充分而深刻的研究。到底什么是情绪呢？

情绪是推测出的对刺激的复杂反应序列，这些刺激包括认知评价、主观改变、自主神经和神经兴奋、行为冲动和对启动复杂序列的刺激有影响的行为（Plutchik，1982）。Keltner 和 Shiota（2003）认为情绪是一种对外部刺激事件产生的普遍性和功能性反应，临时整合生理、认知、现象学和行为的通道，以便在当前情境中采取强适应性和环境塑造性的反应。我国学者孟昭兰（2005）认为情绪是多成分组成、多维量结构、多水平整合，并为有机体生存适应和人际交往而同认知交互作用的心理活动过程和心理动机力量。傅小兰（2015）认为情绪是伴随着生理唤醒和外部表现的主观体验。还有学者认为，情绪是人们对客观事物是否满足自身需要或愿望所持态度的身心体验。也就是说，自身的需要得到满足，人们就会感到开心、快乐、幸福；反之，就会感到痛苦、伤心、难过。本书将以此概念为基准展开探讨。

### （二）情绪的分类

在情绪类型的划分上，有很多种方式，目前较为常用的是按照“效价-唤醒度”的方式进行划分：依据效价将情绪分为正、负两极，分别对应积极情绪和消极情绪。前者是指与某种需要的满足相联系，通常伴有快乐的主观体验，并能提高人的积极性和活动能力；后者与之相反。

（1）积极情绪主要包括欲望的情绪、信心的情绪、爱的情绪、性的情绪、热情的情绪、依恋的情绪以及希望的情绪等，如高兴、开心、兴奋、希望、幸福、激动、喜悦、惊喜等。

（2）消极情绪主要包括恐惧的情绪、嫉妒的情绪、怨恨的情绪、报复的情绪、贪婪的情绪、迷信的情绪、愤怒的情绪等，如焦虑、怨恨、愤怒、忧郁、伤心、难过、恐惧、害怕、害羞、羞耻、惭愧、后悔、内疚等。

积极情绪与消极情绪不可能同时占据人的意识，但它们之中必有一个起主导作用。日常生活中，我们要尽力调节消极情绪，努力争取让积极情绪支配自己的心理。

### （三）情绪的功能

我们知道人类的情绪主要有两大类：积极情绪和消极情绪。积极情绪可使人精力旺盛、体力充沛、思维敏锐，有利于人们精确地认知事物、分析和解决问题，从而维持正常的学习、生活和工作；而消极情绪使人们在以上那些方面的能力表现普遍降低。同时，积极情绪可使人的生理指标维持在平衡状态，免疫力增强，促进身心健康；而消极情绪则会打乱人身体系统的平衡，导致疾病的产生。

以上这些功能在日常生活中有哪些具体体现呢？

#### 1. 信号功能

情绪在人与人之间具有信息传递、感情交流、思想互换以及态度表达的功能，这种功能的呈现主要是以非语言的方式来实现的。例如：点头、微笑、轻抚肩膀表示赞同，摇头、摆手、皱眉表示否定等。

心理学研究发现，在人际交往中，7%的信息是靠语言传递的，38%的信息是靠语言表情传递的，而靠非语言表情传递的信息占55%。这说明情绪的信号功能在交际间具有重要作用。

2. 组织功能

情绪对人的注意、记忆和决策等心理活动具有组织的作用。这种作用或功能主要表现为积极情绪的协作、调动作用和消极情绪的阻断、摧毁、消解作用。当人处在愉悦、欣喜等积极的情绪状态时，更多地关注事物美的一面，乐于接受外界的变化或刺激；反之，人则容易失落、悲观、绝望，甚至做出攻击性行为。例如：当失恋时，有的人会因此而过度悲伤、痛苦、难过、无法自拔，甚至做出报复性的极端行为。

3. 动机功能

情绪的动机功能又称情绪的调节功能，是指情绪能激发、促进和维持个体的行为，并影响行为的效率。例如：一个人心中满怀感激、感恩，他就会经常帮助别人，做好事、做善事，容易形成助人为乐、乐于奉献的优秀道德品质。

现代科学研究表明，情绪反应会有生理上的唤醒，当一个人体验到焦虑或紧张时，会心跳加速、呼吸加快、血压升高、肾上腺素分泌增加等。这有助于个体集中注意力，激发自身所有的能源来应对需要解决的问题或困境，提高个体的活动效率，进而有效地推进个体完成自己的任务。

4. 适应功能

人们通过对自身情绪的调节来适应赖以生存的外界环境与现实社会。情绪调控能力直接影响人们的身心健康。一项长达30年的关于情绪与健康关系的追踪研究发现，年轻时性情压抑、焦虑和愤怒的人患结核病、心脏病和癌症的比例是性情沉稳的人的4倍。一些临床医学研究也证明，长期受不良情绪困扰，会导致各种身心疾病。

美国加州大学心理学家保罗·艾克曼（Paul Ekman）曾做过实验，要受试者装出惊讶、厌恶、忧伤、愤怒、恐惧和快乐等表情，结果发现他们的身心也跟着起了变化。当受试者装出害怕的情绪时，他们的心跳加速，皮肤温度降低，而表现其他五种情绪时，也有不同的变化。总之，我们怎么装，心情就怎么改变。

## 二、什么是情绪力

### （一）情绪力的概念

20世纪80年代，美国著名心理学家霍华德·加德纳（Howard Gardner）提出了多元智力理论，进一步扩大了人们关于智力的认知。1990 年，耶鲁大学的约翰·梅耶（John Mayer）和新罕布什尔大学的彼得·萨洛维（Peter Salovey）基于情绪和智力研究领域的科研成果，提出了“情绪智力”的概念。他们认为情绪智力是指个体通过觉察自己和他人的情绪和情感并鉴别和评估这些信息来调控自己的思维和行为的能力，主要包括情绪认知能力、情绪思维能力、情绪的理解和分析以及应用的能力、情绪的成熟监察能力。

此后，丹尼尔·戈尔曼（Daniel Goleman）在《情绪智力》（1995）一书中进一步阐述了情绪智力在人们成长过程中的重要性。他认为，人类的自我意识、自我约束、毅力和倾心投入等能力对一个人一生的影响在大多数时间内都要比智商更为重要，儿童从小就应该接受情绪智力的教育。他认为情绪智力是指了解和把控自身状态，管理愤怒和冲动，理性地解决问题，面对困难和挫折时保持积极乐观和沉着冷静心态的能力。2000 年，以色列心理学家鲁文·巴昂（Reuven Bar-on）提出了他对情绪智力的理解，他认为情绪智力是指影响个体有效应对环境要求的一系列情绪的、社会的知识和能力。

### （二）情绪力的类别

本书只简要介绍戈尔曼的情绪智力的类别。戈尔曼把哈佛大学心理学家霍华德·加德纳提出的多元智力理论与耶鲁大学心理学家彼得·萨洛维提出的情绪智力的思想进行了科学的加工与融合，发展出了他自己对情绪智力的新理解。戈尔曼提出的情绪智力理论主要包括五个方面的内容：

（1）认识自身情绪的能力：时刻关注自身的情绪状态、感受、情感变化、欲望以及自身与所处环境的关系等，并以此作为解决问题或行动的基础。

（2）妥善管理自身情绪的能力：能对自身的喜悦、欣喜、恼怒、急躁、难过、痛苦、焦虑等情绪和情感的变化自我认知、自我调控，进而保障自我身心状态的平衡、稳定。例如：对于因人际交往而产生了焦虑或困扰，能够及时认识到此问题及自身情绪的变化，积极地查找问题的根源并采取有效的策略引导自身情绪进行转化等。

（3）自我激励：能随时对自己树立的目标、设定的方向或理想进行自我警示、自我说服、自我鼓励以及自我鞭策，始终保持专注、热情和毅力，以高效率地实现自己的梦想。

（4）认识他人的情绪：能迅速对他人情绪和情感的变化做出准确的判断，设身处地地站在对方的立场或角度去感受。在人际交往中，常从对方的语言及语调的变化、语气和表情的变化、手势和姿势的改变等来判读对方所透露出来的情绪和情感的关键信息。

（5）人际关系的管理：管控他人情绪和情感的艺术或策略。一个人的交际圈、人际亲密度以及人际和谐度等都和这项能力有关。例如：有的人善于识人且善解人意，能通过他人的表情、姿势或行为来判读其内心感受，体察其动机想法，容易达成和谐友好、坦诚相待的人际关系。

## （三）情绪力的正确认知

情绪智力（Emotional Intelligence，EI），又称情绪智能、情感智慧或情商等，本书暂将其称为“情绪力”。

情绪力的高低在很大程度上会影响或左右一个人的情感经历、人际交往、学业或工作业绩等。拥有较高的情绪力并不意味着时时刻刻都要委屈自己做个“老好人”，甚至有时候还得把自己装扮成“反面”的角色。例如：当我们心情烦恼或郁闷时，有时要表现得若无其事或镇定自如，但有时还是需要进行合理的宣泄和调节。也就是说，情绪力高并不是说你可以肆无忌惮地发泄自己的情感，而是要选择恰当的方式或策略表达自己的情感，使之能有效地促进自己的学习、生活或工作。

心理学研究发现，男性与女性在情绪力方面并无显著差异，但会有一些不同点。例如：男性更加积极乐观、坚毅自信，更能应付外界复杂的突变以及有效地融入一定的环境；而女性一般更加细腻、敏感，常能清晰地察觉自身的情绪，更能理解、体谅、宽容他人。以上这些不同点有时也应区别对待：有的人能察觉自己情绪和情感的变化或改变，但对他人的情绪和感受却毫无反应或无动于衷；而有的人能理解包容他人，却对自己苛刻，无法摆脱情绪困扰。

智力与情绪力有所不同，智力主要反映人的认知、思维、语言、观察、计算、律动等能力的特性，也就是说，它主要表现人的理性能力。一个人智力的发展一般在25岁左右就趋于稳定了，而情绪力的发展是有持续性的，随着年龄的增长、生活阅历的丰富以及在相关领域的理论与实践的增加，情绪力的发展会越来越好、越来越完善。也就是说，情绪力主要反映一个人感受、理解、运用、表达、控制和调节自己情感的能力，以及处理自己与他人之间的情感关系的能力。换句话说，生物遗传只是情绪力发展的生理基础，后天的学习和经验发挥着更大的效用。有一项对人的情绪力水平进行的追踪研究显示：随着个体越来越善于调控自己的情绪和冲动，更善于激励自己以及共情能力的增强和社交技巧的不断提高，人们在情绪力上的能力表现也不断提高，也就是人们常说的“越来越老练”。

## （四）情绪力的调控

随着社会的飞速发展，人们生活的节奏也在加快。如果没有较高的情绪力，将很难适应高负荷的工作，应付复杂的人际网络，更难以获得他人的帮助、支持和鼓励，甚至成功。心理专家说，学会做人比做学问更重要，只重视智力的提高而忽略情绪力的训练，会导致低情绪力的人越来越多。

有统计表明，一半的疾病都是情绪性疾病，它的症状千变万化，从常见的脖子痛、胀气到复杂的肾硬化、胃及十二指肠溃疡等。因此，了解和掌握情绪力调控的方法和策略将大大促进我们的身心健康。

案 例

## 当好怨怒旅客的情绪调节员

一次，我执行航班从海口飞往广州，一位旅客按呼唤铃，要求我给他找一份《海南日报》，可当时《海南日报》已经全发完了，于是我为他拿来了一份《广州日报》，以抱歉的语气向他做了解释，谁知他很生气地接过报纸，翻了两下就放到座椅前的口袋里了。看着他一脸不悦的神情，我心里非常难受。

飞机起飞了，我一直注视着刚才那位旅客，我发现他好像很不舒服，一会儿伸手转转上面的通风口，一会儿转转旁边座位上方的通风口，最后抱着膀子坐在座位上。一定是他感到空调太凉了，于是我赶紧走到他面前，亲切地问："先生，您是不是感觉空调有点凉啊？我给您拿条毛毯吧！"他看到我，愣了一下，点点头。我立即取来毛毯递给他，他轻声地说："谢谢！"我心里舒坦了好多，虽然他怒气消了一点，但我的目光仍然会不自觉地落在他身上。送饮料时，看他喝得很急，我断定他一定很渴，于是我又主动倒了一杯给他送上去："先生，您一定很口渴吧，我又给您倒了一杯，您慢用，如果不够的话请随时按呼唤铃呼叫我，我再给您倒。"我边送水边说道。他有点惊讶地看着我，接过那杯水，并连声说："谢谢，谢谢，我的确很渴！"我连忙说："不客气，这是应该的。"那位旅客简单的"谢谢"二字温暖了我整个人。当得知他想喝杯黑咖啡时，我又立即为他冲调好一杯香浓的黑咖啡，他诚恳地对我说："对不起，一开始我向你要报纸的态度不好，请不要在意。我以为你们只会偷懒，还找许多借口来糊弄旅客，但是我现在断定，你不是。小姑娘，希望你能继续这样坚持工作下去，继续用你的诚心、细心、热心和亲切的态度为其他旅客服务，好吗？"

资料来源：https：//max.book118.com/html/2014/1220/10753635.shtm

### 1. 体味知足常乐

知足常乐出自"祸莫大于不知足，咎莫大于欲得。故知足之足，常足"（先秦·李耳《道德经》）。顾名思义就是知道满足，就能总是快乐。也就是说，在日常生活中，我们要懂得满足，不可让自己的欲望无休无止，更不可强求，否则就很难获得快乐，使自己变得焦虑、抑郁、恐惧等。同时，对于不能得到的事物不可以强求，"强扭的瓜不甜"讲的就是这个道理。谨慎把握这些基本态度，会让你的生活更轻松、更开心、更幸福。

### 2. 活在当下

活在当下就是指要着眼于眼前，把握住现在，活在眼前，因为我们拥有的就只有现在，此时此刻。森林中有个人被饿虎追赶，他拼命奔跑，一不小心掉下悬崖，他眼疾手快地抓住了一根藤条，身体悬在了空中。他往下看，是万丈深渊；他抬头向上看，虎视眈眈；他往中间看，突然发现藤条旁有一棵熟透了的草莓。你说他应该选哪个？禅师告诉我们："吃草莓。"个中道理，你慢慢品味。

有些人之所以烦恼，是因为他们永远活在自己美好的期待中或完美的计划里。这里不是讲不要对生活充满期待，不要对自己的未来做规划，而是当我们期待自己的生活或规划自己未来时，要学会抓住当下珍贵的时光和美妙的时刻，实实在在、轻轻松松、快快乐乐地享受当下的生活。

3. 乐观面对生活

乐观是指对世上的人、事、物都有一种欣喜而自足的持久性心境。乐观并不是无所谓的另一种表现形式，更不是对自己人生的不负责任，而是一种积极向上的人生态度，一种坚定向前的策略与挑战。

达尔文曾说："乐观是希望的明灯，它指引着你从危险的峡谷步向坦途，使你得到新的生命、新的希望，支持着你的理想永不破灭。"威尔科克斯也曾说过："当生活像一首歌那样轻快流畅时，笑颜常开乃易事；而在一切事都不妙时仍能微笑的人，是真正的乐观。"

这些深邃的哲理告诉我们：生活中的不易是常有的，不可避免的，作为一名新时代、新世纪的大学生要学会勇于面对自己的生活、自己的人生，而后采取积极的措施或方法跨过所谓的困难和挫折，朝着既定的目标或方向迈出坚定的步伐。正如爱因斯坦所言："真正的快乐，是对生活的乐观，对工作的愉快，对事业的热心。"

4. 欣赏他人，成就自己

俗话说："金无足赤，人无完人"，"人外有人，天外有天"。这表明了一个通俗而又深刻的道理：每个人都是不完美的，而且每个人身上都是既有优点又有缺点的。欣赏他人指的是要学会学习和理解他人身上的特点，尤其是优点，取长补短，为我所用。有位哲学家曾说过："渴望得到别人的认可和赞赏，是人类埋藏最深的本性。"

其实，当我们在赞扬、理解、支持、帮助他人的同时，也把激励、精神和力量给了自己。因为在欣赏他人的过程中，自己往往也能以人为镜，看到不足、找出差距，从而不断提高自身的素质能力和修养水平。

案 例

### 以心换心为旅客服务

陈亚萍，一个爽朗又耿直的武汉女性。她以娴熟的业务技能、细心的服务态度、一颗宽容热诚的心，在值机岗位上辛勤地工作了10个春秋，连续3年被评为东航武汉公司的"先进个人"。现在的她是值机室的主任，是值机工作的排头兵，是一个4岁孩子的妈妈，是同事们的大姐，然而岁月并没有在她身上留下过多的痕迹，她笑起来的时候，依然那么温柔和秀美。

在陈亚萍身上发生过这样一件事：某一年她当值办理青岛—大连的乘机手续。登机时间到了，她突然接到通知，飞行因故障延误，不能准点起飞。她明白，这种消息是旅客最不愿意听到的。“不管发生什么事情，先通知旅客，尽量去解释，安抚旅客。”她已经做好了心理准备。这时的值机柜台已经挤满了迟迟未能登机的旅客，当听说航班延误的消息后，抱怨和责骂声爆发了。“请大家听我解释，不要激动，不能准时登机是因为飞机出现故障，我们会及时联系，现在我们安排大家去休息，大家有什么要求，可以提出来，我们尽量为大家解决。”陈亚萍耐心地向吵嚷不停的旅客们做解释。“你们什么意思？我买了机票就是要准点登机的，你们总是欺骗旅客，做什么解释，我哪儿也不去，现在就要上飞机。”一名男乘客大声地训斥起来。看到这种情形，陈亚萍快步走过去，对他说：“先生，您别着急，航班虽然延误了，但我们的服务不会停止，请您相信我们、理解我们，可以吗？”她诚恳地微笑着，耐心地劝说着。听到这些话以后，旅客们似乎平静了很多。最后，旅客们随着工作人员的安排去往休息区，等候再次登机的时刻……

资料来源：http：//news. carnoc. com/list/50/50307. html

5. 培育自己的兴趣爱好

兴趣爱好是人类存在感的另一种表现形式，它是我们对新鲜事物的渴望及对创造力追求的基本需求。同时，它也是我们在社会上更丰富、更多姿多彩、更快乐地生活的精神和力量源泉。

不同的兴趣爱好所表达出来的感受或体验是相似的，但也有所不同，有的平静、有的剧烈、有的优雅等。例如：艺术类的绘画、音乐欣赏、弹琴、下棋等，球类运动的篮球、足球、网球、羽毛球等，此外还有看书、唱歌、游泳、跑步、学习、瑜伽、SPA 等。每个人都应根据自己的身体状况和经济条件等选择适合自己的兴趣爱好，暂时转移我们因学习、生活或工作而产生的不良情绪，补充新的能量。

如果生活中缺少了这些“甜点”的点缀，闲暇时间就会变得单调、无聊，人就很容易胡思乱想，难免会受麻烦或烦恼的纠缠，让自己的生活变得混乱、烦闷。因此，只有努力培育自己的兴趣爱好，让自己的生活变得立体化、丰富化、多样化、幸福化，才是生存之道。

### （五）团体辅导/拓展训练对情绪力的影响与作用

学术界有关情绪力的研究和探讨非常丰富，形成了各种不同的理论和观点，为情绪力的提升、管理或调控奠定了理论基础和基本前提，进而指导着人们的日常学习、生活与工作。团体辅导/拓展训练就是其中一种非常独特而又有效的方式，对情绪力的提升有着重要的影响与作用。

诸多的研究表明，团体辅导不但可以有效地降低大学生的抑郁水平，而且可以使其在认知、情感、行为上得到更为直接的帮助，较个体辅导有更安全的氛围。也就是说，团队辅导/拓展训练可以降低大学生消极情绪的水平，提升其积极情绪的水平，还有利于大学生的情绪控制和人际协助能力的提高。情绪管理的团体辅导/拓展训练不仅可以在一定程度上改善大学生的情绪状态，而且可以提高其情绪调控能力、情绪表现能力、情绪管理能力和情感平衡能力以及改善负性情感等。

以往相近的研究还发现，通过团体心理咨询能够有效地提高大学生的情绪稳定性，减轻其心理压力和紧张程度，甚至能在短期内有效地改善和缓解抑郁情绪。例如：音乐活动干预可作用于大学生的情绪管理，包括压力与痛苦的减轻、情感的表达以及创新能力、合作能力和交往能力的发展。接受正念取向的团体辅导的大学生，其积极情绪总分显著提高、消极情绪总分显著降低，并且对其自身状态的接纳程度、情绪反应的观察、觉知能力显著提升。

研究还发现，个人挑战类项目的体验有助于大学生克服恐惧和逃避的心态，产生成就感，形成高峰体验，突破自我极限，建立充分的自信；双人协作项目能改善心境，培养大学生相互信任、相互支持和鼓励的品质。团队的形成是一个过程，成员在面对问题时要调节自己的情绪，学会与人合作，正确认识自己的价值。总之，团体辅导对情绪力的变化有着积极的影响和作用。

**课外拓展**

1. 你是如何认识和理解情绪和情绪力的？

2. 寻找一个类似的民航业真实案例，根据本项目的理论进行思考与分析。

3. 以情绪力提升为主题，设计一个与此相关的拓展训练方案并与同学分享。

自我测试、课后锦囊和参考文献请扫描下方的二维码。

# 项目二　抗挫力的有效提升

## 项目导引

本项目主要介绍挫折、抗挫力的概念与影响因素，以及抗挫力的提升方式和方法。挫折是我们成长过程中的一门必修课，应对挫折能力的强弱直接决定着人们生活品质的好坏以及工作效率的高低。抗挫力就是一个很重要的衡量指标。正如美国宾夕法尼亚大学经过 30 年研究发现的一样，在人生的挫折与困难面前决定一个人成功与失败的关键在于一个人抗挫力的强弱；抗挫力犹如一套个人的心理自我免疫系统，不仅保护自己免受困难与挫折的侵蚀，还能提高生命的动力，帮助人们以勇气与智慧去探索未知的世界。

## 学习目标

**知识目标**

1. 熟悉抗挫力的概念、特点、内在机制及其在现实生活中的表现。
2. 理解和掌握提升抗挫力的技能与方法。

**能力目标**

1. 能够掌握有效提升抗挫力的具体方法。
2. 能够具备提升抗挫力的能力，并在实践中反思。

## 案例导入

**挫折的教训**

2015 年 3 月 24 日，德国之翼航空公司一架由西班牙巴塞罗那飞往德国西部城市杜塞尔多夫的空客 A320 客机在法国南部坠毁，机上载有 144 名乘客和 6 名机组人员。法国内政部长于 24 日证实，法国搜救人员已在德国之翼航空公司客机失事现场找到了飞机的一个黑匣子。时任法国总统弗朗索瓦·奥朗德称，坠毁地点“尤其难以抵达”，预计“无人生还”。

涉嫌故意操控德国之翼空客A320飞机撞山坠毁的副驾驶安德烈亚斯·卢比茨的前女友于3月27日向德国媒体透露，卢比茨去年就曾告诉过她，他正在策划一个大的行动，这件事情能够令他被人们永远铭记。卢比茨的前女友在接受德国《图片报》的采访时还表示，卢比茨是一个精神饱受折磨、性格古怪的人，善于隐藏内心阴暗的想法。他有时会从噩梦中惊醒，尖叫着“我们要掉下去了”。

据悉，卢比茨和前女友在一起7年了，曾住在杜塞尔多夫郊区的一幢公寓中。有报道称两人已经订婚，本打算明年结婚。但卢比茨经常会无缘无故地大喊大叫，诸多古怪行为吓坏了他的前女友，所以她决定离开卢比茨。据说，卢比茨还订购了两辆崭新的奥迪，很明显想挽回女友，但她似乎拒绝了他，因为最终只有一辆车被交付。

除了情场失意外，卢比茨在职场上也有不愉快经历。当年他完成飞行员训练后，曾在德国之翼做空少。负责在机舱端食品的他，被戏称为“番茄安迪”，报道称他有可能曾被同事嘲笑及欺凌。另外，一直希望能执飞欧洲到美国航班的卢比茨，却只能飞欧洲内的航班，这也让期望值很高的卢比茨闷闷不乐。

资料来源：http：//news.163.com/15/0325/12/ALI85M0P00014AEE.html；http：//news.sina.com.cn/o/2015-03-29/060031656942.shtml

**案例解读**

这个案例充分说明，一个人的抗挫力关乎他的健康发展与幸福生活。有调查表明，飞行员由于外部环境变化和高强度的工作安排等原因，会形成较大的工作压力，如果长期得不到缓解，就会逐渐产生心理和生理上的疲惫，导致过度紧张或丧失工作热情。此外，飞行员行业的竞争压力也会造成飞行员的心理负担。

现今，很多有心理障碍的普通人可以通过专业的心理疏导、电话求助等方式引起他人注意，得到帮助。但在密封的飞行驾驶舱内，即使是有多年驾驶经验的飞行员，也会产生紧张感和压迫感，从而诱发生理和心理的突发疾病。这些数据和调查结果表明，进行系统的抗挫力训练，形成较强的抗挫力是非常重要的。

---

**小任务** 阅读案例后请小组分享抗挫力对于成功处置案例事件的重要意义。

## 任务实训

### 实训任务一　举手的魔力

（一）训练目的：让学生明白克服挫折需要坚强的意志力，以及耐心和毅力，同时促使其意识到这些素养的培养要从小事开始。

（二）训练时间：10～15 分钟。

（三）训练场地：室内、室外皆可。

（四）训练参与人数：30～50 人，或者更多。

（五）训练器材：无。

（六）训练操作流程：

1. 全班同学依照体操队形站立，每个人两手伸直向前平举，身体不能晃动，坚持 10 分钟，看谁能坚持到最后（见图 2-1）。

图 2-1　举手的魔力训练

2. 训练过程中，可播放一些激励性的歌曲、音乐或主持人喊一些激励性的口号。

3. 训练结束后，以 8～10 人为一组，进行讨论。

（七）训练注意事项：

1. 教师可根据实际情况调整坚持的时间。

2. 训练前，教师要清楚是否有不适合此训练的学生。

（八）训练交流与分享：

1. 当时间过半时，你有什么感受？

2. 当你坚持到最后时，你有什么感受？

3. 在坚持的过程中，你遇到了哪些困难？你是如何克服的？

4. 你认为这次训练对你的启发有哪些？

5. 你有哪些激励自己的方法？与大家分享一下。

（九）训练总结与点评：

1. 在日常生活中，举手这个动作再平常不过了。但当让你坚持 10 分钟后，你会发现并不那么容易了。因此，我们要注意培养和提高自己的意志力。

2. 中国有句古话："勿以善小而不为，勿以恶小而为之。"这句话告诉我们不要忽视细节，不要好高骛远，只有脚踏实地从小事做起，方能成就自己。

## 实训任务二　鸡蛋变凤凰

（一）训练目的：让学生明白挫折是难免的，学会正视挫折，勇敢面对，形成挫折意识。同时，让学生学会采用积极的方法与策略对抗挫折。

（二）训练时间：15～20 分钟。

（三）训练场地：室内、室外皆可。

（四）训练参与人数：30～50 人。

（五）训练器材：纸和笔。

（六）训练操作流程：

1. 全体学生蹲下，扮演"鸡蛋"。

2. 互相找同伴 PK（如猜拳、玩石头剪刀布等）。获胜者可进化为"小鸡"，可以站起来一些（弓着腰），做半蹲状（见图 2－2）。

图 2－2　鸡蛋变凤凰训练

3. "小鸡"和"小鸡"PK，获胜者进化为"母鸡"，可以站立；输者则退化为"鸡蛋"。

4. "母鸡"与"母鸡"PK 的胜利者便晋升为鸡领袖，即晋升为"凤凰"。

5. 持续训练，直到绝大部分学生都成功晋升为“凤凰”为止。

（七）训练注意事项：

1. 所有成员要记得训练规则，不可越轨行事。

2. 用心参与，细心体味，互相尊重，注意安全。

（八）训练交流与分享：

1. 请成功晋升为“凤凰”的学生分享自己的蜕变过程，特别是PK胜出时的感受和体会。尤其要统计一下谁是每一战都胜利的晋级者。

2. 请若干蜕变不成功的学生分享一下自己的感受和体会。

3. 如果将这个训练看成我们的人生或生活，晋升的过程就是我们成长的过程，那么PK象征着什么？PK的结果又意味着什么？

（九）训练总结与点评：

1. 从这个训练中，我们可以发现每个人的成长都很难一帆风顺，都会经历很多的苦难、折磨、痛苦和挣扎，但我们不能被这些成长过程中的阻力和障碍击倒，要克服困难与挫折，迎难而上，砥砺前行。正像一首歌所唱的一样：“不经历风雨怎么见彩虹，没有人能随随便便成功。”

2. 有这样一个故事：一个小男孩在草地上发现了一个蛹，他把蛹捡回了家，想要看看蛹是如何羽化成蝴蝶的。过了几天，蛹上出现了一道小裂缝，里面的蝴蝶挣扎了好几个小时，身体似乎被什么东西卡住了，一直出不来。小男孩于心不忍，心想“我必须帮帮它”。因此，他拿起剪刀把蛹剪开，帮助蝴蝶破蛹而出，可没过多久那只蝴蝶就死掉了。从这个故事中，我们可以发现“拔苗助长”“欲速则不达”的精髓。这个故事也从另一侧面告诉我们痛苦、折磨、挫折以及困难是成长过程中必需的磨炼。正如日本名将德川家康的一句名言：“人生必须背负重担，一步一步慢慢地走、稳稳地走，总有一天，你会发现自己是走得最远的那个人。”

## 实训任务三　风雨无阻

（一）训练目的：让学生明白在对抗挫折的道路上要注意方法与策略，充分发挥协作能力以及团队的力量。

（二）训练时间：15～20分钟。

（三）训练场地：室内、室外皆可，但室外更好。

（四）训练参与人数：30～50人。

（五）训练器材：足球、篮球、背包、椅子等，口罩8个、眼罩2个、绳子若干。

（六）训练操作流程：

1. 教师进行分组，8人一组，包括2个盲人、2个无脚人、2个无手人、2个哑巴。

2. 各小组自行分配角色。角色分配完成后，按照上一条的要求把各个角色塑造完成。

3. 让小组成员一次把所有物品都搬到终点，用时最少者获胜；若物品掉落到界线以外，搬运者出局，其他人继续完成任务。

（七）训练注意事项：

1. 教师根据学生人数准备所需的物品。

2. 训练过程中，小组成员不能违反规则，如戴眼罩的不可以摘下来，禁止使用规定的残缺部位等。

3. 由于在训练中部分参与者要把手或脚绑起来，因此务必注意安全。

4. 训练过程中不可以讲话；可选择播放具有激励性的歌曲或音乐，如《势不可当》《我相信》《我的未来不是梦》等。

（八）训练交流与分享：

1. 分别请被设置身体有残缺的学生来分享自己的体会和感受。

2. 想一想生活中真正有残缺的人，他们是如何面对生活的，以及对你有什么启发。

3. 若真的失去了被设置的身体部位，你会如何面对以后的生活？

4. 现在的你是健全的，如果遇到了很多的困难和挫折，你还会像原来那样乐观吗？为什么？

（九）训练总结与点评：

1. 生活是艰难的，成长是艰辛的，之所以会这样，就是因为有挫折在作怪。其实挫折就像一个弹簧，你强它就弱，你弱它就强。生活中这样的事例比比皆是。例如：美国总统林肯，先是失业，紧接着企业倒闭、爱人离世、多次竞选败北等，然而他并没有被挫折打败，否则就没有后来林肯总统的故事了。当了解了这些坚强者的故事以后，你是否感觉自己目前所遇到的困境或波折有点太小了呢？虽然我们不一定能完成像林肯等人那样的成就，但为了顺利地毕业并找到自己理想的工作，坚强地度过暂时性的危机或挫折，还是值得努力一搏的。

2. 生活的安逸剥夺了很多我们努力拼搏的机会，很多时候，我们根本不知道自己有多强大，因此以挫折的出现倒逼一下自己的潜力也是一件幸事。

## 实训任务四　胜者为“寇”

（一）训练目的：锻炼和提高心理抗挫力。

（二）训练时间：10～15 分钟。

（三）训练场地：室内。

（四）训练参与人数：30～50 人。

（五）训练器材：白板笔 1 支，白板 1 块，报纸卷 1 根。

（六）训练操作流程：

1. 将全班学生进行分组，平均每组 8～10 人。

2. 教师在白板上写下一个数字，数字是0～200内的自然数，小组成员猜的范围就是1～199，白板是背向学生的，因此大家都不知道数字是多少，且猜中之前是不会变动的。

3. 由各小组组长决定哪一个小组先猜，以此类推。猜的过程中必须是小组所有成员的一致意见，并由组长告诉教师。每次都会留出小组讨论的时间，但不能超过30秒。

4. 教师会根据小组给出的答案及时缩小答案范围，以便大家猜中。例如：所写数字是35，某小组给出的答案是76，那么教师会说数字范围是0～76，直到有小组猜中为止。

5. 当只剩下最后几个数字时，教师可以按照顺序让剩余小组选择答案，并最终揭晓“黑色数字”。

6. 根据课堂情况，可多次进行。

（七）训练注意事项：

1. 教师在写数字时，应尽量避免一些特殊的数字。

2. 当大家在猜数字时，教师可制造一些紧张气氛和悬念，以增加训练的趣味性、刺激性和紧张感。

3. 在用报纸卷对猜中“黑色数字”的小组成员进行惩罚时，教师要把握好力度，不宜太用力，也不宜太温柔。

（八）训练交流与分享：

1. 大家在训练过程中的感受是什么？尤其是当所猜的范围越来越小时，有什么感受？当宣布答案时，发现自己的小组没有猜中又有什么感受？

2. 怎么才能尽快猜出这个数字？

3. 如果小组因你的决定而使得全队“挨罚”，你有什么感受？大家的表现是什么样的？你对大家有这样的表现，怎么看？

4. 从这个训练中，你获得了什么体会与感受？

（九）训练总结与点评：

1. 这个训练的进展牵动着每一个小组成员的心，因为猜中了获得的奖励是“惩罚”。

2. 明明知道这个任务的结果是一种挫折，可是我们还要完成它。这和我们日常生活中的很多事情都很类似。例如：向喜欢的女孩子表白，但根据你的情况，别人明显是不会答应的。可作为当事人的你，可能不会顾忌这么多而毫不犹豫地选择表白，结果可想而知。其实，这样做的结果并不是什么坏事，因为这件事有了一个结果，你不会因此而遗憾，反而增强了自我的抗挫力。

3. 因为某个成员的错误决定导致大家受罚，我们该如何对待呢？我们首先应学会宽容、理解。其次，我们应学会换位思考。

## 实训任务五　穿越雷区

（一）训练目的：增强挫折耐受力。

（二）训练时间：10～20 分钟。

（三）训练场地：室外为宜。

（四）训练参与人数：30～50 人。

（五）训练器材：边长为 50 厘米的连续方格 11 个/组，秒表 1 块。

（六）训练操作流程：

1. 将全班学生按每组 8～10 人进行分组（本活动以 8 人小组为例，如图 2-3 所示）。

图 2-3　穿越雷区训练

2. 每组 8 名学生站在直线排列的连续 11 块方格（方格与方格之间没有空隙）内，中间一个方格是空的。每组两边 4 人相向立正站立。

3. 训练情境：每组 8 人都是英勇善战的战士，在一次执行紧急战斗任务时，遇到了现在的特殊地形，走进了由 11 个方格组成的地雷区内，只有在最短的时间内完成位置互换（要求每组两边 4 人调换位置），才能成功到达目的地。

4. 训练规则要求：

（1）每个人可前进一格或跳过一格，但不能后退；

（2）每格内最多同时站同一个人的两只脚；

（3）每个人身体的任何部位不能接触自己所在方格外的地面，也不能接触方格的边界线，否则就是触雷；

（4）一旦犯规，全组必须返回重做。

5. 训练前，教师可让小组成员自行练习 5 分钟，然后进行小组间的比赛。

6. 最先通过雷区的小组获胜。

（七）训练注意事项：

1. 可根据实际人数、上课情况适当调整训练的器材等。

2. 若小组任务完成得不太好，教师可适当鼓励。

3. 可播放一些激励性的歌曲或音乐。

（八）训练交流与分享：

1. 在实现位置互换的过程中，遇到了哪些困难和阻力？是怎么克服的？

2. 在日常生活中遇到类似的情况，你是如何处理的？该训练对你有哪些新的启发，给你了哪些新的体会？

3. 一个人面对挫折与集体面对挫折有什么分别？该训练让你有哪些新的收获？

（九）训练总结与点评：

1. 我们每个人的力量都是有限的，但集体的力量与智慧是无穷尽的。这深刻地警示我们，遇到困难与挫折并不可怕，关键要学会获得集体的帮助与支持。

2. 毛泽东曾经说过：“要想不经过艰难曲折，不付出极大努力，总是一帆风顺，容易得到成功，这种想法，只是幻想。”这充分告诉我们要想取得成功，必须经过挫折的锤炼。

## 知识链接

在现实生活中，挫折是不可避免的，是普遍存在的。苏东坡有云：“人有悲欢离合，月有阴晴圆缺，此事古难全。”这句话告诉我们：每个人在成长的过程中，总会碰到这样或那样的困难、阻力、苦难或打击，不可能总是春风得意、一帆风顺。既然挫折无处不在，又不可避免，那我们是不是就听之任之、任其为所欲为呢？当然不是！我们必须振作精神，鼓足勇气，迎难而上，战胜它、克服它。要想永远立于不败之地，就要培养坚毅的抗挫力。

## 一、什么是挫折

### （一）挫折的定义

从心理学角度看，挫折是指个体在某种动机的推动下，在实现目标的过程中遇到了无法克服或自以为无法克服的障碍或干扰，使其动机不能实现、需要不能满足时所产生的焦虑不安和消极的情绪反应。例如：因竞选干部失败而产生的尴尬、焦虑、懊悔、抑郁情绪等反应。

挫折通常由三部分构成：一是挫折情境，是指对人们有动机、有目的的活动造成内外障碍或干扰的情境状态或条件，可能是人或物，也可能是各种自然、社会环境；二是挫折认知，是指对挫折情境的知觉、认识和评价；三是挫折反应，是指个体在挫折情境下所产生的烦恼、困惑、焦虑、愤怒等负面情绪交织而成的心理感受，即挫折感。其中，挫折认知是核心因素，挫折反应的性质及程度主要取决于挫折认知。就求爱被拒绝来讲，若个体把此事看得非常重要，如“如果失败我将一无所有”“今生再无人可爱”等，那么个体就会非常痛苦、焦虑不安，甚至产生极端想法，导致极端行为；若个体用一种正常的、理性的态度来对待此事，如“被拒绝说明我们不合适”“发现了应该爱××样的人”等，那么个体可能就没有那么痛苦、悲观。

### （二）挫折的分类

日常生活中的挫折有很多种，从不同的角度有不同的分类。例如：按挫折的原因可分为内部挫折和外部挫折，按挫折的现实性可分为实质性挫折和想象性挫折，按挫折的持续时间可分为短暂性挫折和持续性挫折，等等。但不管是哪一种挫折，其实反映的都是对于个体的缺乏、损失或阻碍等，从这个角度讲，可将挫折分为缺乏性挫折、损失性挫折、阻碍性挫折。

#### 1. 缺乏性挫折

如大学生因家庭贫困而产生的自卑、焦虑、紧张不安等。

#### 2. 损失性挫折

如父母离异、亲人离世、失恋等而产生的痛苦、悲观。

#### 3. 阻碍性挫折

如前进道路上遇到拦路虎、学习上遇到难题等。

除了以上这些挫折，大学生在追求进步和自我成长的过程中，难免遇到困难、阻力从而产生痛苦、困惑等，他们经常碰到的挫折还有学习性挫折、生活性挫折、情感性挫折、发展性挫折、人际性挫折等。

## 二、什么是抗挫力

### （一）抗挫力的定义

1941年，美国心理测验专家罗森茨威格（Rosenzweig）提出了“挫折承受力”的概念，他将其定义为“对抗挫折而无不良反应的能力，即个体在挫折情境中能适应挫折、抵御和应对挫折的能力”。Weibe（1991）则提出了抵抗挫折的另一个概念——“挫折容忍力”，他认为：“挫折容忍力是个体遭遇挫折时愿意继续坚持下去的一种倾向。”

抗挫力顾名思义就是对抗挫折的能力，是指个体遭受困境或失败时能经受住精神上的打击，控制自己的心理和行为避免失常，在忍受挫折时敢于积极进取从而摆脱困境、克服挫折、取得成功的能力。简而言之，抗挫力就是个体在遭遇挫折或失败时能抵抗、应对、适应并战胜它的能力。

抗挫力由挫折耐受力和挫折排解力两方面构成。前者是指人们在遭遇挫折时能经受其打击和压力，保持心理和行为正常的能力；后者是指人们遭遇挫折后，对自我进行及时的调控和转变，积极改善挫折情境，解除挫折状态的能力。从挫折耐受力和挫折排解力的内涵即可看出：挫折耐受力对挫折是消极被动地适应，减缓挫折反应的程度，表现为对挫折的负荷能力，为挫折排解力奠定了基础；而挫折排解力则是积极主动抵御、对抗挫折，表现为对挫折的改造能力，也是对挫折耐受力的进一步发展。抗挫力的这两个方面是对抗挫折的两个阶段，它们相辅相成，既相互影响又相互促进。

抗挫力是一个人心理素质水平的重要指标，它通常与个体的生理条件、个性特点、心理状态、自我意识、经济状况和社会经验等因素有关。

### （二）抗挫力的影响因素

人们的抗挫力有着鲜明的个性色彩，不同人的抗挫力是不一样的。抗挫力强的人，不易产生较大的挫折反应，挫折困扰持续时间短，消极影响较小，即使遭遇强烈的困难或挫折，也能镇定自若、从容面对；反之，则容易出现心理和行为的异常，有的甚至导致身心疾病。抗挫力受到很多因素的影响与制约，主要包括生理、心理、社会、思想等方面。

#### 1. 生理因素

俗话说："身体是革命的本钱。"身体是克服困难、摆脱困境、努力生存下来的物质基础。有研究表明，合理的体育锻炼对提升大学生的抗挫力具有积极作用（张媛，2012）。一般来讲，一个拥有强健体魄的人，要比一个体弱多病者的抗挫力更强，能抵抗更多的挫折，面对更大的困难。

#### 2. 心理因素

影响一个人抗挫力的心理因素主要包括个性特点、认知水平、心理期待三个方面。也就是说，一个个性顽强、意志坚定、挫折认知水平高、自我心理期待合理的人，在困境和挫折面前容易形成更强大的心理承受力，抗挫力也就更强。

**案　例**

**她曾悄悄躲在洗手间里哭**

某年3月中旬的某日，某航空公司一架飞机在北京发生机械故障，导致本应于17:10由南京起飞的MU2809后续航班也随之延误了。

当候机大厅内响起航班延误的广播后，旅客们的反应很大，“呼啦”一下就将值机员王丽围住了，并且你一言我一语地开始了质询。单薄的王丽简直有点招架不住了，但她始终还是耐心细致地向旅客解释航班延误的原因，并告诉旅客们航班预计于18：40起飞，航空公司已经为旅客们准备好了晚餐，马上就可以用餐了，等等。

旅客们刚开始对此安排还能理解，也表示基本愿意接受。但当旅客们用过餐之后，眼看着18：40已经临近，飞机却还将继续延误时，质询、责难和索赔的呼声便再次把王丽包围，个别旅客甚至还当面骂出了很多难听的话。

王丽从未被人这样辱骂过，委屈的眼泪不停地在眼眶里打转。但为了不让旅客觉得自己懦弱，王丽愣是以最大的毅力没让眼泪流下来，一直默默地承受着无端的羞辱和人身攻击。直到航班恢复正常，王丽把最后一位旅客送上飞机后，才悄悄躲进洗手间痛痛快快地哭了一场。

资料来源：http：//news. carnoc. com/list/52/52289. html

3. 社会因素

在这里，社会因素包括社会阅历和社会支持。一个人的社会阅历越丰富，经过的历练越多，他的心理资本就越丰厚，就越能对抗外界的刺激和压力。同样，获得越多社会资源、社会支持系统越完善的人，对挫折的心理承受力或心理弹性也就越大，抗挫力也就越强。

4. 思想因素

思想准备和思想境界是思想因素的两个重要层面。前者是指一个人做事前考虑得比较充分、全面、周到，也就是说有完善的应急措施，即使做事过程中遭遇了挫折，也能冷静地、理智地去应对和处理。后者是指具有崇高的理想、远大的人生目标、积极乐观的态度以及科学的价值观，换句话说就是心胸开阔、心怀坦荡、意志坚定、自信乐观，面对挫折时能保持充沛的精力和开拓进取的精神。例如：有的学生立志要攻读自己理想的专业，虽然一次考试成绩不理想，但并不气馁，而是撸起裤管、卷起袖子，继续向前。

案 例

### 同样的错误

1972年，麦道公司的DC－10客机上市，这款飞机是最新型的喷气式客机，由麦道公司耗费十亿多美元研发而成，造型和尺寸都异于当时的其他客机。

同年6月12日，美国航空96号航班——一架麦道DC－10客机从底特律飞往布法罗（又称水牛城），这是麦道公司交付的第5架DC－10客机。

飞机起飞进入平飞状态后不久，尾部突然发生爆炸，在高空失去压力，濒临失控。机长果断操纵严重受损的飞机返回底特律机场，并成功迫降，飞机上的乘客安全脱险。

调查发现，飞机的尾部在飞机起飞后不久出现了一个大洞，然而并没有任何物体撞击飞机。调查人员分析认为，是飞机的货舱门在起飞后不久爆炸脱落所致。

这次意外，暴露了DC－10客机在舱门设计上的失误：它的货舱门是向外打开的，无法从外面确认是否锁紧，而位于驾驶舱的舱门显示器也不能准确提醒货舱门未能锁紧的现状。当飞机爬升到高空，由于内外压力差，货舱门就会发生爆炸。事故发生之后，美国国家运输安全委员会（NTSB）要求麦道公司修改货舱门的设计，让地勤人员能够通过小窗确认舱门是否锁紧。

然而令人痛心的是，两年后，土耳其航空一架DC－10客机在执行巴黎至伦敦航线时也出现了类似的情况，但未能平安降落。1974年3月3日12时30分，土耳其航空981号航班从奥利机场东面起飞前往希斯罗机场。当981号班机飞过莫特丰丹镇时，航空管制员从该航班收到一段不清楚的通话；与此同时，飞机亦发生失压，机上以土耳其语播出飞机超速警告，并记录了包括副机长在内的通话：“机身爆开了！”981号班机随即消失于航空管制员的雷达屏幕内。稍后，981号班机的残骸于埃默农维尔一处森林内被发现。

法国调查人员断定，货舱门于半空中发生爆炸而减压，造成了这次空难。原来，尽管NTSB在美国航空96号航班事故后，立即指示麦道公司更改货舱门的设计，并须通过安全测试，然而该机构的指示没有任何约束力，导致之后麦道公司依然未对有关设计做任何修改，并在生产线上继续生产了两架DC－10客机，其中的一架就是土耳其航空失事的客机。麦道公司事后才亡羊补牢，改良了舱门设计，此后的DC－10客机再没有发生过类似空难。

资料来源：http：//news. carnoc. com/list/320/320436. html

### （三）对抗挫力的正确认知

抗挫力是人格结构中的重要元素，是指个体对挫折可容忍、可适应程度的大小，即人们防御挫折、对抗和应对挫折的能力，也称挫折承受力或耐挫力。有研究表明，抗挫力强的人，能够承受重大困境或挫折，并能够以理性的态度和合理的方式正视挫折，在挫折面前保持健康又正常的心理和行为能力。反之，抗挫力弱的人遇到些许或轻微的困扰或挫折就不知所措、无所适从、手忙脚乱，容易以一种混乱的态度和错误的方法来应对，进而使自己陷入不良情绪中，导致心理和行为失常，引发心理健康问题或疾病。

抗挫力在人们的成长和成才过程中起着至关重要的作用，抗挫力的大小不仅关系到人们自身的全面发展，也关系到国家的强胜、民族的兴旺、社会的和谐。由于我们较偏重人的智力要素的培养，而忽视了其心理、意志等非智力要素的引导和训练，导致人们综合素质能力相对低，尤其是抗挫力极不达标。这就警示我们要改变对人们抗挫力的认识、教育与培养的方式。

大学生的抗挫力普遍较弱的现状对当今社会的发展、和谐社会的构建以及大学生自身的社会化和全面发展极其不利。因此，要努力构建以社会教育为依托、以学校教育为主阵地、以家庭教育为基础、以自我教育为出发点的四位一体的提升大学生抗挫力的系统或体系，营造和优化大学生抗挫力培养的文化环境氛围。

### （四）抗挫力的提升

俗话说："人生不如意之事十有八九。"美国教育家戴尔·卡耐基在《吸收挫折》一书中也提及："没有人能有足够的情感和经历，既抗拒不可避免的事实，又创造一种新的生活。"人生是不可能一帆风顺的，要想成功，就必须学会从逆境中爬出来。正如巴尔扎克所言："世界上的事情，永远不是绝对的，结果完全因人而异。苦难对于天才来说是一块垫脚石，对于能干的人来说是一笔财富，而对于弱者却是一个万丈深渊。"

作为承载国家未来和希望的大学生，怀揣着远大的抱负和理想，由于社会的迅猛发展及竞争的日趋激烈，他们在拼搏、奋斗的过程中难免会遇到诸如学习压力、就业压力、人际交往困扰、情感困扰等困难、障碍和挫折，这势必导致其产生沮丧、压抑、愤怒、偏执等不良情绪，引发冷漠、幻想、攻击、退缩、逃避等消极行为，甚至做出自残或伤害他人等极端行为。因此，当代大学生中存在的挫折心理不容忽视，提高大学生抗挫力和培养其坚强的意志品质势在必行。

案　例

#### 三万英尺高空传播奥运　四川空姐当选火炬手

在成都双流国际机场国航西南公司飞行部的田径场上，时常可以看到一个女孩子独自跑步的身影。她叫巫江，身材高挑、长相甜美。这个不满 26 岁的漂亮女孩喜欢运动，穿上制服后，她是国航西南分公司的空乘，也是 2008 年北京奥运会四川地区唯一一名空姐火炬手。

巫江从中国民航飞行学院空中乘务及旅游管理专业毕业后，正式成为国航西南分公司的一名空中乘务员。因业务工作出色，巫江被选拔进入全国青年文明号"蓝色旅途"乘务组，这是国航西南分公司的"招牌"乘务组之一。

在成都—北京的一趟航班中，飞机刚起飞没多久，一名老婆婆就出现呕吐、发冷汗、脸色发紫的现象。因为是第一次单独坐飞机，老人感到非常害怕，强烈要求下飞机。这使得当班机长和乘务长非常为难。按运行规定，这样的情况不能备降，而老人又不断地要求下飞机，情绪很不稳定。这时，巫江主动向乘务长提出，愿意放弃休息时间，在老人身边一直照顾她。整个飞行过程中，巫江帮老人换清洁袋，为她清洗衣服上的呕吐物，陪老人聊天。老人的脸色逐渐恢复正常，情绪逐渐稳定，忘记了恐惧。最终，航班没有因为这位特殊的乘客而备降。到达目的地后，老人万分感谢巫江的照顾，要送她礼物作为报答。

当国航开始选拔奥运火炬手时，向来喜欢运动的巫江报了名，并写下了她的奥运感言："我愿意在三万英尺的高空，以自己的方式向穿梭于城市之间的旅客传播奥运理念。只要心中有奥运，每个人都是手握'祥云'的火炬手，在不同的道路上点燃同样的激情。"经过层层选拔，巫江最终脱颖而出，成功入选国航 20 名火炬手之列。说到入选的原因，巫江说："可能是因为我身体健康、心态积极，而且自信!"巫江身高 1.73 米，高中时代就是长跑和跳高能手，工作后，也坚持进行长跑、羽毛球、篮球等体育锻炼。当选火炬手，让她更加关注奥运。

资料来源：http：//2008. qq. com/a/20080118/000168. htm

1. 激发大学生自身的主体意识

心理学研究表明，个体抗挫力主要取决于其应对挫折和困境的阅历的丰富程度。这些阅历不是与生俱来的，而是在具体的实践活动中磨炼和培养出来的。个体的挫折认知、归因方式、意志品质等都会对其抗挫力的提高产生作用和影响。

(1) 增强挫折认知水平。心理学研究表明，一个人越是能够获得与挫折事件相关的信息，就越能够有效地应对它；越是能够积极地参与到挫折情境中去，就越能够有效地应对这种挫折情境。也就是说，挫折反应的程度更多地取决于个体采取什么样的态度去对待它。既然挫折是人生的重要组成部分，又不可避免，那么我们就应该勇敢地面对它、正视它、对抗它、战胜它。

同时，也应该看到挫折的两面性，即消极面和积极面。挫折的消极面会让我们感到痛苦、难受，甚至痛不欲生，这正是我们要努力克服的部分。然而，从中我们要善于发现挫折的积极面，经历一次挫折，可能使我们变得更加强大，从而为我们有勇气、有信心战胜未来的困难和挫折打下坚实的基础。就像老子所说："祸兮，福之所倚；福兮，祸之所伏。"

(2) 善于调节自我抱负水平。自我抱负水平是指个体对未来可能达到的成功标准的心理需求，是指人们在从事某种实际活动之前，对自己所要达到目标规定的标准。如果对自己规定的标准高，那抱负水平就高；反之亦然。其实，现实生活中的很多挫折就是自我抱负水平的确立不当造成的。因此，我们只有结合自身的实际状况、能力和水平来制定自我的抱负水平（期望值），脚踏实地，努力拼搏，才可能实现自己的目标和梦想。

(3) 建立合理的自我归因。生活中，我们总会为自己的成功或失败找一个说服自己的理由或借口，只有这样内心才会感受到和谐或平衡。大学生对挫折的归因正确与否对他们的抗挫力有很大的影响。

正确归因，就是对导致挫折的原因进行实事求是的认识和分析，弄清楚挫折的原因到底是外部的还是内部的，或是内外两种因素共同作用的结果，只有这样才能避免因归因的片面性及自责过多而产生的挫折感。心理学研究表明，倾向于外归因的人认为外部复杂的、多变的、难以预料的环境是影响事物发展和他们行为结果的主要原因。这种人虽然能够暂时维持内心的平衡，但是他们无法从挫折中汲取经验和教训。倾向于内归因的人认为自身的能力是影响事物发展和他们行为结果的主要原因，自己对行为结果应负有更多的责任。这种人容易自我埋怨、自我责备，从而丧失自信心。这就需要大学生学会对挫折进行正确归因（詹丽峰，2003）。

（4）学会自我心理调适。大学生即使不幸遭遇挫折，也要明白事出必有因，任何的烦恼和悔恨都无济于事，与其郁郁寡欢，不如努力调适自己，化挫折为动力，努力向前进。自我调适的方法有很多，如音乐调节法、书画陶冶法、倾诉法、转移法、冥想放松法等。

### 2. 发挥家庭的助推作用

德国著名教育家福禄贝尔曾说过："国家的命运与其说是操纵在掌权者手中，不如说是掌握在各个母亲手中。"这句话充分表明了家庭的重要性，它不仅关系到每个学生的成长、成才，也关系到国家的未来和社会的和谐发展。因此，要提升大学生的抗挫力，首先家庭中的父母要改变教育子女的观念。不要溺爱孩子，在学习、生活上都要注重积极心理品质的引导和培养。其次做好模范带头作用。在碰到困难和挫折时，保持平和的心态，用一种积极乐观的态度去对待，同时想方设法对抗挫折、战胜挫折。最后，适当地创设挫折情境，通过挫折训练来磨砺其意志、唤起其斗志、激发其进取精神。

### 3. 发挥学校的主导作用

学校是有目的、有计划地教授个体知识、技能等的专门机构，是个体获取知识、技能、经验的重要场所，在提升大学生抗挫力的方面发挥着至关重要的作用。

首先，要不断丰富提升大学生抗挫力的教育内容，开展理想信念教育、责任意识教育和心理健康教育，增设提升抗挫力的课程环节，树立和宣传身边的典型力量，引导大学生依据社会主义核心价值观体系树立正确的世界观、人生观和价值观，保持积极向上、奋发有为的精神状态，"乐观的孩子不是没有痛苦，而是能很快地从痛苦中解脱出来，在黑暗中看到光明和希望"。

其次，要勇于创新提升大学生抗挫力的教育形式，组织大学生开展社会实践、生活技能训练、素质拓展训练、校内外顶岗实习等实践活动，引导学生深入了解社会，在实践中铸就品格、磨炼意志、提升能力。

最后，要努力优化提升大学生抗挫力的校园环境氛围，加大对学校校训、办学理念和学校精神的宣传力度，传承学校特色、积淀校园文化，将其内化为教师工作和学生学习的动力，全方位渗透于教育教学活动之中，做到"润物细无声"；创建公平正义的竞争环境，树立积极向上的风气，为大学生抗挫力的提升创造良好的心理环境氛围。

4. 重视社会的积极导向作用

随着社会的迅猛发展，大学生的社会化程度在逐渐提高，社会环境对其的影响也越来越大。因此，要重视社会环境对大学生健康成长的积极导向作用，努力挖掘良性的社会资源，积极营造有利于大学生抗挫力提升的社会氛围。

首先，充分利用书籍、报纸、杂志、广播、网络、影视作品等各种传播媒介进行宣传，如观看各种经典励志作品，让大学生直观感受英雄模范人物的高尚品质和不轻言放弃的顽强拼搏精神，从而培养自己积极主动、勇敢顽强、刚毅进取等健康的个性品质，这将大大有助于大学生抗挫力的提升。

其次，鼓励大学生积极参加社会实践和各种社会公益活动，使其在实践中切身体会自己的困境与挫折以及他人的不幸遭遇，从而提高其自身的意志力和抗挫力。实践证明，有着丰富社会阅历和社会实践的人往往更能经得起挫折，抗挫能力更强。“马厩里练不出千里马，花盆里栽不出万年松”讲述的就是这个道理。

### （五）团体辅导对抗挫力的影响与作用

1956 年，第一次国际大学生心理卫生会议指出，要开展各种形式的关于挫折教育的团体训练，如敏感训练法、心理剧治疗法和户外训练法等，并取得良好的效果。心理学研究表明，群体成员一起面对压力和挫折时，可以有效降低群体成员的消极情绪体验。

美国著名心理学家艾瑞克·弗洛姆曾说过：“现实生活中的每个人实际上都需要他人的支持和帮助，需要依赖别人。”大学生团体中成员之间互相帮扶、互相激励、互相依靠、互相支持的氛围或方式，会给大学生营造出一种思想相容、心灵相通的心理境界，进而达到共享集体生活、共同成长和进步的幸福空间，而不是游离于集体生活之外，成为集体生活的局外人。

贡兴满（2013）采用既定的拓展训练项目，进行了为期 16 周的教学实验，结果表明：在高校中开展拓展训练培训项目，对提高大学生心理健康水平是积极有效的，对促进与完善大学生心理健康水平（人际关系、心理承受能力、自我意识和情绪状态）具有明显的作用，有助于提高大学生的抗挫力水平。

有研究发现，团体心理辅导活动，一方面能够让学生发现自己身上的很多优点，增强其自信心；另一方面能够为学生提供更多释放压力和调节不良情绪的方法，给予适当的引导，使学生能够更加轻松地面对挫折、战胜挫折、解决问题，从而提升情感抗挫力。

团体辅导之所以能够提升团体成员的抗挫力，主要是因为团体辅导可以帮助团体成员客观地认识和评价自己、他人，树立正确的挫折观，学会有效应对挫折的方法和策略，掌握调控不良情绪的知识技能，提高挫折耐受力，使自身的心理压力得以缓解、心理素质得以提升、心理承受力得以增强。

**课外拓展**

1. 挫折是什么？抗挫力在应对挫折的过程中是如何体现与发挥作用的？

2. 根据本项目的相关理论知识，基于自身情况，撰写一份自我分析报告。

3. 以提升抗挫力为主题，设计一个与此相关的拓展训练方案并实践。

自我测试、课后锦囊和参考文献请扫描下方的二维码。

# 项目三　自信力的有效提升

## 项目导引

本项目主要介绍自信与自信力的概念与内涵，同时着重阐述提升自信力的方式、方法。自信是对自我进行评价的一种积极态度和力量。只有自己相信自己，才有可能最大化地把自身的能力或能量发挥出来。在实际的学习、生活和工作中，这种体验和感受是不可或缺和至关重要的。

## 学习目标

**知识目标**

1. 熟悉自信的概念、特点、影响因素等。
2. 理解和掌握自信之于个人的实际效用。

**能力目标**

1. 能够掌握有效提升自信力的具体方法。
2. 具备提升自信力的能力，并在实践中反思。

## 案例导入

### 十年飞行收获专业和自信

“当旅客接过我递出的水杯时，我希望旅客感受到的是温馨、是体贴，更是一种信任！”川航客舱部乘务长张译文含笑着道出自己的心声。这份心声源自何处？是十年的感悟，更是十年的积淀。

那是刚刚参加工作的第一年，从昆明飞往成都的航班上。当飞机即将到达成都的时候，飞机起落架发出报警信号，机组不得不在空中盘旋，耗尽航油，以期将降落时带来的损害降到最低。刚开始，发现异常的旅客不停地向张译文和其他乘务员追问原因。面对焦急的旅客，乘务员耐心地解释并不停地安抚旅客。大约 30 分钟以后，旅客恢复了平静，不再出声，但目光却一刻也没有离开乘务员。也正是在这个时候，乘务员通过内部广播知道了情况。这时，坐在旅客中间，与旅客面对面的张译文尽量让自己的表情显得自然，心中不断重复着飞机着陆后自己要如何开舱门，如何帮助旅客尽快下机。最后，飞机起落架正常放下并平稳降落。飞机落地后有那么几秒，客舱中的时间仿佛凝固了。随后，一片掌声响起，客舱中笑声与哭声混杂在一起。

每每忆起这段往事，张译文都会反问自己："这只是一个假警报，但如果真的遇上突发情况，我可以帮到旅客吗?"从那一刻起，她明白了：万米高空之上，生命高于一切！十年来，这份安全重责鞭策着她在工作中不断进步，使她练就了一身扎实的基本功，在旅客最需要帮助的时候，能够毫不犹豫地无悔付出。

一次飞行中，飞机在下降过程中出现颠簸。一名患有心脏病的旅客由于紧张，按响了服务铃，要求吸氧。看到旅客惨白的面孔，她的心里只有一个念头："一定要确保旅客的安危。"于是，身为头等舱乘务员的她一边与地面医务人员取得联系，一边亲自帮助旅客吸氧。由于飞机满客，为了帮助旅客正常吸氧，她便跪在地上，一手高举氧气袋，一手紧紧抓住扶手固定自己。直到飞机平稳降落后，将旅客转交给地面医务人员后，她才放下一颗悬着的心。

从新乘一路走到今天，懂得了珍惜、宽容与感恩是她最大的收获。如今，对于张译文来说，空乘这份职业不仅是拉着拖箱从候机大厅走过时留下的美丽倩影，更是在优雅从容地向旅客递出一杯水时所传递出的自信与专业。

资料来源：http：//finance. people. com. cn/caac/GB/114166/11233256. html

**案例解读**

在真实的生命中，每桩伟业都由信心开始，并由信心跨出第一步。案例中的张译文通过自身的努力，一步一步锻炼自己、积累经验，用自己的实际行动服务着自己的乘客，践行着自我的承诺，向我们展示了自信的魅力与精髓。这值得我们用心去体会、去行动、去体验、去奉献。

---

**小任务** 阅读案例后请小组分享自信力对于成功处置案例事件的重要意义。

## 任务实训

### 实训任务一　未知的挑战

（一）训练目的：激发好奇心，提升自信心。

（二）训练时间：10～15 分钟。

（三）训练场地：室内、室外皆可。

（四）训练参与人数：全班学生。

（五）训练器材：若干挑战信，若干小礼物。

（六）训练操作流程：

1. 将全班学生按照每组 8～10 人进行分组。

2. 每组每次委派一人来抽取挑战信，并且要当着大家的面把信的内容读出来。根据信内任务的完成情况给予一定的奖励。

3. 也可以小组为单位，各小组同时进行（如规定 5 分钟或 10 分钟，这时要注意前期信内任务的设置与形式）。最先做完的小组可获得额外的奖励，并与大家分享自己内心的变化；在规定时间内没有做完的小组，要接受“惩罚”。

4. 由教师决定活动的次数与形式。

（七）训练注意事项：

1. 教师要注意观察参与者的表现与变化，尽量不勉强。

2. 告诉学生训练结束后，不可拿今日的训练内容取笑或攻击其他同学。

3. 鼓励学生积极参加。

（八）训练交流与分享：

1. 训练开始前，你内心最强烈的声音是什么？

2. 当你看到大家都在积极参与时，你是如何说服自己参与其中的？

3. 如果信封上写的是容易实现的事情，你对当初的决定怎么想？若是不容易实现或是尴尬的事情，你又会怎么想？

4. 训练结束后，观察自身的变化，你有什么感想？

（九）训练总结与点评：

1. 这是一个相对简单的挑战训练，但有一些学生在面对这些挑战时，非常容易退缩或逃避，不愿意或不敢去挑战自己，这是大多数自卑型学生的共性。因此，勇于挑战自我、展现自我是自信的一种形式或表现。

2. 荀子《劝学》有云：“锲而舍之，朽木不折；锲而不舍，金石可镂。”因此，我们要根据实际情况，及时正视困难，正确对待挫折，努力挑战自我，不断获取自信的勇气和力量，为梦想释放自己的最大能量。

3. 在日常工作中，自信也是非常重要的。有的人整天愁眉紧锁，有的人每天笑容满面，你会发现他们的工作效果是截然不同的：前者会觉得累并痛苦，而后者会觉得累并快乐。作为民航服务行业的学生更是如此，试想一下，如果你的好朋友或者舍友每天在你面前唉声叹气、满腹牢骚，你的心情也一定兴奋不到哪里去。因此，当下我们就要积极培养自信心，以一种行业的自信投入学习、生活与工作中，不仅会增加自己的学习、生活与工作热情，而且会提高自己的学习兴趣、生活幸福感以及工作效率。

## 实训任务二 你的“美”，我欣赏

（一）训练目的：团队成员通过体验欣赏与被欣赏的幸福感，树立自信，增进相互间的了解与情感。

（二）训练时间：15～20 分钟。

（三）训练场地：室内、室外皆可。

（四）训练参与人数：全班学生。

（五）训练器材：笔 1 支/人，A4 纸若干。

（六）训练操作流程（见图 3－1）：

图 3－1 “你的‘美’，我欣赏”训练

1. 将全班同学按照每组 8～10 人进行分组。

2. 发现自己的“美”：教师发给每个小组组员一支笔和一张或半张 A4 纸，鼓励其尽可能多地写下自己的优点。每个成员在写的过程中尽量不让别的成员看到，完成后，暂时由自己先收起来。

3. 发现他人的“美”：小组组员围成一个圆圈，左右相邻的组员之间保持一定的距离（如 20 厘米）。教师发给小组组员每人一张或半张 A4 纸，由每个组员在纸的正上方写上自己的名字，然后按照顺时针方向传给下一组员并由其写出上一组员的优点，依次进行，直到传到逆时针方向的第一个组员为止，但不能传到组员自己手中。

4. 欣赏他人的“美”：每个小组的组员向着某一中心（由教师来定，如教室的中心等）围成U形坐下。由另一位组员将大家写给他/她的优点大声地读出来，然后大家一起对他/她竖起大拇指并大声高喊：“×××（这位组员的名字），你真棒，你是真的真的真的非常棒!”这位组员要认真聆听并细细品味大家对他/她的认可与欣赏，同时接过别人给自己的优点纸条。

5. 自我欣赏：每个组员在接到别人给的优点纸条后，要认真阅读几遍，同时拿出刚才自己给自己写的优点并与之相对照，把自己没有写上的优点补充上去。

6. 每个组员依次站到小组U形口中央，将自己的优点大声读出来，读完后大家一起对他/她竖起大拇指并大声高喊：“×××（这位组员的名字），你真棒，你是真的真的真的非常棒!”依次进行。

7. 训练结束后分享感受与体会。

（七）训练注意事项：

1. 此项训练比较简单，教师要做好引导工作，使学生认真对待、细细品味，因为这看似简单的训练，其实蕴藏着非常深刻的内涵。

2. 可配上适宜的歌曲或音乐。

3. 引导学生尽可能贴切地描述其他组员的“美”。

（八）训练交流与分享：

1. 如何用心发现他人以及自己的“美”?

2. 被人欣赏与肯定，是一种什么感受?

3. 如何做一个乐于欣赏他人也欣赏自己的人?

4. 有些优点，你自己都没有发现，当别人写出来后，你有什么感受与想法?

5. 当大家一起对你竖起大拇指并称赞你很棒时，你内心是什么感受?

（九）训练总结与点评：

1. 这个训练很简单，但从中可发现自己的优点、发现别人眼中的自己、发现别人的优点等。当大家一起对你高喊“你真棒”时，我想一定会深深触动大家的内心，在增加班级凝聚力的同时，也大大提升了自我的感受与信心。有时候就是这样，我们要正视自己的优点、发掘自己的优点，从而让自己更镇定、从容地面对生活。

2. 每个人都有自己的“美”，我们不仅要善于发现自己身上的优点，还应学会发现别人身上的优点并乐于“点赞”。这样，一方面可以增加人际交往，提升人际情感；另一方面也有利于开阔我们自己的心胸，提升自我修养，增强自信力。

3. 作为从事民航服务行业的大学生，这一层面就显得更加重要。你自信的微笑、自信的姿态、自信的态度，不仅能给别人留下自信的印象，还能让自己对工作自信起来，大大提升工作效率与业绩。

## 实训任务三 极速击掌

（一）训练目的：挖掘自身潜能，感受成功的魅力，提高自信力。

（二）训练时间：10～15 分钟。

（三）训练场地：室内、室外皆可。

（四）训练参与人数：全班学生。

（五）训练器材：秒表 1 块。

（六）训练操作流程：

1. 教师向全班学生提出一个问题："你 1 分钟可以击掌几次?"

2. 由教师计时，全班学生边击掌边数自己 1 分钟能击掌多少次（见图 3-2）。

图 3-2 极速击掌训练

3. 第一轮训练结束后，让大家与之前自己的预测进行对比，看发生了哪些变化。

4. 按照上述第 2 条的要求，进行第二轮、第三轮训练，并对照变化。

5. 先击掌 10 秒、20 秒或 30 秒，然后乘上相应的倍数，计算 1 分钟的击掌次数，看看有什么变化。

（七）训练注意事项：

1. 教师可把训练的环节设置得更紧张些并做适当的导入。

2. 可播放相应的音乐或歌曲。

（八）训练交流与分享：

1. 实际击掌次数与你之前的预测有哪些变化？为什么？

2. 训练进行多次以后，又有哪些变化？

3. 从这个训练中，你有什么发现或受到什么启发？

4. 你如何理解人的潜能？

（九）训练总结与点评：

1. 一个简简单单的击掌训练，蕴含非常深刻的道理。有的学生刚开始根本不会想到1分钟原来可以击掌那么多次，有的学生也不会明白为什么会出现这样的变化，这就是人的潜能。可以说，有时候人的潜能是无限的，只要你勇于去激发。战争年代，战士们吃不饱、睡不好，可仍然把侵略者打得抱头鼠窜，这也是一种潜能的激发。

2. 李白所说的“天生我材必有用”告诉我们，每个人都有自己的才能、自己的舞台、自己的存在价值与生存意义，关键的问题是我们要勇于去发掘、勇于去探索。自信就像是深藏于大洋深处的宝藏，一旦被发掘出来，它的作用与价值是不可估量的。因此，我们借用各种方式或平台，深入挖掘自身的潜能，用自信的人生态度面对生活，实现自我的人生价值与意义。

3. 每个人都会面临各种各样的困难，自卑者被其踩在脚下，而自信者却能迎难而上，把困难斩落马下。同样的困境，不同的人生态度，导向两种截然不同的命运，这就是自信的力量。

## 实训任务四　主人与天使

（一）训练目的：关爱他人，欣赏自己，增强自信，完善自我。

（二）训练时间：20～30分钟。

（三）训练场地：室内、室外皆可。

（四）训练参与人数：全班学生。

（五）训练器材：两个遮光的容器，纸和笔。

（六）训练操作流程：

1. 教师将全班学生平均分成两组，并发给每个学生1支笔和1张小纸片，让其在上面写上自己的名字（见图3-3），并投入相应的遮光容器内。

2. 第一组学生到第二组学生投入的容器内随机选择一张纸片，打开并记下该同学的姓名，同时尽量不要让别人知道，当然也不要告诉纸片上的这位同学。

3. 你随机选择的那位同学就是你的“小主人”，你就是他/她的“小天使”。紧接下来的一段时间内，你要默默地关心他/她、欣赏他/她、支持他/她、帮助他/她，但不可以告诉他/她，也不可以让对方知道你就是他/她的“小天使”。

4. 最后，你要给你的“小主人”写一封赞许信，表达你对他/她的认可、赞美、欣赏与祝福。赞许信的落款要写上自己的真实姓名，但称呼统一写上“优秀的小主人”，上交后由教师暂时保管。

图 3－3　主人与天使训练

5. 全班学生围成圆形坐下，教师随机从赞许信中抽取一封，大声读出来，但不公布“小主人”的姓名，请大家来猜想一下。

6. 若没有猜出来谁是“小主人”，我们就请“小天使”揭晓“小主人”的姓名。这时，“小主人”上台来对一直默默关注、欣赏、支持自己的“小天使”表达感谢。

7. “小主人”进行自我赞许，鼓励其他同学尊重聆听，大家适时用掌声表达欣赏、赞美。“小主人”在进行自我赞许时，除了之前“小天使”写的内容外，还要进行额外的补充，要求至少说出 3～5 条，若说不出，就请全班同学对其进行“优点轰炸”，然后由他/她自己再进行补充。

8. 由上一个被赞许的“小主人”大声朗读下一个“小天使”写的信，依次进行。

（七）训练注意事项：

1. 教师要提前看看学生上交的赞许信，把不合适、不恰当的内容进行适当的修改或修饰，以免对“小主人”造成不良的影响。

2. “小天使”在默默关注、支持、欣赏自己的“小主人”时，不可表现得过于明显，同时可以鼓励和帮助其他人。

（八）训练交流与分享：

1. 当得知你要关注的“小主人”时，你脑海中浮现出的第一个念头是什么？

2. 你采取了什么样的方式和方法关注、支持你的“小主人”？

3. 当你关注、支持和帮助他人时，别人也在用同样的态度与心态对待你，对此你有什么感想？

4. 当得知你的“小天使”对你进行深刻的、贴切的赞誉后，你作何感想？

5. 结合本训练，联系实际，谈谈你从中受到的启发。

（九）训练总结与点评：

1. 这个训练说明了一个很深刻的哲理，你想要别人怎么对待你，你就应该怎么对待别人。其实，当你付出的同时，也是在收获。因此，在学习生活中，我们要持续发扬这种精神与美德，让美妙的氛围与精神充满心怀，促使自己不断进步与提升。

2. 一定程度上来讲，自信是别人对你认可与肯定的一种方式与表现形态，只有积极地、善良地、热情地关心、欣赏、赞许、支持别人，才能获得同样的褒奖与支持，也只有通过这样的互换、分享与交流，才能让我们更自信地立足于多彩的现实中。

3. 自信可以让你在工作中收获更多的精彩和惊喜，你的自信可以默默地影响和感染别人，别人的回眸、点头微笑、对你竖起大拇指等会让你获得更多的自信。

## 实训任务五　有容乃大

（一）训练目的：勇于自我挖掘，打破自我设限，提升自信力。

（二）训练时间：20～30 分钟。

（三）训练场地：室内、室外皆可。

（四）训练参与人数：全班学生。

（五）训练器材：2～6 张桌子，2～6 个玻璃杯，大头针若干，自来水。

（六）训练操作流程：

1. 将全班学生按照每组 8～10 人进行分组。

2. 每组一个玻璃杯，大头针和水若干。

3. 教师首先进行演示，把玻璃杯倒满水，询问学生还可以放入几枚大头针、是否还可以放、能放几枚，然后让每个小组进行尝试练习。

4. 第一轮训练：哪个小组放入的大头针最多，哪组就获胜，但在这个过程中玻璃杯的水是不可以溢出的，若溢出则挑战失败。

5. 第二轮训练：各小组先把玻璃杯装满水，抽签决定小组互换，哪个小组放入的大头针最多，哪个小组就获胜，但在这个过程中玻璃杯的水是不可以溢出的，若溢出则挑战失败。

6. 第三轮训练：每个小组往玻璃杯中放入相同数量的大头针（由大家共同决定），然后往玻璃杯中加水，哪个小组加的水最多，哪个小组就获胜，但水不能溢出，若溢出则被淘汰。可多次进行。

7. 几轮训练下来，胜数最多的小组获得冠军。

（七）训练注意事项：

1. 整个过程中，因为有大头针，所以要注意安全。

2. 不能因某位同学的意见导致小组失败，而出现攻击或嘲笑的行为。

3. 教师可作适当的导入。

（八）训练交流与分享：

1. 你的小组获胜了吗？

2. 本来可以多放一些大头针的，是什么因素阻碍了你们的发展？

3. 本训练给你带来了哪些体会与启发？

（九）训练总结与点评：

1. 这看起来好像是一个物理测试，其实折射出人的某种思考和自信程度。通常一看到玻璃杯满了，你的直观感受是肯定不能再放任何东西了；可当你尝试后会发现，不但可以继续放些大头针，而且有时还可以放很多。

2. 有些人在生活中特别恐惧困难或挫折，对有些事情可能还没有开始行动，就已经被自己设置的困境或障碍给扼杀了。本训练告诉我们，积极挖掘自我潜能，克服自卑心理，是极有可能“柳暗花明又一村”的。

### 知识链接

自信就是笃信自己拥有处理很多事情的潜质和能量。自信使人做事时更加决断、果断，绝不犹豫不决、瞻前顾后、畏首畏尾，对未来充满期待和希望，并有坚定的决心和意志把事情做到最好。同时，自信有助于通过我们积极地创造条件、创设情境去解决问题，勇敢地设想自己的未来，不断挑战自我、努力向前，采取有效的措施和行动去争取成功、获得胜利，对自己和他人能产生积极的影响和作用。

## 一、什么是自信

### （一）自信的概念

自信是指自己相信自己，是人对自己的个性心理与社会角色进行的一种积极评价的结果，是一种有能力或采用某种有效方式完成某项任务、解决某个问题的信念。孙中山曾说过：“吾心信其可行，则移山填海之难，终有成功之日；吾心信其不行，则反掌折枝之易，亦无收效之期也。”这一精辟论述明确指出了自信心的强大作用。

美国著名人本主义心理学家马斯洛认为，自信是自尊需要获得满足时产生的一种情感体验，并指出尊重的需要若得不到满足就会导致沮丧和自卑感。车文博认为自信是个体相信自己的能力和精力的一种自我意向。黄希庭认为自信是个体过去获得很多成功经验的结晶。总而言之，自信是一个多维度的概念，是自我意识的重要组成部分。心理学意义上的自信是个体所拥有的积极乐观的人生态度的代表，是对个体微观心理活动在宏观上的一种表达方式，是个体内在品质中最基本的一种。

## （二）自信的作用

1. 自我肯定的作用

自信是指自己相信自己，这本身就是一种自我肯定的表现。自信的人能够较全面而准确地认知、评价自我，能够在学习、工作和生活中充分发挥自身的优势和长处，从而取得进步、获得成功。反之，一个人如果处处怀疑自己、否认自己，那结果一定是被动的、消极的。

案 例

### 自信快乐，感受带班飞行

时间过得真快，五年前我还是一名刚刚大学毕业，怀揣飞行梦想，经历重重严格筛选，经过系统培训，走上乘务岗位的小新乘，而五年后的今天，我和25名同事一起顺利晋升为乘务长。当手握乘务长聘书的时候，我觉得这小小的聘书不仅是对我这五年多来工作的肯定，更赋予了我一种光荣的使命和责任，我知道今后的担子更重了，自己需要付出更多的努力。

这么多年来，每天都是端茶送水、迎来送往，不停地重复着同样的程序、同样的话语、同样的动作，有的人可能会觉得很烦、很枯燥，可我却觉得这个小小的客舱就像一个缩小版的社会。当看到我是在为不同年龄、不同性别、不同国籍、不同性格的旅客服务时，当想到也许这位旅客一生只坐一次我服务的航班时，当每天把不同的旅客送达同一目的地，而他们是去完成他们觉得最重要的事情时，我觉得我的收获很大，客舱中每天都在上演不同的人生剧情，今天可能是爱情剧，明天可能是亲情剧，而后天则可能是友情剧，只要我们用心感悟、动情工作，便能融入其中，享受其中的乐趣。这个工作也让我在很多方面得到了不断的完善与提高。

乘务长这个角色在航班服务中起着至关重要的作用，可以说是整个客舱的核心人物。从带班的第一天开始，我就在想，如何让组员能够愉快地飞行，把他们的潜力最大限度地发挥出来。我也是从乘务学员、乘务员一路走来，我深知，从乘务员的角度出发，尤其是从乘务学员的角度去想，第二天和谁飞比飞哪里更重要。至少我做学员的时候，会更在意明天的乘务长是谁，而不是飞什么航班。航班不管多么辛苦，只要飞得开心，累一点没什么大不了。我觉得心态很重要，特别是作为乘务长的我。能从事这项工作的人都是几经努力、经过层层筛选才如愿以偿的，所以我们应该珍惜这来之不易的工作，既然选择了它，就应该努力干好它，整天唉声叹气、怨天尤人，非但自己干不好，还会影响其他组员的心情。经常听到一些乘务员这样抱怨："今天的旅客烦死了，事那么多！"做学员时我也抱怨过，每当这个时候我总会开导我的组员，我们所做的是服务行业，没有权利去选择旅客，不可能只为好说话的旅客服务。况且，如果都是这样的旅客，我们的沟通能力怎么得到提高，我们又如何变得成熟起来呢？任何工作都有顺利与不顺利的时候，乘务工作更是这样，乐观的心态能使我们保持对事业的热情，同时感染身边的每一个人，我们要让工作气氛轻松愉快，把工作当成一件有趣的事情。用积极的心态来对待生活、对待工作，能够让看似平淡的一切变得色彩缤纷。永远积极向上的精神不是与生俱来的，只有不断地调节平衡，才能让它在乘务工作中得到升华。我们要让工作融入自己的生命，我是在为自己工作，在享受工作和享受“送人鲜花，手有余香”的过程中实现了自己的价值，并从中找到了幸福的满足感。

我总认为在执行航班中安全保障更重于服务要求。一般在准备会上，我会特别强调安全保障的具体要求，所有的工作都必须在不违反安全规定的基础上开展。而在服务上，我喜欢让组员互相做自我介绍，最好能说一下她们在航班中擅长干内场还是外场，都经历过什么服务或安全方面的特殊案例，让她们自己选择在本次航班中想担任的号位，我的主动沟通会换来她们在之后工作中的热情态度。每个人都有一个潜能的小宇宙，作为管理者，我希望能够激励我的组员，让我的组员拥有适度的自主权，这也是给她们发展空间和挖掘她们能力的好机会。每个人都可以放手大胆地去工作，只要不违反规定，你的背后是整个团队对你的信任和支持。我希望我的组员在每个航班中都能有所收获和感悟，真正做到轻松、快乐、安全地完成好每一个航班。

带班才刚刚一个月，我需要学习和揣摩的方面还太多太多，我还没有十足的把握完美地处理好航班中各种突如其来的棘手问题，但我已经准备好在乘务长这个岗位上付出更多努力，用严谨的工作作风、熟练的业务技能，带领我的组员活力、自信、从容地飞行，为旅客不断创造精彩的旅行体验。

资料来源：http：//news. hexun. com/2012－10－29/147330652. html

2. 保持心理平衡的作用

自信对个体的心理健康具有一定的调节作用。例如：一个处于复杂环境中的人，他的心理状态会很自然地出现一些波动或起伏，这时就需要个体的自信心来对其进行一定时间上的缓冲，以缓解个体心理上的不适，从而提高其适应环境和解决问题的能力。再者，个体对自我的肯定越充分、关注越多，越能提升其主观幸福感。

案 例

### 浓眉大眼，沉稳自信

“浓眉大眼，沉稳自信”——这就是钱璟留给大家的第一印象，作为一个从事机务外场维护工作二十余年的机械师，钱璟的脸上充满了对事业的理解和对工作的自信。钱璟，现任中国东方航空股份有限公司（China Eastern Airlines Corporation Limited，简称东航）工程技术公司浦东基地波音航线一车间的资深整机放行人员，优秀的中国共产党员。他拥有波音737、波音767等飞机的整机放行权。钱璟凭借其优异的维护作风、精湛的业务技能、突出的工作成绩、完美的放行记录，荣膺东航工程技术公司“优秀放行人员”称号。今天，让我们走近这位平凡的机务整机放行人员——钱璟。

钱璟有着高度的工作责任感和使命感，他深感飞机安全无小事。作为一名飞机维修人员，他严格执行公司的各项规章制度，在工作中严格贯彻“九字方针”“三守则两防制度”，他对待工作一丝不苟，不容半点马虎。他多次亲自参与排故工作，不怕苦、不怕脏，积极的工作态度体现了优秀共产党员任劳任怨的鲜明特点。近期的一个晚班，钱璟带领维修人员钟文琦在做B-5143飞机的周检时，发现右发磁性塞漏油，拆下后检查该磁性塞封圈断掉，钱璟及时更换了该封圈，避免了一起涉及发动机漏滑油的安全隐患。同时，钱璟在仔细检查后，又发现右发滑油供油滤压差指示销保护盖的安装座螺纹损坏，及时上报技术工程师开出了NRC纳入控制，使飞机顺利签署放行。

钱璟除了对波音737机型精通以外，对波音其余机型的飞机也十分在行，车间里的许多同志都是由钱璟一手带起，现在都已成为车间的骨干。一次B-2570飞机航后，飞机出现了火警环路状态集信息，钱璟根据他多年的经验，打开了包皮，发现火警环路接线断开。随后他带领维修人员压接后，飞机恢复正常，既排除了故障，又节省了时间。他判断故障的能力源自他多年的经验积累。

飞机安全工作责任重于泰山，对待安全要做到谨小慎微，确保安全工作严谨细致、滴水不漏。钱璟将带着他对安全的重视继续踏着他的机务足迹，不断展现闪光的一面。

资料来源：http：//news. carnoc. com/list/246/246899. html

3. 对个体行为选择的作用

自信的人能够对自身的能力、价值做出较准确的评价，并通过选择自己有把握实现的任务或工作来给自己一个积极正面的反馈，从而强化自己的自信心。当个体意识到一些潜在的压力或威胁时，自信水平高的个体会积极调动自身能量和潜力游刃有余地扫除威胁、排遣压力。

自信是日常生活中经验或成果的一种累积，与个体的思维风格具有相互性，因此个体自信水平直接影响其自身行为的选择。

## 二、什么是自信力

### （一）自信力的概念

“自信力”从字面上可简单理解为“自信的力量”，这更多地倾向于自信水平或自信心水平的解释。本书把“自信力”的概念暂定为个体对自身的积极关注以及对自我的认可、接纳的能力和水平。

### （二）自信力的正确认知

自信对个体的自我价值肯定、心理平衡维护以及个体行为选择等有着重要作用，自信力的强弱决定着这些作用的高低或大小。例如：张娟（2009）的关于大学生自信与健康人格的关系研究表明，增强个体自信力有利于提高其健康人格水平；程曦（2009）的大学生自信与恋爱幸福感的相关研究表明，自信不仅可以直接影响主观幸福感，而且可以通过影响恋爱关系质量来影响主观幸福感；马珺等关于大学生完美主义与成就动机和自信的关系研究表明，完美主义的“个人标准”和“条理性”可加强个体对成功的追求并增强个体自信水平，“担心错误”“行动疑虑”“父母期望”则会强化个体害怕失败的动机，降低自信水平。类似的研究还有很多，总而言之，个体的自信力对个体的价值观、思维方式、人格、健康水平等都有着关键性影响。

案　例

#### 自信而美丽

初次认识赵朝阳是在航班登机迎客阶段，镜头中的她正带着组员在机舱门口热情迎接每一位旅客的到来：“您好，欢迎登机！”就像迎接远方的亲朋好友到自家做客一样，赵朝阳甜美微笑背后所流露的那份清新温婉，让旅客如沐春风。此次航班对于赵朝阳而言意义非凡，今天是她作为新晋乘务长首次独立带班飞行。八年的蜕变，让这样一个自信开朗的姑娘变得更加成熟稳重，正如她名字的寓意一样，日出东方，温暖四方。

**敢想敢拼　严于律己**

21 岁那年的春天，作为空乘专业大一新生的赵朝阳就已和同学们参加过国内多家航空公司的乘务员招聘，虽然屡战屡败，但却磨砺了她坚韧而不服输的品格。空中乘务员的那份优雅、端庄、光鲜，从小就深深地吸引着爱做梦的女孩，“最主要的是乘务员能更好地帮助别人”，赵朝阳不假思索地道出了她对空乘职业的感悟。令旁人不理解的是，学习空乘专业还不到一年就敢独闯各大航空公司的空乘招聘会，赵朝阳算是初生牛犊不怕虎。幸运的是那一年，赵朝阳以其青春、靓丽、自信的展示获得了航空公司的录取通知书，她也是所在学校唯一一名被录取的幸运儿。进入国航从事飞行工作后，赵朝阳更加严格要求自己，带头遵守规章制度，勤奋学习、自我加压，主动参与客舱服务管理意见征集，并利用业余时间取得了武汉大学行政管理本科学历。

对自我职业设计和人生定位的重新规划，激励着赵朝阳迎头赶上。她多次荣获客舱服务部“客舱服务明星”。为确保第一次独立带班的国际航线飞行顺利，赵朝阳认真准备，提前一天到分公司整理乘务长包内资料，核对单据，认真复习各项服务流程，对于没有把握的细节，主动向老乘务长请教。

**真诚服务 屡获表扬**

“以诚待人者，人亦诚而应”是赵朝阳最喜欢的一句话，这也是她多年服务工作的真切体会。航前准备时，她也时常告知组员，要以诚待人，真诚服务好每一位旅客，特别是首次乘坐飞机出行的旅客及特殊旅客，帮助他们就是提升自己。2015年上半年以来，赵朝阳共获得旅客表扬信38封，其中白金卡旅客表扬信3封；第二季度带班以来共获表扬信17封，其中白金卡旅客表扬信2封。

某年4月9日，赵朝阳执行CA8227（武汉—厦门）航班，舱门即将关闭时，金卡旅客邱先生来到前舱，提出要下飞机去取自己遗忘在头等舱休息室的西服。此刻，塔台已经给出了明确的起飞时间，如果此时不关闭舱门，就会导致航班在地面等待2个小时以上。赵朝阳一边做好安抚工作，一边告知他一定会帮助他，同时拒绝了邱先生下机拿取外套的请求。舱门顺利关闭，航班正常起飞，赵朝阳面对旅客的质疑，从飞机运行安全出发与旅客做好深入沟通并最终赢得了旅客的理解。在返程航班落地武汉后，赵朝阳独自驾车赶往机场贵宾室，终于在凌晨2点30分替邱先生找到了遗失的西服。第二天，赵朝阳按照旅客名片上的地址将西服快递过去，并拒绝了邱先生的表扬。“愿每一个航班平安起落，每位乘坐国航航班的旅客满意而归是乘务员的职责所在。”赵朝阳用实际行动和个人努力，做到了言出必行，哪怕是牺牲自己的个人休息时间。

**以身作则 管理有方**

客舱服务部乘务一分部党支部书记吴边这样评价赵朝阳：“赵朝阳是个自信乐观的女孩，乐于助人，工作能力强，群众基础好。自晋升乘务长以来，能够很快地适应新的工作岗位，根据工作需要及时调整工作方法，有效地改进工作方式，取得了良好的效果。”谈及乘务长管理感受，赵朝阳说：“火车跑得快，全靠车头带！乘务长只有先严格要求自己，才能在团队中树立威信！管理并不意味着‘指挥’，更不意味着让别人一味地‘服从’，乘务长首先是一个执行者和服务者，应该团结和凝聚身边的人，和他们并肩作战，一起完成组织交给的任务。让他们感受到我的存在、我的真诚！”她用自己的实际行动去影响和带动身边的同事，从不将自己置于公司的规章制度之外。对于新老乘务员的管理，赵朝阳也有自己的方式，“对待老乘务员，要善于和她们沟通，多向她们请教，有问题不当面指出，给她们留足尊严和面子，动之以情，晓之以理。对待新乘务员，时常给予鼓励和引导，帮助她们正确分析工作思路，并积极向她们传授服务经验和技巧”。

> 某日，航班因北京雷雨而大面积延误，赵朝阳所执飞的航班没有起飞时间，旅客的不理解纷纷指向乘务员，赵朝阳带领组员来到旅客中间做好解释工作。面对情绪开始失控的旅客，她临危不惧，亲切地和他们沟通，几次拿起广播器，用最通俗的形式向旅客解释，得到了大部分旅客的谅解。最终飞机在地面等待3个多小时后航班取消，作为乘务长，赵朝阳再次拿起广播器，面对客舱向所有旅客鞠躬致歉。在航班上亲眼看见了全过程的白金卡李先生在表扬信中，不仅对乘务组提出表扬，更对赵朝阳在航班延误过程中的管理能力大加赞赏。次日，航班顺利抵达北京后，赵朝阳为每一位国际急转客人联系后续航班事宜，并亲自带着旅客去中转柜台办理手续，为旅客耐心讲解过站须知。
>
> 资料来源：http：//www. iaion. com/fw/59282. html

## 三、自信力的提升

### （一）多与自信力强的人做朋友

俗话说："近朱者赤，近墨者黑。"你若常和悲观消极的人在一起，就会被传染到这种情绪，进而使你萎靡不振、悲观失望；若你经常与胸怀宽广、自信心强的人交往，你也一定会成为这样的人。

### （二）学会自我心理暗示

日常生活中，积极关注自身的优势与长处，不断对自己进行正面心理强化，有助于促使自我自信思维习惯的养成。当碰到困难或挫折时，更要勇敢地面对，一定不能轻易放弃，要坚持对自己说："我能行！""我能做得更好！"等等。重复这些有信心的词语是一种很重要的自我肯定式心理暗示，有利于不断提升自己的自信心，这已为心理学的研究所证实。

### （三）懂得扬长避短

在学习、生活、工作中，要经常寻求机会并努力展现自己的优势和特长，同时积极减少自身的劣势和不足，不断求得进步。长期坚持，有助于提高成功率，增强自信心。

### （四）做好充分准备

不管从事什么活动或项目，在真正行动之前，只有做好充分的准备和筹划，才能在从事这项活动或项目时做到有的放矢、得心应手，而这项活动或项目完成得好或做得很成功，必然会反过来增强个体的自信心。

### （五）制定恰当的目标

当我们规划某任务或活动时，要给自己制定恰当的目标，目标太低或太高都不利于增强自信心。恰当目标的设定原则是：用力跳起来刚能触碰到。

## 四、团体辅导对自信力的影响与作用

自信力的提升方式或措施多种多样，大量的研究证明，团体辅导也是一种非常有效的途径。

孙时进等人（2000）的研究表明，团体心理咨询可以有效地减轻大学生的社交回避、退缩与苦恼，大大降低其自卑感，提高其个体对自身的积极评价，从而有效地增强其自信心。刘敏岚通过理论讲座、团体辅导、情景演练等形式，对赣南师范学院 10 名自信心中度及中度以下的学生进行了为期 4 个月的自信心强化训练，实践结果表明这 10 名学生的自信总体水平有显著提高。

王瑶、李永鑫（2003）运用小组辅导形式对一部分大学生进行了自信心训练，结果也表明小组辅导后个体的人际关系有明显改善，自信心也得到了一定程度的提高。胡梦第（2014）通过海报宣传招募、面谈、筛选，采用设计的积极心理学团体辅导方案，对 13 名大学生（实验组）进行了为期 7 周的团体心理训练，结果表明团体心理辅导不仅可以帮助成员形成积极的心态，使其乐观地看待自己，悦纳自我，而且在一定程度上提升了其自信水平。

除了以上提升个体自信心的实践研究外，体验式学习干预和结构式团体辅导也可以有效增强大学生的自信和自我效能感，且具有时间延续性。从以上研究的结果可以看出，团体辅导在提升人们自信力方面具有关键的作用与影响。

**课外拓展**

1. 你认为自信力在大学生成长过程中有哪些作用与功能？

2. 通过所学内容，分析自我的自信力状况，并制订未来自我自信力提升的计划。

3. 以提升自信力为目标，通过小组协作的方式设计一个相关的拓展训练方案，同时对此方案进行实践并对其效果进行分析和总结。

自我测试、课后锦囊和参考文献请扫描下方的二维码。

# 项目四　思维力的有效提升

## 项目导引

本项目主要介绍思维与思维力的概念、内涵，以及提升思维力的方式、方法。思维是指通过其他媒介作用认识及借助已有的知识、经验、已知的条件等推测未知的事物，是对事物的间接反映。它探索与发现事物的内部本质联系和规律性，是认识过程的高级阶段。作为从事民航服务的准职业人，良好的思维力有助于其迅速把握事物的本质属性，灵活机智地应对现实事件，促进事物的发展、运行。

## 学习目标

**知识目标**

1. 熟悉思维的概念、特点及分类等基本内容。

2. 熟悉提升思维力的方式、方法。

**能力目标**

1. 能够掌握有效提升思维力的具体方法。

2. 能够分析自身特点，明确自我思维的特征并有针对性地进行提升，在实践中不断反思。

## 案例导入

### 客舱服务应引入人性化管理

人性化管理的提出由来已久，但系统地运用于旅客管理并不多见，因为要在短短数小时之内逐个将旅客的脾气、秉性、爱好、需求了解清楚，绝不是一件容易的事。我们是否可以通过其他方式来弥补因时间短而造成的服务上的缺憾呢？

其实，将旅客在按地域划分的基础上为其提供人性化服务进而进行人性化管理不失为一个好办法。譬如：国内航线，东北地区的旅客性格较为豪爽、说话比较直接、好面子，因此在服务中你对他付出百倍的热情，他必以千倍来回报；而南方某些地区的旅客恰恰相反，做事认真，说话婉转，对服务要求较高。因此，我们在服务过程中应用不同的服务方式、语言方式来对待不同地域的旅客，以取得良好的服务效益。

再譬如：国际航线，欧美地区的旅客，尤其是美国客人大多性格开朗、活泼好动、非常健谈，客舱内往往是热闹非凡，对服务不是十分挑剔。针对这样的旅客，要求每一位乘务员都活跃起来，暂且将东方人的含蓄抛开，融入客人中，你越是与他们一起分享开心的事情，他们就越会竖起大拇指对你说“Good service”。

相反，英国旅客就相对保守一些，非常讲究细节，彬彬有礼，注意卫生，在一个航段中往往只喝一种饮品，不是在休息就是在阅读。因此，乘务员在提供服务时，“轻”“静”“温和”“礼貌”几个词十分重要。还有，当飞机上有印度客人时，你会发现他们大多不苟言笑、表情严肃、不爱交流、民族感强烈、民族风俗忌讳较多，我们为其提供服务时一定要注意细节，同时不必过多打扰，给他们一个相对安静和宽松的空间。

针对上述地域特征较明显的旅客，我们应在飞行前的准备阶段就做详尽的了解，并做细致的准备，这样我们就可以有备而来，进行人性化服务及管理，更加完美地完成航班飞行任务。

同时，我们对各个地方旅客的特点、地域特征、生活习惯等不仅仅是作为一种民俗、民风进行一般性的了解，而应将其细化归类（如日本旅客较喜欢生冷食物，爱喝冷饮和啤酒，而俄罗斯及北欧旅客喜好吃肉等）并整理成册，专门作为旅客人性化管理的准则，让乘务员熟悉、掌握。这是一种科学地提高服务质量的方法，这样做对我们的服务是一种有效的提升。

资料来源：http：//blog. sina. com. cn/s/blog _ c212e1990101iyul. html

**案例解读**

思维在人们的生活中扮演着极其重要的角色，没有思维就没有人类的发展与进步，没有思维就没有人类的文明与繁荣。卢梭曾经说过：“思考与实用的结合，就能产生明确的概念，就能找到一些简便的方法，这些方法的发现激励着自尊心，而方法的准确性又能使智力得到满足，原来枯燥无味的工作有了简便的方法后，就令人感到有兴趣了。”这启示我们要善于思考，寻求更大的进步与发展。正如亚里士多德所言：“人生最终的价值在于觉醒和思考，而不只在于生存。”

---

**小任务** 阅读案例后请小组分享思维力对于成功处置案例事件的重要意义。

任务实训

## 实训任务一　异想天开

（一）训练目的：打破思维定式，提高大学生创新性思维力。

（二）训练时间：10 分钟。

（三）训练场地：室内为宜。

（四）训练参与人数：30～50 人，或者更多。

（五）训练器材：纸和笔，回形针若干。

（六）训练操作流程：

1. 将全班学生按照每组 8～10 人进行分组。

2. 给每个小组一枚回形针，让小组成员尽可能多地说出该回形针的用途（见图 4－1），时间为 2 分钟。

图 4－1　异想天开训练

3. 每组指定一个人负责统计小组成员描述的用途与数目。

4. 小组呈现的回形针用途多者获胜。

（七）训练注意事项：

1. 教师可引导学生进行天马行空式的思考，提示大家自由想象。

2. 一名成员在发言时，其他成员尽量不要打断与批评。

（八）训练交流与分享：

1. 当你看到别的小组写出的回形针的用途更多时，你作何感想？

2. 当你因打断或批评其他成员的描述而少记录了一些后，又有何感受？

3. 当你发现别人想到的，你也想到了，但觉得不妥就没有记录下来，你现在又有怎样的体会与感受？

4. 小组讨论该如何提升思维力。

（九）训练总结与点评：

1. 这个训练就是在考查你的发散思维能力，同时努力打破你的思维模式或改变你的思维习惯。发散思维又称辐射思维、放射思维、扩散思维或求异思维，是指大脑在思维时呈现的一种扩散状态的思维模式，它表现为思维视野广阔，思维呈现出多维发散状。如“一题多解”“一事多写”“一物多用”等方式，都可以培养发散思维能力。不少心理学家认为，发散思维是创造性思维最主要的特点，是测定创造力的主要标志之一。

2. 发散思维的好坏，标志着一个人智力水平的高低。因此，培养和锻炼自己的发散思维能力，就是提高自我智力的过程。

## 实训任务二　极速传球

（一）训练目的：鼓励学生积极思考，提升创新意识，提高集体思维能力，同时让大家体验与感受思维的变化所带来的愉悦。

（二）训练时间：10～15 分钟。

（三）训练场地：室内、室外均可。

（四）训练参与人数：30～50 人，或者更多。

（五）训练器材：网球每组 1 个，计时器 1 个。

（六）训练操作流程（见图 4－2）：

1. 教师将全班学生按照每组 8～10 人进行分组。

2. 要求小球迅速经过每个组员的手掌心，传到最后一个组员手中时，该组员要立刻喊“到”，本次活动任务就算完成。同时，教师把该组所用的时间写到黑板上。

3. 传球过程中，若出现漏传、掉球等违规现象，则本次任务的成绩（时间）记为“零”；每次都是一个小组进行活动任务，其他小组要背向活动小组。

4. 训练开始前，给每个小组 3 分钟时间进行商量，探讨组员如何站队等事宜。

5. 按照上述第 2 条所述的步骤，可再举行 2～4 轮，每两轮之间可给小组 2 分钟的商量讨论时间，随着小组成员创新意识的增强，鼓励小组寻求完成任务的最短时间，从而提升其思维能力。

6. 举行 3～4 轮后，进行下一轮时，其他小组组长可向前观看，然后回来与小组成员分享，再进行新一轮并把成绩（时间）写到黑板上，最后计算每个小组的平均成绩（时

图 4-2　极速传球训练

间)，用时最少者获胜。

（七）训练注意事项：

1. 训练时，各小组一定要在规则内进行。

2. 训练过程中，要注意安全。

3. 教师在训练过程中，可播放具有激励性的歌曲或音乐。

（八）训练交流与分享：

1. 刚开始，你一定会觉得这个训练很简单，训练后，你的第一感受是什么？

2. 多轮训练后，你会发现几乎每个小组的成绩都在上升，为什么？

3. 训练前的商量讨论阶段，你有什么体会？

4. 经过大家积极努力的思考，小组成绩一步一步上升，对此你有何感想？

5. 联系现实生活，你有什么体会？得到了什么启发？

（九）训练总结与点评：

1. 这个训练是在发挥集体的智慧与力量，哪个小组能集思广益，哪个小组的成绩进步就会更加明显，而且组员的感受也更加深刻。这也提醒我们，要学会依靠集体、发掘集体智慧，实现进步的最大化。

2. 通过这个训练，我们可以发现每一次哪怕只是一点点的创新就可以提升训练的成绩（时间)，这告诉我们在生活中只有积极培育创新意识，提升创新思维，在日后的学习、生活以及工作中才能得心应手，不至于胸无点墨、手足无措。

## 实训任务三　顺序翻牌

（一）训练目的：让学生认识到要想有效地完成任务，就要提升自身的思维力，采取一定的思维策略；当然，还需要注重与他人及时、有效的沟通与交流。

（二）训练时间：20～30 分钟。

（三）训练场地：室内、室外均可。

（四）训练参与人数：30～50 人，或者更多。

（五）训练器材：扑克牌 2 副（提前按花色分为 4 组）或更多（根据参与人数而定），号码布 1 块/人，计时器，纸和笔，别针若干。

（六）训练操作流程（见图 4－3）：

图 4－3　顺序翻牌训练

1. 对全班人数进行分组，每组人数最好不要超过 15 人。

2. 在每个小组前面横放一张桌子，在桌子上有序摆放 N 张扑克牌（如一组 10 人，就摆放 10 张等），这些牌在桌子上反扣着，不重叠，其顺序是打乱的。

3. 每个小组按照顺序成纵队站好，任务开始后严格按照成员排列顺序依次跑到桌前翻牌，每个组员每次只能翻 1 张扑克牌，上一位组员操作完成后须返回起点并与下一位组员击掌，然后下一位组员才可以跑上前。上一位组员则返回到队伍尾部站好等待下次任务的到来，以此类推。

4. 要求小组成员翻出的牌按照从小到大的顺序排列（如 1、2、3……），当然根据需要也可以按照从大到小的顺序排列。当小组成员翻牌的号码不正确时，要把牌再扣上；若正确，则将牌正面朝上。

5. 各小组在训练开始前，可以有5分钟的时间讨论。

6. 各组同时开始训练，由教师进行计时，用时最少者获胜。

7. 若想增加难度，可参考以下方式：如某小组按照从小到大的顺序已经翻出了1、2、3、4，但下一个组员翻出的是8，那么前面的1、2、3、4也要同时扣下去（牌的位置是可以不变的），重新翻。

8. 请各组代表分享刚才使用的方法，并准备下一轮训练。

9. 第二轮训练的规则如下：各组成员拿到一块与扑克牌相对应的号码布，用别针固定在胸前。每人到前台翻出的牌的数字只有与自己的编号相同才是正确的。其他规则不变。

10. 各小组商量讨论，准备训练，可根据情况多次进行。

11. 所有训练完成后，给每个小组5～10分钟的讨论时间，然后派小组代表分享体会与感受。

（七）训练注意事项：

1. 小组成员要按照规则完成训练。

2. 由于组员来回跑动，因此要提醒组员注意安全。

3. 如果小组人数达到15人，可把“小王”与“大王”分别代表数字14和15。

4. 号码布的作用是防止作弊。

5. 还有一种形式，就是每人只翻开与自己胸前号码一样的牌即可，但桌面上的牌不要求按照顺序翻开，这样会简单些。

6. 可根据情况灵活选择程序与规则。

（八）训练交流与分享：

1. 你一开始觉得这个训练简单吗？后来的感受有什么变化？

2. 你们小组的成绩如何？为什么？

3. 这个训练，除了比速度，还在比什么？

4. 你们小组的思维策略是什么？大家执行得怎么样？

5. 这个训练对你有哪些启发？

6. 相同规则下，下一轮训练完成所用的时间要比上一轮少，为什么？

（九）训练总结与点评：

1. 这个训练揭示了很多的道理和真谛，其中有一个重要的点就是思维的作用。也就是说，在完成这个训练的过程中，小组成员如何思考这个问题、采取什么样的思维策略显得非常重要。

2. 有一个智者名叫阿凡提，他非常聪慧。国王对此十分好奇，想见识一下，便差人将阿凡提带到皇宫中，想试试他究竟有多聪明。国王问道：“我花园中有座水池，想问问你，你可知道我水池里共有多少桶水吗？”众臣一听，面面相觑：恐怕修水池的工人也无法知晓，难不成让阿凡提一桶一桶地丈量吗？国王暗地里沾沾自喜，以为自己问倒了大名鼎鼎的阿凡提。得意的国王命令大臣带阿凡提去看水池，但阿凡提拒绝了，他笑道："不用看了，这个问题太容易了!"国王瞪圆了眼睛："那你说说有多少桶水?"阿凡提眨了眨眼说："这个问题关键取决于桶的大小，如果和水池一样大，那池里就是一桶水；如果桶只有水池的一半大，那池里就有两桶水；如果桶只有水池的三分之一大，那池里就有三桶水；如果……""好了，好了，重重有赏。"国王打断了阿凡提的话，带着三分沮丧、七分佩服的心情重赏了阿凡提。这个故事告诉我们，当我们面对问题时，要善于思考，探索问题的关键所在。以弱胜强，靠的不是力量，是智慧，是思维策略。

## 实训任务四　神奇迷案

（一）训练目的：突破思维的自我设限，培养良好的逻辑思维能力和积极分析问题的能力。

（二）训练时间：15～20 分钟。

（三）训练场地：室内、室外均可。

（四）训练参与人数：30～50 人，或者更多。

（五）训练器材：纸和笔。

（六）训练操作流程：

1. 将全班学生按照每组 8～10 人进行分组。

2. 教师先给出一个故事的简要主干或结果作为案情，10 分钟内，各组成员通过提出封闭性的问题来推断案情的起因和经过，教师只用"是"或"不是"来回答组员的提问，哪一组推断出来的案情起因和经过最合理且用时最短，哪组获胜。

3. 案情：一个男人，在沙漠中躺着死了，身上没有穿任何衣服，周围没有任何可疑的痕迹。

4. 神奇迷案的起因和经过：一对夫妇乘坐热气球在一望无际的沙漠中探险，不幸在途中热气球燃料不足，需要减轻热气球的重量，才有可能活下来。这对夫妇想尽办法，将一切可以扔的东西都扔掉了，甚至包括衣服，但仍不能根本解决问题。最后，丈夫为了他心爱的妻子能够生存下来，就舍弃了自己的生命，跳下了热气球，在沙漠中死了。

（七）训练注意事项：

1. 虽然给出了迷案的起因和结果，但如果学生有更合理的推理也是可以的。

2. 每个小组按照规则认真完成。

（八）训练交流与分享：

1. 你的小组是采取了什么样的方法或策略找到那个男人的死因的?

2. 有的小组迅速找到了答案，为什么?

3. 当小组成员意见不统一时，你们是如何解决的？

4. 这个训练给你的日常生活带来了什么启示？

5. 在推断的过程中，你是否能勇敢地表达自己的想法？为什么？

（九）训练总结与点评：

1. 这个训练就像是一个推理游戏，有的学生猜想男人是被谋杀的，有的学生猜想男人是渴死的，还有的学生猜想男人是殉情而死的，等等。大家的想法千奇百怪、各种各样，这不仅激发了学生的好奇心，也极大地拓展了他们的思维。因此，这个训练非常有利于大家培养自己的想象力、逻辑推理能力以及创造性思维力等。

2. 思维力的提升有赖于想象力、观察力、记忆力、推理力等的发展与提升，这就告诉我们在平时的生活中要善于观察、善于思考、善于总结、善于想象等。提升思维力的过程会激发我们的好奇心，拓展我们的思想空间，提高生活的幸福感。

3. 在我们以后的工作中，思维力的提升对我们也是大有裨益的。例如：在民航地勤服务中，有些乘客的态度让人非常难接受，这时就需要发挥你的思维力，稍微想一想，他/她为什么会这样？是不是出门后遇到了堵车、是不是要去办的事情非常紧急、是不是……如果你能这样想，又能结合乘客本人的现状去理解，结果会怎么样呢？第一，你可能不会那么生气了；第二，你还真的有可能猜到他/她特别着急的原因（因为他们也知道对于飞机不能及时起飞，你也是解决不了的等），以此去与他/她交谈，结果可能会更理想；第三，提升了你的挫折承受力和解决问题的能力。因此，思维力的提升无论是对生活还是对工作，都是有益的。

## 实训任务五　“杀手”游戏

（一）训练目的：通过锻炼学生的观察能力、逻辑能力、想象力、判断力、口才、表述能力、心理素质及表演能力等，提升其思维力。

（二）训练时间：30～40 分钟。

（三）训练场地：室内、室外皆可。

（四）训练参与人数：12～16 人为宜。

（五）训练器材：和人数相等数量的扑克牌（条件不允许的情况下，也可以用其他有不同标记的物品代替）。

（六）训练操作流程：

1. 将全班学生按照每组 11～16 人进行分组（此处以 13 人为例）。

2. 选其中 1 人做法官。由法官准备 12 张扑克牌。其中 3 张 A，6 张为普通牌，3 张 K。

3. 法官将洗好的 12 张牌交由大家抽取。抽到普通牌的为良民，抽到 A 的为杀手，抽到 K 的为警察。每个人看自己手里的牌，不要声张，不要让其他人知道你抽到的是什么牌。

4. 抽牌结束后，法官开始主持游戏，众人要听从法官的口令，不要作弊。

5. 法官说："天黑请闭眼。"请大家闭上眼睛。此时，只有法官一人能看到大家的情况。

6. 等都闭好眼睛后，法官又说："杀手请睁眼。"听到此命令后，只有抽到"A"的3个杀手可以睁眼睛，3个杀手此时可以互相认识一下，成为本轮游戏中最先达成同盟的群体。并由任意1个杀手示意法官，杀掉所有在座闭眼中的任意一位（在此过程中，法官播放音乐，掩饰其他动静和声音）。

7. 法官确认清楚后说："杀手请闭眼。（稍后说）警察请睁眼。"抽到"K"的警察可以睁开眼睛，互相认识一下，并可以怀疑闭眼的任意一位为杀手，同时看向法官，法官可以以手势确认，完成后法官说："警察请闭眼。（稍后说）天亮了，大家请睁眼。"

8. 待大家都睁开眼睛后，法官宣布谁被杀了，留第一个遗言。被杀者可以指认自己认为是杀手的人，并陈述理由。遗言说罢，被杀者本轮游戏中将不能够再发言。法官主持由被杀者右边一位开始挨个陈述自己的意见。

9. 意见陈述完毕后，会有几人被怀疑为杀手。被怀疑者可以为自己辩解。由法官主持大家举手表决，票数最多的那个人直接出局。可以留遗言。

10. 在聆听了遗言后，新的夜晚来到了。又是凶手出来杀人，然后警察确认身份，然后又都在新一天醒来，又有一人被杀。继续讨论和杀掉新的被怀疑对象。如此往复，凶手杀掉全部的警察即可获胜，或杀掉所有的良民亦可获胜。警察和良民的任务就是尽快抓住所有凶手。然后开始新一轮游戏。

（七）训练注意事项：

1. 听从法官的指令，不可作弊。

2. 被淘汰的学生要认真观察大家的反应与变化。

3. 参与游戏的人不可以把游戏与现实生活对号入座，这纯属一种思维游戏，与个人素质和道德无关。

（八）训练交流与分享：

1. 你为什么是最先出局的?

2. 观察大家在陈述理由时的变化，思考一下与平时的他/她的个性表现有什么不同?

3. 在游戏过程中，该注意哪些细节？为什么?

（九）训练总结与点评：

1. 这是一个比较有意思的心智游戏，大家绝不可以把这个与个人的道德品质或人品等牵扯到一起，亦不可以因此而怀恨在心。相信大家肯定有这个气度与胸怀。

2. 通过大家在这个游戏中的表现，我们可以发现有时候一个糊涂的"好人"比一个"坏人"更危险。因此，我们要锻炼出缜密的思维与逻辑推理能力，以免深受其害。

3. 思维力的提升关系到诸如人的观察能力、逻辑能力、想象力、判断力、口才、表述能力及表演能力等各种能力的变化。

### 知识链接

柏拉图说过："思维是灵魂的自我谈话。"马克思也曾说："思维是世界上最美丽的花朵。"这些哲学家、思想家的概括，从一个侧面充分说明了思维的重要性和意义。世上的每一个人都有思维，但彼此的思维力或思维水平则有很大的差异。一个人思维力的强弱、高低直接决定着其发现问题、分析问题、解决问题能力和水平的高低。

处在青少年时期的大学生需要正视自己的现状，认清自身的处境，把握成长的关键时期，积极锻炼自己的思维，提升自己的思维力。

## 一、什么是思维

### （一）思维的概念

关于思维的内涵，不同领域的学者的描述是不同的。主要有两个方向：一是依据思维结果的性质来界定，二是依据思维的过程来界定。

从思维结果的性质来看，思维是人脑对客观事物的间接的和概括的反映（黄希庭，1991）。它反映的是客观事物的共同本质特征和事物间的内在联系。从思维的过程来看，思维是一个运用代表事物的符号表征而进行的内在的、复杂的、多侧面的加工过程，它的作用是产生和控制外显行为（Bourne，1971）。根据本书的特性，将按照思维结果的性质所界定的思维的概念展开。

思维的间接性是指人类通过一定的媒介、知识经验以及已知的前提条件推测或认识客观事物。如人们发现天空突然乌云密布，便推测马上要下雨了。思维的概括性是指对客观事物及其彼此之间本质属性或规律的反映。如在观察了平面四边形以后，通过思维总结出四边形都是由四条线段围成的封闭图形。由此可见，人们普遍通过思维间接性与概括性的两大特性来认识客观事物及其内在的本质规律与相互联系。

### （二）思维的基本过程

1. 分析与综合

分析与综合是最基本的思维活动。分析是指在头脑中把事物的整体分解为各个组成部分的过程，或者把整体中的个别特性、个别方面分解出来的过程；综合是指在头脑中把对象的各个组成部分联系起来，或把事物的个别特性、个别方面结合成整体的过程。分析和综合是相反而又紧密联系的同一思维过程不可分割的两个方面。没有分析，人们将不能清楚地认识客观事物，各种对象就会变得笼统而模糊；离开综合，人们将对客观事物的各个部分、个别特征等有机成分产生片面认识，无法从对象的有机组成因素中完整地认识事物。

2. 比较与分类

比较是在头脑中确定对象之间差异点和共同点的思维过程。分类是根据对象的共同点和差异点，把它们区分为不同类别的思维方式。比较是分类的基础。只有通过比较才能确认事物的主要和次要特征、共同点和不同点，进而把事物分门别类，揭示出事物之间的从属关系，使知识系统化。

3. 抽象和概括

抽象是在分析、综合、比较的基础上，抽取同类事物共同的、本质的特征而舍弃非本质特征的思维过程。概括是把事物的共同点、本质特征综合起来的思维过程。抽象是形成概念的必要过程和前提。

## 二、什么是思维力

### （一）思维力的概念

智力是指认识客观事物并做出适当反应，保证活动顺利进行的一种心理能力，它的构成因素主要有观察力、注意力、记忆力、想象力、表达力、思维力以及其他一些特殊的心理能力。其中，思维力是核心。

思维力是指人们对客观事物的本质属性和内在规律及其相互间关系间接的概括反映能力，即人们进行思维的能力。思维力与思维之间既有区别又有联系。思维力是人们在思考活动的过程中所表现出来的一种相对稳定的思维能力，思维力的变化直接影响着思维活动效率的升高或降低，而且思维力是人类社会中普遍具有的一种特殊能力，是人类区别于动物的一个重要标志。

### （二）思维力的特点

每一个人都有思维，而且基本上每时每刻都在进行思维活动，但一个人思维力的高低还是有差异的，如有的人思维迅速但不够深刻，有的人思维创造性强但逻辑性较差等。良好的思维力应具有以下特点：广阔性、目的性、条理性、深刻性、批判性、创造性、灵活性和敏捷性等。

（1）广阔性：是指有丰富的科学知识、技能和大量的经历、经验，能促使思维触类旁通、融会贯通的特性。

（2）目的性：是指把广阔的知识、经验经过一定的甄选和提炼，采取科学而系统的方法进行思考或探索，发现事物的本质属性与内在联系的规律，以实现解决问题和形成科学而正确的立场、观点或价值观的特性。如果一个人整天漫无边际地思索，毫无目的性，那么就会迷失学习、生活或工作的方向或目标。

（3）条理性：是指在思维过程中依靠语言和文字的工具，清晰、精练、准确、形象，且层次分明、思路清晰、逻辑严密、重点突出地描述事物或问题。

（4）深刻性：是指将对事物或问题的某个或某些外在特性的认知经由分析、综合、归纳、演绎、类比等思维方式，进而揭示出事物或问题的本质以及内在联系的变化和规律的特性，即从对事物的感性认识上升到理性认识的过程。

（5）批判性：是指对任何事物都持有一种怀疑态度，都要问一个为什么，善于独立思考、明辨是非，从不轻信任何言论、观点、立场，总要权衡一番，接受正确，否认错误，存有疑问。以科学批判为根据的怀疑精神，既是科学发展的必要条件，也是创造性智力培养的发展前提。

（6）创造性：是指以解决科学、艺术研究及生产经营中所提出的疑难为前提，用独特而新颖的思维方法创造出有价值的新思想、新理论、新知识、新方法等，是人在实践过程中产生新的思维成果的思维特性。创造性思维是主动积极思维在更高水平上的发展，是人类智慧最有意义、最集中的表现。

（7）灵活性：是思维的深刻性和广阔性的体现，是指在精湛的理论知识和丰富的实践经验的基础上，对实际问题采取变通处理模式，既有一定的原则，又有一定的机动性。

（8）敏捷性：是指把“留心意外事件”当作座右铭，在注意预期事物的同时，对意外事件十分敏锐，善于抓住疑点，捕捉有希望的线索，在别人不注意的地方发现新问题、发现机遇，以致创造机遇、把握机遇，抢占制高点。

### （三）思维力的正确认知

有人曾形象地比喻：“观察是采来的花，只有思维才能将花粉酿成甘甜的蜜汁。”这充分说明了思维力的不可或缺的重要作用。思维力是人们在成长过程中应着重培养与训练的内在素质。思维力的发展与提高，有利于外界的新思想、新观点、新知识、新技能等的内化，提升个体自我内在素质，同时有助于内在素质外化为新作品、新服务、新能力等成果，促进人类的发展与进步。深邃的思维力能使人透过现象看到事物的本质和规律，从现存的事物中去推测过去、预见未来。

#### 1. 思维力是人们认识世界的工具

人们认识世界的过程其实就是思维的过程，一个发现问题、分析问题、解决问题的过程。首先，客观世界存在许许多多的事物，人们要通过不断的观察、研究、探索等发现其中的本质和内在规律，从而认识客观世界。其次，主观世界的思想、观念、想法等只有不断地思索和求是，才能使其更加恰当、合理、理智地再现、外化。最后，一个人的主观世界与客观世界是有机联系、密不可分、相辅相成的。客观世界事物的属性、特征的内化可丰富主观世界的内涵，而主观世界反过来亦可更加理性、有效地指导个体去认识、感受和体验客观世界，思维力在这个过程中起着不可替代的作用。

案　例

## “她时代”的感性航空设计

**变化的社会角色**

尼尔森公司的一项调研发现：全球各地的女性都认为她们的角色正在改变，而且不断提升。

仔细审视我和我的朋友，从女儿、学生、工作者、妻子到母亲，女性的一生都在改变角色。在急速变化的社会，女性身份角色的转换引发了产品设计的更新换代。例如：以往家庭装修往往由男性动手，而如今不少女性也能拿起电动工具。美国的Little Pink Tools就主打女性市场，推出一系列的粉红电钻工具。一是增加电钻工具的美观性，二是支持女性群体抗击乳腺癌，每售出一套电钻工具就捐出10%的销售额给乳腺癌研究中心。这种打破传统观念并集合公益于一体的设计产品，在推出之际就受到格外的关注与欢迎。

**女性乘客专用**

20世纪中期，中国妇女得到空前的解放，获得了更多教育机会，并且承担起越来越多的社会责任。各种男女平等的呼声，甚至是女权运动频频而起。女性的地位在中国，乃至在全球都在发生变化。当下，职业女性和家庭主妇都成为乘客主力之一。在日本，旅客列车上设“妇女专厢”已是普遍做法。而日本一家航空公司在对乘客的调查中发现，很多女性表示在飞机上如果邻座是女乘客的话，她们在旅途中会感到更加放松。因此，为那些对与男乘客坐在一起感到不自在的女乘客提供了10个“妇女专座”。

这样的妇女专座可能在中国未必是必要的，但是我们却可以针对女性爱美和洁癖的习惯来进行产品创新。不少女性乘客在飞机下降前会更衣和补妆，造成洗手间拥挤、不洁。Diehl Aircabin在洗手间旁设计了单独的更衣室，以供女性乘客更衣和补妆。同样地，我乘坐文莱皇家航空时留意到其座椅背面设置了化妆镜，这一设计不占地方，却有效减少了餐后和下飞机前排队上洗手间的人数。

在我们的研究中，飞机洗手间往往被女性乘客诟病。德国设计师曾对此做出女性专用洗手间的设计，对不同的洗漱用品和垃圾都有专门的分区，从多个角度减少女性乘客心理上的不洁感。

**差异的语言设计**

用户的性别差异常常导致产品的设计语言的不同。回顾与国内某家电品牌合作的第一年，YANG DESIGN设计的产品风格以极简、硬朗为主。客户虽然对其非常满意，但却没有采纳，究其原因是他们觉得这不符合中国主流消费者，特别是女性消费者的需求。随后，我们对设计进行改动，最后的设计结果是：产品本身并不是特别有设计感，视觉上柔和、明亮、干净、一体化，功能上不能出现特别复杂、需要琢磨半天才能使用的东西。最终产品从销售层面上来说是成功的。

在色彩语意学中，粉红色往往象征温柔和稚嫩，长荣航空的粉色 Hello Kitty 主题航班就是例子之一。但是要讨好女性乘客，粉红色并不是唯一选择。日本的乐桃航空选用了桃红、浅紫作为品牌专属色。有趣的是，桃红色往往是商界女强人喜欢使用的色彩，为航空业增加了时髦感与活力。紫色的使用则考虑到耐用层面的需求，同时为内舱设计增添了雅致的气息。

**设计感性消费体验**

女性消费已经成为世界经济增长的动力。女性在消费过程中拥有80%的决策权或影响力，随着女性的收入不断增长，她们的购买力也逐步提高。在购买大额商品时，如房子、汽车或各种奢侈品，越来越多的中国女性表示她们能做出独立购买决定，而年龄在二三十岁的知识女性是未来营销中最有价值的顾客群体之一。

针对这群最具购买力的消费者，天津的某购物商城甚至为女性专门设计了停车场，它的车位更宽，以弥补女性的车技软肋；粉红色的停车区最靠近入口，购物前后都无须为找车位而烦恼。

与此相似的是，大韩航空曾非常直接地把飞机入口的酒吧变成琳琅满目的精品店，在漫长的飞行中，为女性乘客打造了一个可以流连的机内公共空间。

除了软硬件设备，机供品也存在创新的可能。不少产品正是在洞察了女性的生理和精神需求的基础上诞生的。碍于面子，女性在购买卫生用品时总有点尴尬。对此，Le Parcel 公司细心地为经历“每月那几天”的女性送出一份贴心的礼物。顾客可决定什么时候接收这份伴有甜蜜巧克力、化妆品的神秘包裹。这样的礼品既符合个性定制的趋势，也充满人文关怀和幽默感。

在德国学习用户体验设计时，我认识到产生许多劣质设计的主要原因在认为不需要观察那些使用他们产品的人的工程师和设计师身上。认知心理学家唐纳德·诺曼曾经在《情感化设计》中提及，只有当德国车在美国销售额因为缺少茶杯座而降低时，德国人才重新思考这一问题。过去的交通工具设计以男性为导向，体现“前进、捍卫”的阳刚形象，现在却出现专门针对女性用户的汽车，无论是外观、内饰还是储物、导航、自动泊车功能、与婴儿用品的配套都别具一格。同样地，航空服务需要更多地从女性思维出发，采用将女性消费者作为市场切入点的营销方式。

综上所述，作为女性，我并不介意品牌把我当作潜在消费者并进行营销。但是当大家讨论该如何为女性设计产品之前，我们应该抛弃传统的观念，转而考虑女性基本、共通的需求，研究女生用户的生活方式、行为、审美甚至社会角色身份的转变，进而为女性打造“感性”的完美用户体验——更为细腻、更细分、具有关怀感的产品、设计和营销。

资料来源：http：//news.carnoc.com/list/287/287983.html

2. 思维力调控着人们其他能力的发展

人的能力可以分为两大类：一类是智力技能系统，包括记忆力、观察力、想象力、思维力等；另一类是操作技能系统，如书写技能、绘画技能、演讲技能、驾驶技能等。思维力在智力技能系统中处于核心地位，对其他能力的发展起着关键的调控作用。

第一，支配作用。思维力是人们理性认识客观世界的必备能力，它对感性认识中的信息提取有一定的调控作用。由于人们思维力的不同，因此对外界客观事物认识和解读的程度与深度亦有所不同。例如：在科学研究、文学艺术创作时，思维力会充分调动记忆力、观察力、想象力等智能角色为它提供基本素材。但如果这些角色离开了思维力的调控，则会引起个体的观察、记忆、想象变得毫无目的、支离破碎、漫无边际，甚至混乱不堪，那么个体的状态也将是混沌的、毫无意义的。

第二，调节作用。在日常生活中，个体很难觉察自身观察力、记忆力、想象力的不和谐，但在进行思维活动时，便比较容易发现这种暂时的不和谐，从而进行自觉调控。通过这种日积月累的调控和平衡，有助于促进较差智力的发展，实现各种能力由不和谐→和谐→不和谐的循环往复、螺旋式上升的内在变化，使人的智力系统得以整体提高。同时，个体智力的不断提高，也会不断促进其他操作性技能的形成和发展。

案　例

**汉莎航空公司的快捷服务**

德国汉莎航空公司推出快捷化服务新举措，包括：机场外缘行李过磅、电子票务、优先过关检查、简易登机办法等。汉莎航空公司认为："我们一系列的革新服务及安排，反映了现今顾客的需求，他们需要更快捷的地勤服务。"此外，汉莎航空公司还率先推出"无票飞行"，程序十分简单：旅客可选择以其信用卡或 Miles & More 里数优惠积分会员卡来预订机位，"机票"便立即自动储存于汉莎航空公司的电脑系统中。"无票飞行"这种电子票务的优点很多，如无须使用传统的纸质机票以免除失票之虞，允许旅客选择机位等。

资料来源：https：//wenku. baidu. com/view/8117caf0f61fb7360b4c65d0. html

总而言之，一个思维力强的人，想事广阔深刻，叙事清晰精练，办事敏捷高效。这种人在学习中，能掌握渊博的知识与高超的技术；在工作中，能以非凡的效率获得斐然的业绩；在生活中，能细致周到，待人接物恰到好处；在竞争中，能游刃有余，立于不败之地。可见，要想成为这种卓尔不群的人，就必须注重思维力的培养和锻炼。

案　例

**从"顾客第一"到"员工第一"**

乘坐过美国西南航空公司班机的人都有过这种经验：空姐会从座席上方的行李柜

里探出脑袋来为客人送饮料；伴随着飞机起飞的隆隆引擎声，广播里传出播音员诙谐、幽默的提醒："现在我们马上就要冲出海面了，请您抓紧救生圈，蛙泳也好，自由泳也好，悉听尊便。"

所有这一切，都会在机舱里引起阵阵笑声。美国西南航空公司员工"行为出格"的风气来自这家公司"员工第一，顾客第二"的服务理念。该公司认为，员工自己高兴了，也一定能给顾客带来欢乐。因此，该公司以员工为重，重视激发员工自主创造的积极性。美国西南航空公司"员工第一，顾客第二"的服务理念是一种与内部营销有关的角色定位策略：要让顾客欢乐，先要让员工欢乐，也就是说，要让顾客第一，先要让员工第一。这正是内部营销的思路。由此在严峻的行业环境中，美国西南航空公司后来者居上，客运人数已居全美第 5 位。

资料来源：https：//wenku. baidu. com/view/7b03c0f3f61fb7360b4c65ce. html

## 三、思维力的提升

马克思认为，任何人的职责、使命、任务就是全面地发展自己的一切能力，其中包括思维力。思维力虽然可以通过后天的培养与训练提高，但要注意思维理论知识与实际的思维训练实践相结合。

### （一）积淀深厚的知识技能经验

解决问题的过程在一定程度上来讲，就是一个不断反复的思维过程。问题的解决一般分为四个步骤：发现问题、分析问题、提出假设、验证假设。这里的每一步都需要有丰富的知识技能储备以及经验的累积，否则将举步维艰。因此，要想具备较强的思维力，必须注重日常知识技能经验的积累和储备。

### （二）提升自身的语言素养

语言是思维的工具。离开语言，思维是无法进行和表达的。语言素养包括掌握语言与运用语言两个方面。若要提高语言素养，首先，要认真准确地学习语言，如阅读书籍、报纸、杂志，聆听各种声音媒体，观看各种视频资料等；其次，要注重口头语言和书面语言的表达和使用。总之，在积极掌握语言的同时，如果能语词清楚、层次分明、条理清晰地用语言表达自己的思想、观点和情感，久而久之，思维力就会逐渐得到提高。

### （三）养成灵活的思维方式

思维方式是以一定的社会文化背景、知识结构和传统风俗习惯等因素所构成的人们思考问题的思维模式、方法、流程的有机统一。随着社会的发展、时代的进步，人们的思维方式由先前的封闭性、单一性、经验性的静态思维方式逐渐转化为如今的开放性、多向性、科学性、系统性、创造性的动态思维方式。动态的思维方式有利于我们解放思想、开阔视野，从而促进思维力的提高。

**案　例**

### 时差这个怪兽　飞行员怎么打败它？

“当我登上飞机时，黎明时分的伦敦天空是橙色的。6 个小时后，当我降落在加拿大蒙特利尔时，天空依然是橙色的。”我的身体一点都不喜欢这种状态。所有人都有一套自己的生理节律，由光线来决定究竟是该精神百倍还是昏昏欲睡。经常穿梭于不同时区的人对生物钟彻底紊乱后的这种消沉感受肯定不会陌生，每每此时，总是很难适应明暗周期的快速变化。结果便造成了时差反应，这是因为生理节律被打乱而产生的一种现象——对多数人而言，最直观的感受就是整个人像僵尸一样无精打采、昏昏欲睡、情绪不佳，并且容易烦躁。“我们的生物钟并不是按照 24 小时设置的。不幸的是，在错误的时间暴露在光线中会导致你的社会睡眠时刻表与生物钟脱节。”美国国家航空航天局（NASA）疲劳对策小组成员艾琳·弗林-伊万斯说。

但有的人每天都会经历这种巨大的身体冲击，如飞行员和空勤人员等机组成员。那么，他们是如何解决时差反应的呢？他们是否已经对这种问题具备了免疫能力？

“飞行员的感受与我们相同，但他们通常会接受专门的培训，学习如何抓住各种机会进行适当的休息。”弗林-伊万斯说。多数航空公司都设有疲劳风险管理项目，帮助飞行员应对时差反应——飞行员可以在感觉时差反应过强而无法安全地执行飞行任务时“请疲劳假”。这种培训可以帮助飞行员找到最适合自己的方法，并通过持之以恒的训练将其变成例行公事。

弗林-伊万斯专门为宇航员提供应对时差效应的方法——这些建议也适用于普通旅客。首先，应该时刻思考你的旅行方向，因为这决定了你小睡片刻的时机，以及应该在什么时候考虑摄入合成褪黑素等补充剂。褪黑素是一种激素，可以帮助人体保持睡眠周期。人工褪黑素是一种颇受欢迎的安眠药替代品（尽管它是否真的有助于缓解时差效应仍然存在争论）。

多数人发现，由东向西飞比由西向东飞更容易适应时区变化。当神经学家劳伦斯·雷希特（Lawrence Reht）研究了 1991—1993 赛季 19 场美国职棒大联盟球队的比赛记录后，他发现当球队前往东部比赛时，往往会比常规状态下多失 1 分。

所以，弗林-伊万斯表示，如果你的航班是自西向东的，那最好提前几天就开始早起，并打开明亮的电灯。旅行当天应该尽量避开光线——戴一副太阳镜可以起到作用——以便拨快你的生物钟。当你到达目的地后，最初几天应该打开窗帘睡觉，以便获得充足的光线。

不过，如果你是自东向西追着太阳飞行，那就应该在出发前多熬夜，晚上也应该把自己暴露在光线中，从而调慢生物钟。飞机上无须佩戴太阳镜，尽量多吸收光线。“这些光效与你的生物钟应是相对的，所以如果你从洛杉矶飞到纽约，就应该把手表保持在洛杉矶时间，确保你在纽约的早晨可以暴露在明亮的光线中，但不要早于洛杉矶时间的凌晨 3 点。这是一项小技巧，因为你调节生物钟时的依据应该是所离开的时区，而不是你所到达的时区。”

长途飞行员兼英国民航飞行员协会（BALPA）飞行安全专家史蒂芬·蓝戴尔斯（Stephen Landells）建议在飞机上多喝水，饮食清淡，尽量不要摄入咖啡因或其他刺激物。

马克·万霍耐克表示，就他个人而言，一旦到达目的地，“11 点规则”便可起到最好的效果。“如果我能在上午 11 点到达酒店房间或者回到家中，那就可以小睡一两个小时。随后我会一直坚持到正常的睡觉时间。但无论我在路上有没有睡觉，只要感觉午后很疲惫，小睡一会儿都能起到帮助——只需短短的 20 分钟就能达到很好的效果。千万别忘了定闹钟。”

锻炼也是个好办法，他补充道：“这可以帮你消除疲劳，而当你最终躺倒在床上时，还可以提升睡眠质量。”他会在到达的第一天找一个绿意盎然的地方，就算是附近居民区的公园也可以。“我相信，即便是多走几步也很有帮助。正因如此，我通常都不会使用机场的自动人行道，尤其是在下飞机之后。”

但并非所有飞行员都会采用他的方法。有些飞行员更愿意在离开自己的时区后继续遵守原先的作息时间，但这种方法或许并不适合多数商务旅行者，因为他们必须与目的地的作息时间保持一致。

NASA 疲劳管理团队的专家表示，平均而言，旅行者每经过一个时区大约都需要一天时间才能适应。但采用一些技巧后，万霍耐克能够将每个时区的适应时间缩短到每天 2 小时左右。所以，他只需要 3 天时间便可适应 6 个小时的时区变化。

有的时候，我们知道自己应该睡觉，却怎么也睡不着。万霍耐克表示，在这种情况下，完全可以借此机会把握这个不同寻常的时机来体验一座城市的别样风貌。他自己就曾经有过这样难忘的经历：为了享用早餐，他曾经在早晨 5 点跑到洛杉矶宁静的海滩上等候一家咖啡厅开门。而每当想起香港，他的脑海里总会浮现出夜深人静后的景象。

资料来源：http：//news.carnoc.com/list/341/341479.html

### （四）提高独立思考的能力

思维的独立性表现在依据客观事实，独自完成思维的任务，不依存于他人的观点和想法，不受他人干扰和约束，独立地发现事物的本质规律和解决问题。正如爱因斯坦所言："我没有什么特别的才能，只不过喜欢穷根究底地追究问题罢了。"因此，要提升自己的思维力，就要学会独立地思考问题、解决问题，而不是人云亦云、随波逐流。

### （五）构建科学合理的能力结构

思维的基本过程包括分析、综合、比较、分类、抽象、概括六个方面。思维力的提升有赖于思维过程所包含的六种能力的优化与组合。因此，良好的思维力一定是分析能力、综合能力、比较能力、分类能力、抽象能力以及概括能力的全面均衡发展和高效有机融合。

### （六）坚持长久的思维训练

思维力的提升除了思维意识和方式的改变外，还应注重思维的实践性，也就是在具体的实践活动中提升自身的思维力，可从学习、生活、娱乐以及专门的智力训练、思维训练等几个方面来进行考虑。例如：学习中的奇思妙解、一题多解，娱乐中的各种电子游戏、打球、下棋、智力解题等，这些都有利于我们提升思维力，但要注意根据自身情况适当选择、理性对待。

## 四、团体辅导对思维力的影响与作用

### （一）提升思维力的广度和深度

团体成员（大学生）在性别特点、成长环境、受教育经历、个人性格特征等方面都会存在一定的差异，这些差异会导致其对某一事物或问题的看法也有所不同。这些不同汇集在一起，就会形成更多的观点，还有可能碰撞出更多新的思想或内容，这在扩大思维力广度的同时，也大大提升了对某一事物或问题的认知深度。

### （二）激发大学生的思维热情

当团体真正建立起来以后，可给团体成员（大学生）带来自由、放松、温馨、安全的心理感受和心理体验，这种愉悦感、快乐感将促使大学生充分发挥自己的想象力，任意遨游在思维的海洋里，进而燃起对思维的极大热情，从原来的强迫思考、被动思考中逐渐走出来，转变为愿意对目前的事物或问题进行探索。随着时间的流逝，这种状态很可能会随之退去。

### （三）提升大学生的思维意识

针对思维力的团体辅导在一定程度上可以激发团体成员（大学生）的思维热情，但要想这种热度保持下去，则需要培育大学生的思维意识。随着团体辅导的持续进行，大学生对思维的热情得以一定程度地保持，久而久之，有利于其思维意识的形成。也就是说，有助于大学生养成碰到“什么”都会问一个“为什么”，从原来的被动思考转变为主动思考或探索。

**课外拓展**

1. 什么是思维力？如何提升大学生在学习生活中的思维力？

2. 根据本项目理论思考与分析，撰写一份本专业学生思维力的现状与改进措施的报告。

3. 以提升思维力为目的，通过小组协作的方式设计一个相关的拓展训练方案并与其他小组进行分享。

自我测试、课后锦囊和参考文献请扫描下方的二维码。

# 项目五　凝聚力的有效提升

## 项目导引

本项目主要介绍凝聚力的内涵、形式、作用以及团队凝聚力的形成等内容。通过学习本项目，学生可以对凝聚力有一个全面的了解。通过本项目的训练，学生可以更好地提升团队凝聚力，丰富自身的能力体系，从而将其更好地运用到工作实践中。

## 学习目标

**一、 知识目标**

1. 熟悉凝聚力的内涵。
2. 理解凝聚力的提升与学习者的关系。

**二、 能力目标**

1. 能够掌握有效提升凝聚力的具体方法。
2. 具备提升凝聚力的能力，并能够在实践中反思。

## 案例导入

### 旅客飞行途中身体突发不适 春秋航空空地联动为生命返航

2022年6月23日，春秋航空9C7009航班及时返航，空中乘务机组人员和地面服务人员空地联合为一名心脏突发不适的旅客搭建生命绿色通道，成功帮助旅客及时就医，转危为安。

6月23日下午14点53分，春秋航空9C7009航班在石家庄正定国际机场起飞，飞往目的地昆明。起飞20分钟后，一名旅客连续按动呼唤铃，乘务员发现一名旅客脸色发白，四肢变僵硬，不断冒冷汗，呼吸急促，旅客陪同家属表示他心脏突发不适，紧急情况下，乘务组组成应急小组，乘务长负责通知机长，另一名乘务员进行机上广播，在旅客中寻找医护人员，广播第二遍时，一名医护人员旅客便出现了，乘务员立即配合医生进行简单的检查和施救工作。

与此同时，机组也与地面取得联系，考虑到旅客情况十分危急，为了保证旅客生命安全，机组当即决定立即返航。机上182名旅客听到广播返航后，一致都支持。很多旅客表示："救人要紧，赶紧返航！"

15点47分，在地面的指挥下，9C7009航班安全降落正定国际机场。早已等候多时的机场急救中心人员将发病旅客转移至地面进行救治，客舱内其他旅客也纷纷为春秋航空工作人员鼓掌。陪同家属一直跟乘务长说："特别感谢你们，感谢春秋航空！谢谢大家！"

由于救治及时，旅客脱离了危险，9C7009航班也于23日下午17点55分再次起飞，20点28分平安抵达昆明长水国际机场。

资料来源：民航资源网，2022-06-24.

**案例解读**

人民航空为人民，空地联合，机组与医护旅客的有效配合，成功地保证了旅客生命安全，充分展示了民航人强大的凝聚力。机上182名旅客一致支持飞机返航，也彰显了旅客们的集体主义精神。

---

**小任务** 阅读案例后请小组分享凝聚力对于成功处置案例事件的重要意义。

## 任务实训

### 实训任务一 最强战队

（一）训练目的：

1. 通过训练，让学生消除紧张、陌生感以及相互之间的隔阂、尴尬。

2. 通过训练，快速认识团队、融入团队、接受团队。

3. 通过训练，让学生学会开展头脑风暴，认识到团队配合的重要性，从而提升团队凝聚力。

（二）训练时间：45分钟。

（三）训练场地：室内、室外皆可。

（四）训练参与人数：全班学生。

（五）训练器材：笔1支/组，A4纸若干。

（六）训练操作流程：

1. 将全班学生进行分组，每组8～10人。

2. 让全班学生报数，相同数字的学生为一组。

3. 小组自由讨论后，在 40 分钟内，确定好本组的队长、队名、队形、队徽、队歌。同时需要将队名、队徽写/画在 A4 纸上。

4. 讨论后，各组依次进行展示，要求队长对队名、队形、队徽进行解读，同时全队高声唱出队歌。

5. 训练结束后，分享感受与体会。

6. 各组展示完后，教师依次进行点评。

（七）训练注意事项：

1. 引导学生快速选出队长，并发挥对队长的领导作用，消除学生间的陌生感。

2. 展示队形（见图 5-1）时要注意人身安全。

图 5-1　最强战队训练

3. 教师应该注意讨论时间的把控。

（八）训练交流与分享：

1. 你如何快速融入团队？

2. 你从其他参与者身上学到了什么？

3. 你作为团队成员，如何服从领导？

4. 你作为团队的领导者，如何管理好团队？如何激发团队活力？

5. 当你完成任务后，内心是什么感受？

（九）训练总结与点评：

1. 这个训练很简单，但实际内容特别丰富，可以让团队成员之间的关系解冻，达到一种融洽的状态。

2. 本训练还可以让团队成员充分体会到凝聚力的作用，从而更好地发挥团队成员的优势。

## 实训任务二　同心鼓

（一）训练目的：

1. 通过训练，培养学生团结协作完成共同目标的能力。

2. 通过训练，认识团队配合的重要性，提升团队凝聚力。

3. 通过训练，领悟团队成员互相鼓励对完成任务的积极作用。

（二）训练时间：60～90分钟。

（三）训练场地：室外空旷场地。

（四）训练参与人数：全班学生，每组平均在10人以内。

（五）训练器材：同心鼓设备2套；排球2个（充气70%～80%，不要完全充满）。

（六）训练操作流程（见图5-2）：

图5-2　同心鼓训练

1. 规定每组的最低纪录不少于15个，一般颠球的数量和练习的时间分钟数相同，如练习20分钟要求颠球不低于20个。

2. 球颠起的高度应高于鼓面 15 厘米，否则此球不计数。

3. 每人牵拉一根鼓上的绳子，如果人多绳少可以轮换，如果人少绳多可以让某些学生牵拉两根。

4. 学生颠球时必须握住把手。

5. 颠球开始后鼓不得触地，球飞离鼓面后，不得将鼓摔落在地上。

6. 颠球过程中注意安全，应听从教师指挥，教师喊停立即停止。

7. 如因场地原因停止，可以视情况决定是否累加。

8. 训练结束后，分享感受与体会。

9. 各组展示完后，教师依次进行点评。

（七）训练注意事项：

1. 所有的绳子必须都由学生牵拉，防止落在地上绊倒学员。

2. 开始训练前，学生必须做足准备活动。

3. 重点检查场地上是否有石头、木棍等硬物。

4. 学生必须穿运动装、运动鞋参加训练。

5. 从颠起第一个球开始，如果球落在地上，要从 0 开始计数。

（八）训练交流与分享：

1. 通过团队协作，你体验到了什么？收获了什么？

2. 以头脑风暴的方式讨论解决困难的对策，是否每个人都了解对策？这对于执行有什么帮助？

3. 如果在短时间内无法制订出方案，用什么方法最实用？

4. 和预料的结果不同时，团队如何调整与应对是很重要的。

5. 市场经济时代，任何事既关注过程，也注重结果，如何发挥团队凝聚力完成既定目标已成为现实问题。

（九）训练总结与点评：

1. 这个训练有难度，完成过程需充分发挥团队凝聚力的作用，集思广益。

2. 确立一个临时的团队领导很重要，听唯一的领导指挥，坚决执行领导的要求，只有这样才能在短时间内解决因紧张而导致的失误。

3. 团队协作、团队一致很重要。

4. 勤能补拙，训练即使有困难，也要有充分的计划与练习。

5. 在学生屡次受挫后，提醒他们加强协作，不要将不良情绪发泄到鼓和球上。

6. 注重颠球时引绳适当拉紧，不要用力上抖，让球落在鼓面的“甜点”上，鼓面水平接球。

7. 不断提醒学生在关注排球的同时，也要关注自己的脚下和身边的队友。

## 实训任务三　链接加速

（一）训练目的：

1. 通过训练，培养学生的团队协作能力。

2. 通过训练，培养学生坚持到底、永不放弃的精神。

3. 通过训练，让学生学会开展头脑风暴，认识到团队配合的重要性，从而提升团队凝聚力。

（二）训练时间：40分钟。

（三）训练场地：室外空旷场地，比赛距离20～40米。

（四）训练参与人数：全班学生，每组平均6～8人，男女混搭最合适。

（五）训练器材：哨子1个，红色塑料绳若干。

（六）训练操作流程：

1. 分组进行训练，规定队形，后边同学的右（左）手抬起前边同学的右（左）腿，左（右）手搭在前边同学的左（右）肩形成“小火车”，最后一名同学也要单脚跳步前进，不能双脚着地（见图5-3）。

图5-3　链接加速训练

2. 用红色塑料绳在场地上安排好起跑线和终点线，其距离为20～40米（来回）。

3. 训练开始以哨声为令，各队从起跑线出发，跳步前进，最后一名同学到达终点后，迅速向后转，再次以跳步方式回到起点。

4. 训练以最先到达起点的队伍为胜者。按时间记名次。

5. 训练结束后，分享感受与体会。

6. 各组展示完后，教师依次进行点评。

（七）训练注意事项：

1. 训练过程中，队员必须跳步前进，队伍如有断裂必须重新组织好，并从起点重新开始训练。

2. 开始训练前，学生必须做足准备活动。

3. 学生必须穿运动装、运动鞋参加活动。

4. 训练过程中，各组必须在规定的赛道进行训练，犯规一次加时5秒，依次累加。

（八）训练交流与分享：

1. 通过团队配合，你是否体会到凝聚力的伟大?

2. 学生在训练中需要具备哪些品质?

3. 队伍断裂是否对团队成绩产生重大影响?

4. 当身体达到极限，想放弃的时候，你内心是什么感受?

（九）训练总结与点评：

1. 这个训练看似简单，实则困难，重点在团队凝聚力如何将队伍拧成一股绳。

2. 队伍的断裂如同团队的瓦解，充分理解团队凝聚力的重要性。

## 实训任务四　坐地起身

（一）训练目的：

1. 通过训练，让学生明白团队协作的重要性。

2. 通过训练，让学生学会开展头脑风暴，认识到团队配合的重要性，从而提升团队凝聚力。

（二）训练时间：40分钟。

（三）训练场地：室外空旷场地。

（四）训练参与人数：全班学生，分成四大组，平均每组12人，男女混搭最合适。

（五）训练器材：哨子一个。

（六）训练操作流程：

1. 训练开始计时以哨声为令。

2. 开始时以5个人为一组，围坐成一圈，背对背、手挽手地坐在地上（见图5-4）。

3. 听到哨声后，在不使用手的情况下，依靠队员相互的背部支撑力量，撑地站起来。

4. 第一次5个人应该比较容易完成，这个训练，参与的人数越多，完成的难度越大。第一次完成后，人数增加到8人或者10人直至12人同时完成，根据训练的时间，每次增

图 5-4　坐地起身训练

加 1～2 名学生。

5. 失败了，可以重新开始，反复尝试，直到成功。

6. 训练结束后，分享感受与体会。

7. 各组展示完后，教师依次进行点评。

（七）训练注意事项：

1. 训练开始前，学生必须做足准备活动。训练进行时，教师应安排 4 名学生做好保护措施，以免损伤参与者的腰部。一般情况下，8 个人就很难完成了。

2. 学生必须穿运动装、运动鞋参加训练。

3. 训练过程中，参与者的双手一定不能触地，同时不能松手。

（八）训练交流与分享：

1. 通过什么，团队才可以成功地站起来？

2. 个人站起来很容易，但是让 12 人的团队在特定场景下站起来则具有挑战性，为什么？

3. 团队成员的手触地、松手对团队成绩是否有重大影响？

（九）训练总结与点评：

1. 当团队站不起来的时候，你的内心是什么感受？

2. 屡败屡战，培养团队失败不气馁、总结经验重新来过、永不言败的精神。

3. 一个人的力量再大，也不可能带动整个队伍的体重，不依靠其他成员的支撑，在不使用双手的情况下，是不可能站起来的。只有靠队伍的整体凝聚力，才足以支撑队伍站起来。

4. 本训练可以考验一个团队能否在达成默契的同时达到同时起、同时坐的效果，由此检验这个团队是否具有团队精神以及团队凝聚力的水平。

5. 在工作中，我们也应加强团队协作，不论职位高低和类别，一个团队只有尽心尽力互相配合协助，才能更好地完成工作，创造出意想不到的成绩。

## 实训任务五　齐眉棍

（一）训练目的：

1. 通过训练，让学生们明白团队协作的重要性。

2. 通过训练，让学生学会开展头脑风暴，认识到团队配合的重要性，从而提升团队凝聚力。

（二）训练时间：40 分钟。

（三）训练场地：室内或室外的空旷场地。

（四）训练参与人数：全班学生，分成四大组，平均每组 10～12 人，男女混搭最合适。

（五）训练器材：哨子 1 个；3 米长的细直棍 2 条或者齐眉棍 2 条。

（六）训练操作流程（见图 5－5）：

1. 训练开始计时以哨声为令。

2. 参与者既可以站成两列，也可以站成一列。站成一列时，参与者呈一条直线，站成两列时，参与者必须面对面。

3. 参与者每个人单手举起，与额头齐平，每只手只伸出食指。

4. 将一条齐眉棍（细直棍）放置在所有参与者的食指上方。

5. 要求所有参与者用食指在下面托起直棍，然后缓慢下降，最终将齐眉棍（细直棍）水平放在地上。

6. 失败了，可以重新开始，反复尝试，直到成功。

7. 训练结束后，分享感受与体会。

8. 各组展示完后，教师依次进行点评。

（七）训练注意事项：

1. 训练开始前，学生必须做足准备活动。学生必须穿运动装、运动鞋参加活动。

2. 齐眉棍（细直棍）必须水平放在地上，否则训练失败，重新开始。

3. 训练开始后，所有参与者的食指不能离开齐眉棍（细直棍），必须时刻紧贴齐眉棍（细直棍），否则训练失败，重新开始。

图 5－5　齐眉棍训练

（八）训练交流与分享：

1. 训练给了我们什么启发？

2. 讨论过程中，大家各抒己见，用什么方式可以让团队一致行动？

3. 个人的力量大还是团队的力量大？为什么？

4. 当失败多次后，团队士气如何？

（九）训练总结与点评：

1. 本训练看似简单，却很容易出现失误，如果遇到困难或出现了问题，很多人马上会找别人的不足，却很少发现自己的问题。成员间的抱怨、指责、不理解对于团队和团队凝聚力具有毁灭性的打击。

2. 提高学生在训练中相互配合、相互协作的能力。

3. 统一的指挥加上所有成员的共同努力对于团队成功起着至关重要的作用。

## 知识链接

凝聚力是指群体成员之间为实现群体活动目标而实施团结协作的程度。群体是指人的集合，包括家庭、朋友、单位、集体、阶级、民族、国家等。凝聚力外在表现在人们的个体动机行为对群体目标任务所具有的信赖性、依从性乃至服从性上。

## 一、凝聚力的内涵

### （一）群体凝聚力

人是有自由意志的。人的自由意志表现为两种倾向：一是个体对群体的离心倾向，二是个体对个体的独立倾向。要使一个个具有自由意志的个体结成一个具有统一意志的群体，就必须有一种力量抗衡他们的离心倾向与独立倾向，将他们联系在一起。这种力量就是群体凝聚力。在组织行为学中，群体凝聚力是指群体对成员的吸引程度和群体成员之间关系的紧密程度。群体凝聚力与我们平常所说的群体团结不尽相同。第一，团结主要是指群体成员之间横向关系的紧密程度，而凝聚力不仅指群体成员之间横向关系的紧密程度，还包括群体对成员的纵向吸引程度。第二，团结一般是从积极的方面去描述群体成员之间的关系，而凝聚力则是一个中性的概念，是对群体成员关系的客观表达。

### （二）群体凝聚力的种类

1. 自然凝聚力

人有社会属性，不能脱离群体而单独生活，每个人都需要别人，这就是群体的自然凝聚力。

2. 工作凝聚力

人需要依赖工作而生存。每个人都有获得良好工作的愿望，都希望在工作中发挥自己的特长。同时，在现阶段，劳动还是人们谋生的一种手段，人们必须依赖工作而求得生存、发展。因此，群体所承担的任务和通过工作所要达到的目标，对群体成员会产生强烈的吸引力。

3. 领导凝聚力

一个民主型的领导者，可以使群体内部的意见得到良好的沟通，群体人际关系和谐，成员心情舒畅，凝聚力就强。而面对一个专制型的领导，群体内部不易沟通，群体成员就会感到压抑，对工作也会感到乏味和无聊，因而群体凝聚力就差。一个放任型的领导，对群体成员无所约束，群体凝聚力自然也差。一个仁慈而专断型的领导，事无巨细、事必躬亲，结果将是领导在时凝聚力强，领导一旦离开这个群体，群体就会陷入瘫痪，凝聚力大大减弱。因此，领导是形成群体凝聚力的一个重要因素。

4. 情感凝聚力

如果人们在工作中心情舒畅，就会同心协力以达到组织目标。相反，人际关系紧张，相互猜忌，彼此戒备，必然会因内部矛盾而影响团队工作任务的完成，增加内耗。

### （三）影响群体凝聚力的因素

影响群体凝聚力的因素是非常多的，除群体外部因素以外，大体来自群体与成员个体两方面。

1. 影响群体凝聚力的群体因素

表 5-1 影响群体凝聚力的群体因素

| 序号 | 影响因素 | 具体内容说明 |
|---|---|---|
| 1 | 群体目标的设置 | 群体目标设置公平、合理，能够兼容群体成员的共同利益与需要，则容易形成较强的群体凝聚力。<br>如果部分群体成员的利益和需要在群体目标中得不到合理的反映，则群体凝聚力通常较弱。 |
| 2 | 群体任务的性质 | 如果群体任务程序性较强，必须依赖群体成员的互助合作才能完成，则容易形成较强的群体凝聚力。<br>群体任务比较多变，如果对群体成员的创造性和个人能力的要求较高，则群体凝聚力通常较弱。 |
| 3 | 群体的规模 | 一般而言，群体规模越小，成员越集中，相互之间就越容易包容、沟通与合作，因而群体凝聚力也越强。<br>群体规模越大，成员越分散，相互之间的包容、沟通与合作就越困难，内耗就会增加，因而群体凝聚力也越弱。 |
| 4 | 群体的环境 | 群体面临的外部环境越复杂多变，压力、威胁、不确定性就越大，群体凝聚力也就越强。<br>群体面临的外部环境越是单纯、稳定、安全，群体凝聚力就越弱。 |
| 5 | 群体的人际关系与沟通 | 群体成员的人际关系越融洽，沟通状况越好，群体凝聚力越强。<br>群体成员的人际关系越紧张，沟通状况越糟，群体凝聚力越弱。 |
| 6 | 群体的管理方式 | 如果管理者提倡团结、鼓励合作、奖惩公平，群体分工合理、注重沟通、强调纪律等，则群体凝聚力通常较强。<br>如果管理者鼓励竞争、提倡创造、尊重个性、偏听偏信、有亲有疏、厚此薄彼、赏罚不明，群体分工不当、轻视沟通等，则群体凝聚力通常较弱。 |
| 7 | 加入群体的难度 | 加入群体越是困难、庄重，则离开群体也越是慎重。<br>加入群体越是容易、简便，则离开群体也越是随意。 |

### 2. 影响群体凝聚力的个体因素

表 5-2　影响群体凝聚力的个体因素

| 序号 | 影响因素 | 具体内容说明 |
| --- | --- | --- |
| 1 | 成员的个性与品质 | 如果群体成员个性开朗随和、品质高尚、宽容大度、志趣相投，则群体凝聚力越强。<br>如果群体成员个性偏执、心胸狭隘、嫉妒猜疑、缺乏共同兴趣，则群体凝聚力越弱。 |
| 2 | 成员在群体中的地位 | 越是处于群体的核心位置，被其他成员接纳程度越高的群体成员，则群体对其凝聚力越强。<br>越是处于群体边缘的群体成员，则群体对其凝聚力越差。 |
| 3 | 成员对群体的依赖性 | 群体对那些依赖性较强的个体有较强凝聚力。<br>群体对那些独立性与自主意识较强的个体凝聚力较弱。 |

由上可知，影响群体凝聚力的因素是非常复杂的，因而一旦出现群体凝聚力方面的问题，绝不是谈谈心、做做思想工作、姿态高一点等就能解决所有问题的，必须具备复杂一点的头脑，具体情况具体分析。

## 二、凝聚力的作用

群体的凝聚力具有重要的意义，它不仅是增强群体效能、实现群体目标的重要条件，而且是群体存在的必要条件。如果一个群体丧失了凝聚力，不再能吸引其成员，那么它本身就失去了存在的意义。因此，群体凝聚力的作用非常大。

案　例

**这里是 CZ6997，请求大速度优先着陆！（节选）**

2016 年 9 月 10 日，南航新疆分公司接到一封来自上海的 2 000 多字的表扬信，信中写道："尽管已过去一个多月，但随着身体的恢复，那天的场景总浮现在我眼前，让我忍不住要写下这封信。在南航新疆分公司的航班上，我看到了一个有爱的社会、一个有责任的企业、一个高效处理问题的团队，尤其是那天航班上的乘务长肖清，在她身上所展现出的专业素养……"

到底是什么事情让这位旅客念念不忘？时间的指针要拨回到 2016 年 7 月 23 日，地点在南航从乌鲁木齐飞往上海的 CZ6997 航班上。

**乘务长及时发现异常**

当乘务员广播完预达的信息后，乘务长肖清按惯例进入客舱巡视，收集旅客对航班服务的反馈。她发现一位在卫生间门口等候的女性旅客脸色有些苍白，眉头紧蹙，显得很不舒服的样子。多年从事乘务工作的职业敏感性让肖清没有放过这丝异常，赶紧上前询问，得知这位旅客在上飞机前，就已经因肠胃不适而多次呕吐，但自认为上机后休息一下，睡一觉就应该没什么问题了。

**乘务组配合默契及时救治**

可谁知病来如山倒，虽然这一刻旅客的情况看似已平稳了，但就在离落地还有20分钟时，可能因为在下降过程中受气压变化的影响，再加上自身血糖过低，该旅客竟然逐渐丧失意识，好在乘务长肖清已提前将该旅客的座位调到较为宽敞的便于观察与照顾的位置，所以当旅客病情变化时，乘务组已第一时间发现异常。

肖清迅速部署：立即报告机长，广播寻找医生，拿来氧气瓶给旅客吸氧，专人用毛巾给旅客擦拭身体，帮旅客降温，同时留有乘务员关注客舱秩序，确保客舱安全。幸运的是在客舱里找到一位医生，经医生初步诊断首先肯定了乘务组之前的医疗救助措施得当，但鉴于旅客目前的身体状况，必须做进一步专业检查才能采取进一步的急救。

事后肖清回想起落地前的情景依然心有余悸，尽管已将医生调至该名旅客身旁，但由于机上的医疗设备有限，故旅客的病情还在发展。

还有10分钟、8分钟、5分钟……那种煎熬令肖清终生难忘，那一刻似乎比她曾经飞过的24年历程还长，那一刻她体验着为他人生命担忧的焦灼，但同时还要表现出职业所要求的镇静……

**机组联络及时　空地对接成功救助**

我们将镜头转向驾驶舱。20点30分许，CZ6997航班驾驶舱中，机长教员陈凯和副驾驶周爱忠正在做飞机下降前的准备。忽然机组接到乘务长报告：一名旅客身体虚脱、意识模糊，急需医疗救护，请联系救护车。此时已进入飞机降落的关键阶段，陈机长毫不犹豫拿起话筒向上海管制员急切报告：这里是南方航空CZ6997，一名旅客患病、意识模糊，请求大速度优先着陆，落地需要救护车。“收到，CZ6997优先降落！”塔台接到报告后，立刻展开指挥，开通了绿色紧急通道，允许飞机“抄近路”降落虹桥机场，同时为了节省急救时间，将航班的停机位重新安排，调整到最靠近跑道的位置。

20点50分，飞机顺利降落在虹桥机场。早已等待在位的救护人员迅速登上飞机，与乘务组做好交接，将患病旅客抬入救护车，并在南航地服人员的陪同下，将旅客送往医院进行救治。而乘务长肖清并没有因航班结束就放下一切，还进行了后续跟踪，直到得知旅客一切安好的消息后，才露出如释重负的笑容。

从救助到转危为安，机舱内经历了怎样一番惊险的生死时速，空地间又进行了怎样一场生命接力，旅客吴女士醒过来后并不是很清楚，但她知道从此后她已与南航结下深深的情缘。她在信中写道："由于当时意识实在太过模糊，未能全部记下各位帮助者的名字，实属抱歉；而身体恢复后想当面酬谢肖清女士及CZ6997团队，又被婉拒。不知该如何表达心中最诚挚的谢意，唯有修书一封，述清内心所感，尚祈哂纳。"最后，她表示南航将成为她今后出行的首选。

资料来源：http：//news. hexun. com/2016－09－12/185994568. html

### （一）群体凝聚力与满足感

有较高凝聚力的成员在群体中更能实现自身价值，同时有较高凝聚力的群体更能分享资源，因而在高凝聚力群体中的成员比在低凝聚力群体中的成员能够获得更多的满足感，对于群体也会有更高的评价，更愿意参与群体活动，并忠于群体。

### （二）群体凝聚力与沟通

高凝聚力的群体成员间往往会有和谐的人际关系，因此高凝聚力群体中的成员往往要比低凝聚力群体中的成员有更多的沟通机会。同时，高凝聚力群体成员间往往具有共同的价值观和目标，相互之间愿意交流学习，这样的沟通又反过来增进了相互之间的关系和了解，进一步增强了群体凝聚力。

### （三）群体凝聚力与生产效率

研究影响群体凝聚力的主要因素，目的在于运用和创造这些因素来增强群体凝聚力与提高工作效率。由于凝聚力与生产率的关系较为复杂，因此不能片面地认为凝聚力越强，生产率就越高。凝聚力受到群体目标与组织目标一致性的影响：若群体目标与组织目标的一致性较高，且群体凝聚力也高，则容易产生较高的生产率；若群体目标与组织的目标不一致，群体的态度可能不会支持组织的目标，如果这时候群体凝聚力高，将会大大破坏生产，生产率就低。

### （四）群体凝聚力与群体意识

高凝聚力群体容易形成群体意识。对于凝聚力很强的群体而言，意见一致的价值是高于高绩效的，因此在这样的群体中是不能容忍异议的。同时，群体意识的另一种表现是一致对外。凝聚力容易使群体成员产生优越感，这样的优越感会使群体成员产生对外界的排斥和敌对。

## 三、团队凝聚力的标志

（1）荣辱与共，互相关心；

(2) 了解团队目标；
(3) 相互交流，融洽无间；
(4) 相互学习，共同成长；
(5) 相互认同，配合默契；
(6) 将团队整体利益放在首位；
(7) 拥有强大的后备力量；
(8) 团队成员情愿付出代价。

## 四、团队凝聚力的作用

### (一) 影响团队的工作效率

凝聚力和工作效率存在复杂的关系。凝聚力高的团队可能“众人拾柴火焰高”，生产效率高，但有时凝聚力高反而会出现生产效率较低的情况。只有在方向正确的情况下，凝聚力才会对团队工作效率的提高有帮助。

### (二) 提高团队成员的工作满意度

凝聚力较高的团队，其成员对于工作的责任感也相应较强，共同的利益价值观使他们能够在达到目标后获得一定的工作满足感，成员间容易彼此接纳、心理相容，从而加深友谊，增强彼此的吸引力。团队成员在这种愉快和谐的人际关系中，工作满意度也会大大提高。

### (三) 对个人成长和发展很有帮助

高凝聚力的团队可能会给个人的成长带来积极或消极的影响：一方面，高凝聚力的团体可以提高人际吸引力，使团队成员在共同分担任务的基础上相互学习、相互帮助，在完成目标的过程中使个体得到成长的机会；另一方面，高凝聚力的团队可能由于形成了一定的规范、行为准则，以致团队成员只能在这个框框中工作，导致个体的创造力和潜能的发挥受到影响。

当团队面临外界的威胁时，无论团队内部曾经发生或正在发生什么问题、困难、矛盾，此时团队成员会暂时不计前嫌，团结起来，一致应对外来威胁。通常外来威胁越高、压力越大，团队的凝聚力也越强。例如：一个家庭，本来内部有些矛盾，但突然遭到外来侵犯，这时全家人就会暂时忽略内部矛盾而一致对外。当然，如果团队成员感到外来威胁和压力太大，团队根本没有办法应对时，就不愿意再去努力了。

案 例

**齐心协力，共保安全**

春运期间，乘务员们以最饱满的热情和最甜美的笑容迎接着每一位返乡旅客。此时，一名手拿充电宝登机的旅客H引起了乘务员D的注意，她友好地提醒旅客H，为了航空安全，充电宝在机上需关闭电源，停止使用。H先生欣然答应了。上客完毕，此时H先生却按响了呼唤铃。这个充电宝竟无论如何也无法关闭，电源显示器也发出异常的亮光，尽管乘务员也过来帮忙，还是无济于事，而此时，充电宝开始逐渐发烫。沉着冷静的乘务员D立刻将此充电宝交予乘务长与安全员，经过机组、乘务、安全三部门协商后，一致决定将此充电宝留在地面。

乘务员将旅客H径直领进服务间，早已等候的安全员诚恳且专业地告知旅客H，由于充电宝状态十分不稳定，为了避免不安全事件发生，建议他不要带上飞机，乘务长也进一步向旅客解释着充电宝如果发生爆炸，后果将会多么严重。得知问题的严重性后，旅客H果断同意放弃这个充电宝，他说："影响到飞机安全的事件，我绝对不会做！我一定配合你们的工作！"

资料来源：微信公众号：客舱博视。

**案例解读**

（1）充电宝的使用问题目前在航班中是很常见的，迎客的过程是乘务员观察乘客的最佳时机，一旦旅客落座后一般不容易发现其是否在使用充电宝，所以在迎客时一定要关注，并对使用充电宝的旅客进行提醒和确认。

（2）如果此情况是在关闭舱门后发生的，为确保航班正常准点，可以按锂电池灭火的相关要求进行处理。

（3）安全检查时，应从前往后频繁口头提醒旅客不能使用充电宝，关闭充电宝电源，在整个航班中都保持监控。

## 五、团队凝聚力的形成

（1）实行民主的管理方式；

（2）开展适度的竞争；

（3）满足成员的合理需要；

（4）提升团队的士气；

（5）营造和谐融洽的环境；

（6）控制群体的规模；

（7）善用群体内部奖励。

案　例

**东航云南分公司争分夺秒搭建空中生命桥梁**

2017年9月23日晚，东航云南分公司在多部门的共同合作下，以最快的速度保障了 MU5986 保山至昆明航班病患旅客的运输。

21 点 30 分，机长给放行席位签派员打通电话，通报了保山地服临时接到一起病患旅客的运输任务。患者在施工现场受重伤，病情十分紧急，亟须前往昆明市区医院完成手术。

运控部值班经理获悉后，先后询问市场部和地服部席位值班员，确认病患旅客承运政策，商议服务保障细节。首先，确认同行人员中已有医务人员陪同；其次，请保山地服审查患病旅客从医院出具的《诊断证明书》、医生签字和《特殊旅客乘机承诺书》；最后，请示当日公司值班领导后，迅速落实了旅客保障方案。

签派席位向保山塔台和昆明空管局通报了该航班的特殊情况，得到了空管的优先放行许可，航班于 22 点 02 分从保山正点起飞。与此同时，地服部生产协调分部也迅速启动应急预案，开启绿色通道，保障该航班优先落地，并选择交通方便的停机区域，以便航班能沿着最短的路线滑入预定停机位，实现与医疗救护人员的无缝对接；旅客分部组织了“爱心驿站”工作人员，提前到达停机位，并对快速引领、担架保障、旅客运送等服务进行了详细分工。航班于 22 点 45 分在昆明落地。“爱心驿站”工作人员在急救人员的指挥下，小心翼翼地将病人一点点抬起，一步步前移，让担架始终保持水平的同时，以最快的速度将旅客送上救护车，圆满完成了和急救中心的交接。

特殊旅客保障是一场生命同时间的赛跑，东航云南分公司各部门通力合作、默契配合、争分夺秒，尽可能节约时间，为病患旅客搭建起了一架空中生命桥梁。

资料来源：http：//wemedia. ifeng. com/34290440/wemedia. shtml

## 课外拓展

1. 寻找一个关于凝聚力的民航业真实案例，根据本项目理论思考与分析，并以小组为单位进行分享。

2. 以提升凝聚力为主题，以小组为单位，提炼自己平时学习生活中的 2～3 个案例与同学分享。

自我测试、课后锦囊和参考文献请扫描下方的二维码。

# 项目六　应激力的有效提升

## 项目导引

本项目主要介绍应激力的内涵，应激力对人的基本要求以及提升团队应激力的途径。通过学习本项目，学生可以对应激力有一个全面的了解。通过本项目的训练，学生可以更好地提升应激力水平，丰富自身的能力体系，从而将其更好地运用到未来的工作实践中。

## 学习目标

### 一、知识目标

1. 熟悉应激力的内涵。
2. 理解应激力的提升与学习者之间的关系。

### 二、能力目标

1. 能够掌握有效提升应激力的具体方法。
2. 具备提升应激力的能力，并能够在实践中反思。

## 案例导入

### 牢记：万一发生空难了该怎么办？空难事故守则（节选）

大多数空难都发生在飞机起飞或降落的时候。例如：2005 年 8 月法国航空 358 号航班的乘务员就面临一场生死考验。当日，该机在狂风暴雨中准备在多伦多皮尔逊国际机场降落，因恶劣天气加上机组操作失误，飞机在降落后未能在跑道结束前减速停止，最后以每小时 148 千米的时速冲出跑道末端并起火燃烧。航空煤油的味道弥散在机舱内，如果没有人站出来维持秩序，狭窄的客舱过道马上就会演变成一场踩踏事故。乘务组立刻启动紧急疏散程序，引导乘客从紧急滑梯逃生。所幸所有乘客与机组人员都及时逃出，无人死亡。运输安全委员会（Transportation Safety Board）在事后的调查报告中高度赞扬了乘务组在事故中的工作表现，他们在引导乘客安全撤离中起到了决定性的作用。法航358号航班的成功撤离与其快速的撤退速度有直接关系，机上人员仅耗时90秒就全部撤离。这次的演习训练由托马斯·克鲁派克（Tomas Chlupac）指导，他带领11名年轻的乘务员来处理这一系列模拟的灾难场景。在模拟器后方的控制室里查理·库贝卡创设了一个场景，模拟器在强大的液压系统下开始工作，可以模拟飞机飞行期间的真实飞行状况，而他们也将接受无预兆式的紧急情况训练。对他们来讲，接下来的每一秒都是在和时间赛跑。液压起重器摇晃着机身模拟飞机进行硬着陆，广播里传来“撤退”的声音，克鲁派克马上通知大家：解开安全带，不管其他东西。模拟器上的滑梯已准备就绪，为了尽量模拟真实情况，空乘们必须听到滑梯充气完的声音才能开始撤退。大家依次跳上滑梯，为了保证大家的安全，建议跳滑梯的时候双手交叉。克鲁派克站在舱门一再提醒大家动作要领，直到最后一个人顺利撤离，这种重复性命令可以帮助人们克服“消极恐慌”的心理现象。

资料来源：http：//news. china. com. cn/live/2015—03/26/content _ 32011171. htm

**案例解读**

英国民航局（UK Civil Aviation Authority）一项著名研究结果显示，绝望、嫉妒和恐吓的情绪会瞬间扩散，即使在模拟的情况下也是如此。无序的撤退结果会大大影响撤退效率，所以撤离训练有助于乘务员有效控制这种恐慌情绪的蔓延。通过扮演乘客，他们多少会感受到紧急情况真正发生时的恐怖场面，以便在真的面临困境时做到心中有数。

---

**小任务** 阅读案例后以小组为单位讨论空难发生时团队的应激力所发挥的重要作用。

## 任务实训

### 实训任务一 《阿水的故事》

（一）训练目的：

1. 通过训练，让学生突破思维定式，打破常规思维的束缚。
2. 通过训练，提高学生的反应能力和注意力。

（二）训练时间：40分钟。

（三）训练场地：室内或室外的空旷场地。

（四）训练参与人数：全班学生。

## 阿水的故事

从前有座山，山下有一个小村庄，村子里有个小伙子名字叫阿呆，他养了一条小狗叫阿水。阿呆每天早上都会提着两个大水桶，去村子的小河边抓鱼，抓鱼后就会挑着两桶水回家。阿呆每天心情都很愉快，回家的路上，野花点点、青草幽幽，一派和谐的田园风光。他的那只小狗也在他身边溜来蹿去。“阿水乖，慢点跑，别捣乱。”阿呆经常笑着说。回家后，阿呆把水倒进家中的水缸里，正好满满一缸，不多不少。然后，阿呆开始给小狗喂食：“阿呆喂你吃骨头，要吃吗？骨头可好吃了。”阿呆对着小狗说：“阿水啊，要吃你就说啊，你不说我怎么知道你要吃呢？虽然你很有诚意地看着我，可还是要说啊，不可能你说了我不给你吃的。”看着小狗围着骨头急得直打转，阿呆就很高兴地笑，再把骨头丢给可怜的阿水，阿水啃着骨头，阿呆就开始了一天的辛勤劳作。狗是非常有灵性的，看见阿呆累了就给他衔去毛巾，让他擦汗，阿呆渴了，只需一招手，阿水就会摇头晃脑地给他衔去水壶。他们就这样快快乐乐地生活在这个风景如画的小山村里，怡然自得。

（五）训练器材：《阿水的故事》材料稿。

（六）训练操作流程：

1. 选定1名学生助手作为裁判。

2. 所有的学生围成一个圈，将自己的右手的食指放在右侧，并且要与肩同高，指尖朝上，左手放在相邻的组员的食指上（见图6-1）。

图6-1　《阿水的故事》训练

3. 教师开始念《阿水的故事》，当组员听到教练念到“水”字时，组员的左手去抓相邻组员的右手食指，左手迅速逃开。

4. 被抓到的组员就站到中间围成一个类似的小圆圈，再用同样的方法进行下去，如果中间的组员既没有被别人抓到，又抓住了别人的话，那么他就回到原来那个圆圈。

5. 故事结束时，中间的人要表演一个节目。

6. 训练结束后，分享感受与体会。

7. 各组展示完后，教师依次进行点评。

（七）训练注意事项：

1. 任何参与的学生都不能讲话，任何人都必须把手放在规定的位置。

2. 提醒学生抓其他组员的手指时只要抓住即可，不要过于用力。

（八）训练交流与分享：

1. 本训练给了你什么启发?

2. 反应能力对于乘务员工作岗位的必要性有哪些？举出具体事例。

3. 有没有认识到听的重要性？当认真听时你听到了什么？

4. 感受聆听、注意和反应三者之间的关系。

（九）训练总结与点评：

1. 为适应未来工作岗位，应对客舱突发事件，个人的反应能力、注意力需极大地提升。

2. 本训练看似简单，却很容易出现失误，学生应打破惯性思维，不要让惯性思维左右自己的思想。

3. 机会只属于那些时刻准备好的人，提醒学生在参与训练和未来工作中应迅速调整状态，全神贯注。

## 实训任务二　拍3令

（一）训练目的：

1. 通过训练，让学生明白如何做好看似简单的事情。

2. 通过训练，提高学生的应激力。

（二）训练时间：30分钟。

（三）训练场地：室内、室外均可。

（四）训练参与人数：全班学生共同参与。

（五）训练器材：哨子1个。

（六）训练操作流程：

1. 训练开始计时以哨声为令。

2. 教师选派1名学生助手作为裁判。

3. 教师组织全班学生站成一个大圆圈，指定1名学生作为起点，从1～99开始顺序报数。

4. 当有人数到含有“3”或是“3”的倍数的数字时，不许报数，双手拍一下，紧接着下一个人继续报数。

5. 报错数字的学生走出大圆圈，准备表演节目。

6. 训练结束后，分享感受与体会。

7. 各组展示完后，教师依次进行点评。

（七）训练注意事项：参与任务的学生不能说话，反应时间最多不能超过 3 秒。

（八）训练交流与分享：

1. 为什么很简单的算术题还是会有人出错？

2. 他人报错数字的时候，你有什么感受？

3. 你自己报错数字的时候，你的感受又是怎样的？

4. 你有哪些收获？

（九）训练总结与点评：

1. 当失败多次后，个人士气应如何提升？

2. 本训练看似简单，却很容易出现失误，如果遇到困难或出现了问题，很多人马上会找别人的不足，却很少发现自己的问题。

3. 机会只属于那些时刻准备好的人，提醒学生在参与训练和未来的工作中应迅速调整状态，全神贯注。

## 实训任务三　你画我猜

（一）训练目的：

1. 通过训练，让学生突破思维定式，打破常规思维的束缚。

2. 通过训练，提高学生的应激力。

（二）训练时间：30 分钟。

（三）训练场地：室内、室外均可。

（四）训练参与人数：全班学生共同参与。

（五）训练器材：计时器 1 个、哨子 1 个、词语若干。

虎头蛇尾、牛刀小试、炸弹、瑜伽、狗咬吕洞宾、马后炮、变形金刚、夫妻肺片、小鲜肉、鼠目寸光、出租车、鸡飞蛋打、动物园、卫生间、猪八戒照镜子、烟雾探测器、折叠床、电风扇、白雪公主、南方航空、东方航空、厦门航空、海南航空、糖醋里脊、澳门航空、山东航空、九元航空、中国国际航空、香港航空、全日空航空、麻辣烫、玉树临风、妙趣横生、十全十美、口吐白沫、泰山北斗、一表人才、风度翩翩、马云、天之骄子、指鹿为马、飞扬跋扈、一见如故、斤斤计较、千里迢迢、一言难尽、特朗普、两情相悦、一见钟情、掌上明珠、惟妙惟肖、滥竽充数、想入非非、色胆包天、李白、虎视眈眈、八面玲珑、两面三刀、天马行空、火眼金睛、出水芙蓉、三头六臂、王者荣耀、狼吞虎咽、腾云驾雾、狼子野心、打草惊蛇、霸王别姬、鹤立鸡群、梨花带雨、水帘洞、冲锋陷阵、春宵时刻、浪子回头、花花公子、相见恨晚、人走茶凉、情不自禁、酸菜鱼、海阔天空、过关斩将、含情脉脉、喜结良缘、埃菲尔铁塔、黄果树瀑布、人民英雄纪念碑

（六）训练操作流程：

1. 训练开始计时以哨声为令。

2. 教师选派 1 名学生助手作为裁判。

3. 教师将全班学生平均分为两大组依次进行比拼。

4. 组内分为两人一组，自由组合，依次进行。每组最多只能竞猜两组词语，无论对错，竞猜完进入下一组。

5. 两人面对面地站着，打印纸显示需要竞猜的词语，其中一人根据打印纸用手势做出动作或者用其他句子来形容，另一个看不到大屏幕的人猜词语（见图 6－2）。

图 6－2　你画我猜训练

6. 从词语库中随机抽出词语，每次一组，在 1 分钟内猜对词语数量最多者获胜。

7. 训练结束后，分享感受与体会。

8. 各组展示完后，教师依次进行点评。

（七）训练注意事项：

1. 负责比画的人不能说出包含所猜词中的任何一个字（读音相同亦不可），不能说拼音或英文单词。

2. 非竞猜者不能说话提醒。

3. 不能跳过词语。

（八）训练交流与分享：

1. 当你看着词语又不能说出词语的时候，是什么感受？

2. 假设你是竞猜者，当你看不懂队友的比画时是什么感受？

3. 临时组成的团队，如何快速提升应激力？

（九）训练总结与点评：

1. 本训练既考验了学生的知识面，又锻炼了学生的逻辑思维能力和自我认识能力。

2. 当习惯的语言表达被限制使用时，面对不太擅长的非语言符合，如身体语言，思考如何做到与队友快速融合。

3. 肢体表达作为一种代替语言表情达意的沟通方式，幽默形象的动作、天衣无缝的默契是锻炼应激力的很好方式。

## 实训任务四　解手结

（一）训练目的：

1. 通过训练，让学生在团队协作中发挥个人创造力。

2. 通过训练，提高学生的临场应激力。

（二）训练时间：45 分钟。

（三）训练场地：室内、室外均可。

（四）训练参与人数：全班学生共同参与。

（五）训练器材：计时器 1 个、哨子 1 个。

（六）训练操作流程：

1. 训练以哨声为令开始计时。

2. 教师采用 1、2、3 报数的形式随机分组，将全班平均分为三大组依次进行比拼，每组若干人。

3. 每组站成一个向心圈，然后先举起右手，握住对面同学的手；再举起左手，握住另外一个同学的手，但是不能抓自己身边同学的手，也不能两只手分别抓一个同学的两只手（见图 6-3）。

4. 要求组员在不松手的情况下，想方设法把这个“手结”解开，并且三个小组进行竞争。

5. 告诉大家结一定可以解开，但答案会有两种：一种是一个大圈，另外一种是两个

图 6-3　解手结训练

套着的环。

6. 训练结束后，分享感受与体会。

7. 各组展示完后，教师依次进行点评。

（七）训练注意事项：

1. 如果在训练过程中实在解不开，教师可允许小组组员决定相邻两只手断开一次，但再次进行时必须马上封闭。

2. 在整个训练过程中要求组员注意安全，方法不当有可能发生扭伤手的情况，不可过分推攘。

（八）训练交流与分享：

1. 当解开了一点以后，你的想法是否发生了变化？

2. 当你一开始面对整个复杂的“结”的时候，你的感受是怎样的？

3. 最后手结是通过什么方法解开的？你是否很开心？

4. 在这个过程中，你学到了什么？

（九）训练总结与点评：

1. 解手结的过程是一个要我们发挥临场应激力的过程，同时充分发挥大家的沟通与合作精神，劲往一处使，不能只顾自己，否则只会越解越乱。

2. 所有的组员手牵手结成了一张网，组员们这时是亲密无间的，但是此时的亲密无间却限制了大家的行动，面对这种困境，如何应变处理？

3. 在训练过程中，如果能选出或自然形成一个领导者，对于手结的加快解开是很有帮助的。因为他可以带领团队更好地面对困境，更好地在困境下加强合作，从而更快地解决问题。

案　例

**不期而遇的惊喜——机上创意服务案例欣赏**

每个人在一生中都会遇见很多人，每一个遇见的人都会在你的生命旅程中留下足迹，或深或浅，都是宝贵的回忆。细心可爱的乘务员在航班上不仅能完成规定的服务流程，还能发挥自己无限的潜能和创意，为旅客制造很多温暖和感动，下面让我们来回顾一下那些令人难忘的故事。

**充满童趣的“向日葵”餐**

某年10月6日，HU7830航班中有一名可爱的小朋友，在机上不愿意吃饭，新疆乘务队乘务员康亚婷便DIY了一份“向日葵”卡通餐，祝愿小朋友能像向日葵一样阳光向上，茁壮成长。小朋友很开心，小朋友的母亲也十分感动，并向康亚婷道谢，并提出了表扬。

**超越期望的“小兔子”咖啡**

某年8月31日，HU7346航班中有一名头等舱旅客在点餐时，想喝卡布奇诺咖啡，在沟通时新疆乘务队乘务员得知客人的属相是兔，于是为其勾画了可爱的小兔子图案的咖啡并送上祝福。该旅客十分惊喜与感动，称赞这是他喝过最好喝的咖啡，同时对乘务员的服务表示肯定，表示以后出行一定会选择海南航空的班机。

**真诚温暖的“小信笺”**

上海飞北京的某航班因军事演习而延误，乘务员在航班飞行过程中给予每位旅客个性化的服务和关怀。其中一位旅客被乘务员敬业、专业的服务深深打动，就写了一首小诗，其中两句是这样写的：“窗外灿若星辰，窗内愿你的笑容一直像温柔的明月……”没想到很快就有乘务员的“回信”，这位旅客甚是感动，便在“知乎”App上发布了一篇《你知道什么很甜的故事?》来表达对海南航空乘务员的感谢，并称赞了海南航空的辣椒酱的美好滋味。

其实，好的服务并不是刻板的，而是发自内心的真诚交流！

资料来源：微信公众号：乐话HU客舱服务。

## 实训任务五　脱口秀——现场主题演讲

（一）训练目的：

1. 通过现场主题演讲的形式，训练学生的临场语言表达能力、思维应变能力。

2. 通过训练，促进学生进行知识积累。

（二）训练时间：45～60分钟。

（三）训练场地：教室。

（四）训练参与人数：全班学生共同参与。

（五）训练器材：电脑一台、投影仪一部、EasyLottery 抽号软件一套（网络下载）。

（六）训练操作流程：

1. 主题演讲开始前 15 分钟向全班学生讲解主题演讲的要求，并将各主题呈现在投影仪上。

2. 教师选派 1 名学生助手作为计时裁判。

3. 全班学生按照学号顺序依次进行。

4. 主题包含 10 种类型，具体如下所示。

| 1 | 2 | 3 | 4 | 5 |
|---|---|---|---|---|
|  |  |  | 共享单车 |  |
| 6 | 7 | 8 | 9 | 10 |
|  | 初心 |  | 自拟 |  |

5. 参与训练的学生利用抽号软件，抽中数字即为题号，每位演讲者有 1 分钟的准备时间。

6. 每位演讲者的主题演讲时间控制在 3 分钟内，先用 1 分钟讲讲主题的图面意义，再用 1 分钟讲讲该主题的深层含义，最后用 1 分钟对上一位同学的主题演讲进行评价。

7. 如果演讲结束而时间未到，请继续留在讲台上，用剩余时间讲讲你的现在和你想象中的未来。

8. 训练结束后，分享感受与体会。

9. 各人展示完后，教师依次对 10 个主题进行讲评。

（七）训练注意事项：

1. 每位演讲者必须脱稿进行。

2. 抽号只允许抽一次，不能重复。

（八）训练交流与分享：

1. 当你点击抽号软件时，是什么感受？

2. 你作为演讲者，在面对所演讲的主题时是什么感受？

3. 面对临时抽中的主题，如何快速做好主题演讲准备？

（九）训练总结与点评：

1. 考验压力下的临场语言表达和组织能力。

2. 锻炼学习和倾听能力。

3. 感受不同学生的不同思维模式、不同演讲模式，从而发现自己。

## 知识链接

# 一、应激力的内涵

## (一) 什么是应激力

应激力又称反应力、应变力、应变能力，通常是指当我们面对以前没有遇到过的事情或者在没有思想准备的情况下，对突然发生的事件能够快速地做出反应，并找到解决问题的办法，最后灵活处理事情、圆满解决问题的一种能力。应激力是我们每一个人都需要具备的能力，是一个人综合素质的反映，与个人的思想品德、知识技能、创造能力等密切相关。一个应激力比较强的人能够很快适应新的环境，即便在比较困难的情况下，也能够变不利因素为有利因素，取得事业上的成功。所谓适者生存，生存正是为了发展。人对社会环境的适应，应该是主动的、积极的适应，而不是消极的等待，更不是对消极现象的认同。特别是在现实中，我们每天都要面对很多新的信息，如何快速地分析和灵活地运用这些信息呢？这就需要我们具有良好的应激力。

以下情况都表现出我们的应激力：

(1) 和进行持续的改进一样，能够寻找机会进行“阶段性变革”。

(2) 能把变革方案分解成任务或易于管理的部分。

(3) 能提前认真地制订计划，从而使意外发生的可能性最小化。

(4) 能预测潜在的不利反应，并能制订计划来处理这些不利反应。

(5) 能快速且适当地应对变革的阻力。

(6) 能寻找机会来认可和表扬成功的变革。

## (二) 应激力的类别

按照不同标准，可以将应激力分成以下类别，如表 6-1 所示。

**表 6-1　应激力的类别**

| 划分标准 | 类别 | 具体内容 |
|---|---|---|
| 主动性 | 引领变化 | 主动的 |
| | 应对变化 | 被动的 |
| 时间先后 | 预变 | 在危机没有发生之前就做好准备，在机会没有到来之前就做好准备 |
| | 因变 | 等到发现了问题才去解决 |
| 主客体的关系 | 顺变 | 顺之则昌，逆之则亡，识时务者为俊杰（提倡顺变） |
| | 制变 | 上有政策，下有对策（反对制变） |
| | 用变 | 借题发挥，为我所用（允许用变） |

案 例

**安全红线要谨记 安全管理严执行**

某航班在起飞 20 分钟后正常开展客舱服务，当服务流程完成第一阶段后，乘务长与 4 号乘务员将餐车拉回厨房时，发现厨房工作区域内停留了两辆餐车。此时，飞机开始颠簸，机长给予两声铃声的提醒。这第三辆餐车拉回厨房后，四名乘务员根本没有地方可以入座。当飞机开始颠簸时，由于 3 号乘务员没有合理安排厨房的空间，导致无法在颠簸时入座固定自己，存在严重的安全隐患。

**点评**

(1) 乘务员对于乘务长在开准备会时的颠簸处置预案没有在实际情况下落实到位，存在书面形式化的倾向。

(2) 3 号乘务员对于厨房的管理能力欠佳，安全意识淡薄。

(3) 乘务长应该在开准备会时落实加强厨房安全管理的要求。

(4) 发生非预知性颠簸时，客舱乘务员首先要确保自身安全，在客舱、厨房的乘务员要立即使用机上的应急把手或座位下的安全挡杆固定自己，并通过广播或者口头形式要求所有旅客扣好安全带直到“系好安全带”灯熄灭或得到机组通知。

资料来源：微信公众号：客舱博视。

## 二、应激力对人的基本要求

### （一）思维的敏捷性

思维的敏捷性表现为能够迅速地对外界刺激做出反应，迅速地察觉问题并提出解决问题的正确途径和方法。敏捷的反应是应变的基础和前提。反应必须从发现和注意到反应对象开始。人的反应范围有所区别。一般而言，反应能力越高，在同一时间里注意到的东西的范围就越广，而且能同时有效地分配注意力的方面越多。此外，高度的反应能力还要求既有稳定的注意力，又能够根据需要迅速地转移注意力。注意力一旦集中就很难分散。许多优秀的飞行员在飞机起飞和降落的 5～6 分钟时间里，注意力的转移达到 200 多次，任何一次转移不及时都会导致不堪设想的后果。高度的反应能力还应该是敏锐的、深刻的，不仅仅是很快地接收和理解来自外界的各种信息，更重要的是善于迅速而准确地选择那些最重要、最有价值的信息。

### （二）灵动思维的培养

应激力的提升有赖于思维的灵活性。思维的灵活性表现在根据事物的变化，运用已有的知识、经验灵活地思考，不局限于过时或不妥的假设，而能够根据事物发展变化的具体情况，机智地提出解决问题的新方法。灵活性又称变通性，因地制宜、量体裁衣、随机应变正是这种思维品质的具体表现。

思维方式守成是思维灵活性的大敌。理论知识或经验有其局限性和惰性，在千变万化的现实生活面前，恪守一种思维方式势必导致思维方式的守成。有些人总是把灵活性视作态度暧昧、摇摆不定和犹豫不决的表现。也有些人总担心中途改弦易辙会导致前功尽弃、功亏一篑。坦率地讲，灵活就是要调整方向，而在思维上方向的调整往往就是在一定程度上对自己以往的经验和做法进行否定。

灵活性是应变能力的灵魂，它不是懦弱的表现，从某种角度来看，可把它称作力量，是坚强有力的体现。一个人如果有了灵活性，就可以避免走入死胡同，避免束缚住自己的手脚，把自己固定在一个圈子里。与其一头撞南墙，倒不如退而求其次。在很多情况下，退后一步，道路会更宽广。

### （三）丢掉常识，打破习惯

常识和习惯是人的能动性的产物和表现，但有时也是束缚人们应变能力的枷锁。我们从小就在日常生活中学习和掌握各种常识，这些常识有很多用途。可是，总根据常识办事反而不灵，甚至会成为解决问题的障碍。“红砖是建筑材料”，可以用来盖房、垒墙等，这是个常识。当我们遇到如“红砖有什么用处”的问题时，常识会告诉我们答案。但在非常情况下红砖还可用来做枕头，可以碾成粉末充当颜料等，也就是说，常识有时会造成人们在认识上的盲点。要锻炼应变能力，就要丢掉常识，绝不做常识的俘虏。习惯也是如此，在日常生活和工作中，由于多次重复地做某一件事、思考某一个问题，逐渐就会形成某种习惯。已形成的习惯，对于我们处理事情有一定的积极作用，能令我们轻车熟路，从而提高效率。但是，习惯有时候也会成为思维障碍，给我们解决问题造成困难。

应激力要有敏捷的反应、灵活的分析，在“应”之余，关键要付诸行动。只有善于把反应和分析化为实际行动去解决具体问题，才称得上应激力强。

## 三、应激力的提升

应激力可以体现一个民航服务人员面对突发事件是否反应敏捷、情绪稳定，特别是在较强刺激下或处于不利的情境中时，能否保持自己情绪的稳定并约束自己的行为反应。

在客舱服务中，突发性的、非常规性的服务问题时有发生，如乘客身体不适、飞机出现颠簸、乘客出现骚动等，这些问题通常突然出现，具有紧急性且没有规律，在处理时也没有定式，需要服务人员在关键时刻泰然自若。这就要求服务人员沉着冷静，正确判断，果断决策，及时采取行动。

客舱内也常会发生一些突发的紧急事件，如机上失火、客舱释压、空中颠簸、水上迫降、航空器事故等。这些紧急情况往往会影响旅客的人身安全，一旦有危险情况或突发情况发生，客舱的乘务员应该马上做出判断，把对旅客的危险和影响降到最低，竭尽全力保障客舱安全与旅客的人身安全。

案　例

**深航纵火案生死 13 分钟还原：1 分钟乘客全撤离**

2015 年 7 月 26 日零点 45 分，经过 1 个多小时的飞行，ZH9648 航班距离目的地广州越来越近，就在飞机准备好降落程序时，突发事故悄然来临。最先发现异常的是乘务员董雪琼，在闻到后舱部位有疑似汽油的味道后，她选择立即向乘务长周晨菲报告。周晨菲悄悄地安排安全员、乘务员分工检查巡视。

在巡查时，其他旅客相继起身，坐在 25C 的男子却不为所动。在董雪琼的再次提醒下，那名男子才离开座椅，向客舱前部走去。董雪琼在整理 25 排座位时，闻到有刺鼻的汽油味且发现 25 排 A、B 座位上下和壁板上都有明显的液体痕迹，立即将此情况告知安全员王浩鹏和杜福，此时离纵火事发仅有约 1 分钟时间。安全员闻讯赶到后舱部位，对行李架等处进行检查。

此时距离飞机正常落地不到 30 分钟，另一头的乘务长周晨菲正在播放下降安检广播。就在此时，25C 座的那名男子跑到前舱点着明火，一连串尖叫声传进周晨菲的耳朵内，她顺手撩开前服务间与头等舱之间门帘，就看到一名男子站在头等舱 2D 座位旁，附近燃有明火，于是抄起前服务间的灭火器冲了上去，两名安全员也立刻从机舱后部赶上前去制止。

据安全员王浩鹏介绍，当时他正面迎击，与歹徒展开肉搏。安全员杜福接过 4 号乘务员刘莉从后舱送来的灭火器，与乘务组快速配合，将明火扑灭。由于歹徒手中有尖锐利器，为防止歹徒砍伤乘客，两名安全员与见义勇为的乘客张学美一起，将歹徒控制在头等舱区域内。

不过，搏斗过程中，王浩鹏被歹徒突然拔出的利器刺伤。明火被扑灭后，王浩鹏与杜福跟歹徒对峙，歹徒则挥舞着尖刀，阻止他们靠近。

驾驶舱这边，在收到客舱有人纵火的报告后，机长蔡小戈立即启动紧急程序，决定提前降落，并与副驾驶杜欣密切配合。“所有人坐好，飞机开始紧急下降。”蔡小戈向客舱进行驾驶舱广播，稳定旅客情绪。观察员袁成雨则紧盯监视器，随时向机长汇报客舱情况。

“机组各就各位！”零点 58 分，在空管和机场等方面的密切配合下，航班比原定时间提前 10 分钟在广州机场安全着陆。当飞机脱离跑道稳稳地刹停在滑行道上时，机长蔡小戈立即下达命令：“紧急撤离！紧急撤离！”

乘务长周晨菲则再次进入后舱拿起内话机喊道：“我们是经过专业训练的，请相信我们！请大家撤离时听从乘务员的指挥，不要携带行李，性命更重要！”同时，按照机长的指令，周晨菲及乘务员刘莉和董雪琼分别打开应急舱门，果断指挥旅客通过滑梯有序撤离飞机。

而另一头的安全员王浩鹏与杜福挡住失控的歹徒，手持警械呈攻击姿态保护着前排旅客撤离。随后，与乘客张学美一起，成功将歹徒控制，并移交至机场公安。在短短的1分钟时间内，97名旅客全部安全撤离。

资料来源：http：//news. carnoc. com/list/320/320571. html

### （一）提高心理应激力

应激力的基础是心理素质。首先要有稳定的心理素质与自信心；其次是思维方式，即能正确地认识问题的性质、状况；最后是能力水平，即具体解决问题的能力。

（1）对自己的性格和心理特征要有充分的了解。心理专家认为，心理上特别健康、十全十美的人几乎没有，大多数人都有这样那样、或轻或重的心理症状。因此，充分了解自己的心理状况及问题，是提高心理承受力的基本前提。

（2）与心理承受力特别强的人交朋友。要常与那些乐观向上的人沟通，请他们讲述是如何承受压力、摆脱烦恼和如何在艰难困苦中保持乐观心态的，从而提高自己的心理免疫力，勇敢坚强地去面对现实和可能发生的各种问题。

（3）及时寻求心理医生的帮助。当发现自己有心理问题后，就应及时去看心理医生，从心理医生那里找到防病、治病的良方。

（4）学会做"局外人"。在遇到一些"麻烦事"时，你如果能跳出"自我"，作为"旁观者"来看问题，就能保持较好的心态，从而把事情处理好。就拿"钱包被盗"这件事来说，许多人可能都这样想："怎么倒霉的总是我呢?"然而，正确的心理状态应该是这样的："这种事每天都会发生许多起，我仅仅是倒霉人中的一个，何况我丢的钱不算太多。"

（5）把"突发事件"均列为"小事"去对待。如果你与旅客发生了矛盾，应当乐观地把它看作进行自我心理锻炼的一个好机会。如果这次你能够坦然面对，那么即使下次遇到更大的事件，你也能够从容处理。

### （二）通过实践提高应激力

（1）多参加富有挑战性的活动。

（2）扩大个人的交际圈。

（3）加强自身的修养。

（4）注意改变不良的习惯和惰性。

## 四、应激力的使用技巧

### （一）变则通，通则活

善于变通的人能够认识到，机会就什么而言能称为机会，并能及时采取行动以抓住机会。变通能力需要以洞察力和行动力为武器，时时与自身的固执心态作斗争。如果固执的心态始终无法根据实际情况有所变通，那么结果一般不会很好。

### （二）见机行事，临危不惧

在遇到困难和危机时，要想各种方法来突破和解决，不要拘泥于形式的束缚，要学会随机应变、见机行事，找到突破危机的关键点。

### （三）机智应对，巧脱困境

事事皆在变化中，变是宇宙万物发展的规律。综观人情世故、人生百事，变则通，通则久。在社会上，与人交往既没有固定的规则可以依循，也没有不变的礼仪。所以，要学会根据事情的变化、时势的变化来应变，机智地处理问题。

### （四）常变常新、与时俱进

让思路与时俱进，每时每刻随着时间而变得更新、更好，就会发现一些别人通常无法发现的问题，解决一些别人无法解决的问题，这就是思路。只有思路常变常新，才能保证人在竞争激烈的社会拥有一席之地，不被淘汰。

### （五）学会变通，走向成功之捷径

在像永动机一类的事情上，如果一味坚持，而不检查自己的想法正确与否，那么这种坚持就是无谓的执着，是不知变通的愚昧。因此，我们在工作和生活中处理这类事件时，一定要知难而退、见好就收，不作无谓的牺牲。错误的决定只会让你南辕北辙，离真理之路越来越远，即使你付出百倍的艰辛，也很难达到目标。

### （六）拒绝栅栏，固定思维要不得

世界上的事就是这样，当你遇到困难时，如果愁眉苦脸、哀叹抱怨，不去想怎么解决，那么你可能永远不会成功，甚至整个人生都会充满灰色。但是，当你换位思考，摆脱固有的思维模式时，你也许会发现，成功就在眼前。

### （七）适时而变，学做识时务者

我们知道，世界上的万事万物都是在不断变化发展的。环境在变，时势在变，事态在变，人类个体也在变。要适应环境、时势的更迭，应付事态、生活的变化，就得学会随机应变之术。荀子曾说："举措应变而不穷。"能够随着时势、事态的变化而从容应变，是一个人立身处世、建功立业不可或缺的本领，尤其是在现代社会飞速发展、生活千变万化的背景下，更需要人们学会应变、善于应变、精于应变。

### （八）巧妙应变，平定突发事件

突发事件是突然发生的无章可循的事件，总是令人难以预料、措手不及，又关系到组织的安危，不仅要处理，而且要处理得好。相对于组织的日常工作而言，突发事件虽然是意料之外的事，但在这种偶然性、意料之外的背后，总有深刻的必然性在起作用。从这个意义上说，突发事件是可以把握的，在给我们制造困难的同时，危机也是挑战和机遇，我们可以采用先发制人、亡羊补牢的应变术。

**案　例**

### 又是她！南航贵州分公司空姐再次感动旅客（节选）

2017年10月9日下午14时15分，由贵阳飞往北京的南航CZ6187航班在雨中徐徐滑入北京机场停机坪内。由于航班停靠远机位，因此旅客必须走上客梯车才能进入摆渡车内。

当时，不少旅客没带伞，当地温度又仅有11℃，如果不想办法尽可能为旅客遮蔽风雨，许多不熟悉北京天气状况且衣衫单薄的外地旅客容易着凉引发疾病。见此情况，南航贵州分公司当班乘务长林颖婷与同事们“灵机一动”，一边为有需要的旅客穿上临时雨衣，一边将机上未使用过的新塑料袋撕开，迎着冷风，冒雨站在机舱门口，分三人将塑料袋膜平举过头，为旅客搭建起了一个简易而实用的“绿色雨棚”。

胳膊举不动了，就轮流上阵，直到旅客全部下机。冰凉的雨滴打湿了乘务员们的衣服，却温暖了航班上161名旅客的心。

资料来源：http：//news. carnoc. com/list/421/421154. html

**课外拓展**

1. 寻找一个关于应激力的民航业真实案例，根据本项目理论思考与分析，并以小组为单位进行分享。

2. 以应激力为主题，以小组为单位，提炼自己平时学习生活中的2～3个案例与同学分享。

自我测试、课后锦囊和参考文献请扫描下方的二维码。

# 项目七　决断力的有效提升

## 项目导引

本项目主要介绍决断力的内涵、特征、能力表现和作用等内容。通过学习本项目，学生可以对决断力有一个全面的了解。通过本项目的训练，学生可以更好地提升个人的决断力，丰富自身的能力体系，在面对紧急情况时根据具体情况迅速做出决断，从而保障航班的正常运行。

## 学习目标

### 一、 知识目标

1. 掌握决断力的基本概念、原则、特点、过程、必备因素、影响因素和作用。
2. 通过民航有关案例熟悉决断力的作用。

### 二、 能力目标

1. 熟悉决断力的基本情况，掌握决断力的影响因素。
2. 通过任务实训，培养学生的决断力，并且引导学生将其运用到以后的工作中。

## 案例导入

### 南航贵州分公司应对恶劣天气方案

2016 年 1 月 23 日，受“霸王”级强冷空气影响，贵阳、重庆、昆明降雪兵临城下。作为处于西南地区“中间点”的贵阳龙洞堡机场，无疑又一次成为最佳备降机场。当日，随着多架航班的“密集造访”，南航贵州分公司运行保障警报也全面拉响，一场看不见硝烟的“反击战”打响了。

**重庆“沦陷”，贵航“补短”**

汲取 2008 年贵阳凝冻的经验，南航贵州分公司运行指挥部早早敲响警钟，双眼紧盯天气变化，除冰设备、值班及备份人员通知到位，预警信息秒传达，使得入冬以来航班保障的安排一直有序进行。然而，1 月 23 日，重庆 20 年不遇的冰冻攻其不备，江北机场几乎进入瘫痪状态。贵州分公司运行指挥部在观测到重庆的降雪后，在航行通告发布前，了解到机场停机位紧张、除冰能力和经验严重不足的情况，立即传达给总部与航班所属的郑州分公司，及时控制早班 CZ3642 的起飞，避免航班起飞后无法接收的不安全因素，并迎来三亚分公司、汕头分公司飞往重庆的 CZ6307 和 CZ3897 航班备降工作，运行指挥部积极与所属分公司联系，采取改直、取消次日补班等“补短”措施，辅助协调起飞时间，积极承担备降航班的保障责任，预先降低安全风险。

**昆明“徘徊”，贵航“长守”**

昆明机场受降雪影响，因跑道除雪，两条跑道一直处于交互运行中，作为昆明航班主要备降机场的贵阳时刻准备着，长水机场每小时仅接收 12 架次的流控，使得获取起飞时间、旅客保障、资源调度难上加难。CZ3423 航班面临天气适航性的考验，附带可能的超过 12 小时的流控，以及回程武汉机场关闭、机组执勤时间的多重限制。贵州分公司运行指挥部与空中管制部门不懈地沟通，将延误缩短了 10 个小时，在运行情况与各保障部门间、航班所属公司及机组间灵活传动，以积极主动的服务理念，为武汉分公司提供各项支持，连续奋战数时，“长守”不懈，直到 CZ3424 顺利归鄂。

**“腹背受敌”，贵航“力保”**

在全城“喜堆雪人”的同时，贵州分公司的运行保障承受着巨大挑战：一边是贵阳机场降雪未止，1 月 24 日凌晨有降雪加大的可能，因运行间隙而导致道面积冰，贵州分公司回程国际航班 CZ650 悬于一线，次日运力调配犯难；一边是因补班增加了 1 月 24 日 1/3 的早班航班量，恶劣天气对保障能力的阻碍使得设备可用性、资源调配进入紧张模式。针对这一“腹背受敌”的情况，贵州分公司运行指挥部在公司值班领导的领导下，全面统筹安排各部门值班人员提前到位，把握出港航班上客、除冰、排队的节奏，优先保障延误时间长、旅客情绪急躁、天气未解除预警的补班，帮助并“力保”南航所属分公司航班恢复执行，同时将除机场天气不适航以外的航班出港延误均控制在 1 小时以内。

资料来源：http：//i. carnoc. com/detail/334815

**案例解读**

南航贵州分公司运行指挥部奋战一线，发挥迅速决策、本地资源调用、多方联动的优势，以签派放行的决断力，达到无差错、无滞留、无恶延的实效，将全公司的运行安全、顺畅进行到底。这都体现了决断力是机场人员的重要能力之一。

---

**小任务**　阅读案例后请小组分享团队决断力对于案例事件的重要意义和具体体现。

任务实训

## 实训任务一 穿越电网

（一）训练目的：

1. 确立方案，明确分工，有效的组织协调是团队成功的关键。

2. 有效地利用搭配资源，是团队成功的质量保证。

3. 只有相互协调和精心操作，才能保障计划顺利实施。

4. 感受在面对困难时，做出有效决断的重要性。

5. 摆正个人在团队中的位置（角色定位），是团队成功的基础。

（二）训练时间：90 分钟。

（三）训练场地：

1. 开阔平整、无障碍物的草地。

2. 有对称的固定点（如两棵树）用来绑电网。

（四）训练参与人数：全班同学，平均每组 8～10 人，男女混合搭配。

（五）训练器材：电网；封网洞的小绳。

（六）训练操作流程（见图 7-1）：

图 7-1 穿越电网训练

1. 分组进行训练，用时短且不违反规定者获胜。

2. 在此过程中队员的任何部位都不允许碰网，否则网孔将被封闭，每个网孔只能用一次。该训练强调整体协作与配合以及资源的重要性，好胜者与莽撞者都将被淘汰，只有依靠团队的力量才能顺利完成任务。

3. 电网是无限延伸的，所有人只能从网孔中穿过。

4. 每个网孔只能用一次，不论是否通过，用完即被封住。

5. 电网具有万伏高压，可击穿任何物体，身体任何部位触网即宣布牺牲。

6. 训练过程中不可以说话。

7. 违反以上任意一条，训练重新开始。

（七）操作注意事项：

1. 保护好第一和最后一个通过的学生。

2. 保护垫子跟随被运送学生移动。

3. 教师站在人数少的一边，随时观察学生状态。

4. 在抬女生通过时面部朝上，以防止落地擦伤。

（八）训练交流与分享：

1. 正确分析问题：是否做出决断并找到解决方法？

2. 指挥问题：统一指挥是否提高了决策的效率？

3. 沟通问题：团队是否保持了沟通的顺畅？

4. 控制问题：训练过程中是否有人在观察并进行监控？

5. 组织问题：人员的安排、资源的安排、时间的安排、进程的掌控。有没有人数过有多少个网孔？考虑最后几个人怎么通过了吗？

6. 自我设限问题：容易把困难放大。是否因自以为某些网孔无法通过，而感觉项目无法完成？

（九）训练总结与点评：

1. 这个训练看起来比较困难，但是只要团队协作，共同解决困难，很多问题将迎刃而解。

2. 在训练过程中会遇到各种问题，每个人都会出现不同的看法，此时需要针对问题迅速做出决断，在有限的时间内解决问题。

3. 当体力透支时，你内心的感觉是怎样的？

## 实训任务二　雷区取水

（一）训练目的：

1. 加强学生之间的相互交流。学生通过共同讨论，认识共同决断的重要性。

2. 培养团队成员的合作意识，提高团队的整体能力。

3. 增进团队合作精神，使学生认识到团队协作在解决问题中的重要作用。

（二）训练时间：45 分钟。

（三）训练场地：室内或室外的空旷地方。

（四）训练参与人数：全班同学，平均每组 6～8 人，男女搭配。

（五）训练器材：25 米长的保护绳 2 根；15 米长的尼龙绳 1 根；矿泉水 5 瓶或者纸杯 5 个；手套 3 双备用。

（六）训练操作流程（见图 7－2）：

图 7－2 雷区取水训练

1. 分组进行训练，用时短且不违反规定者获胜。

2. 在直径为 5 米左右的雷区中有一杯水，小组需要在 40 分钟之内，把它取出。

3. 训练中任何人和物不得触及地雷，否则触雷后地雷爆炸并放出毒气，每次触雷都将造成一人变成哑人。

4. 我们可以利用仅有的 2 根绳索，在取水的过程中水滴不得溅落出来，否则将视为失败，如需重新开始将每人罚做 5 次俯卧撑。

5. 训练中注意安全，摘除手上佩戴的饰物以及身上不利于训练的配饰。

6. 训练中出现危险动作教师叫停时，训练须立即停止。

（七）训练注意事项：

1. 训练开始前检查场地中是否有尖锐物体，确认保护绳能提供安全保护。

2. 身上所带的所有硬质物品放在旁边安全的地方。

3. 使用编织绳时要检查它的牢固性。

4. 学生在拉绳时不要将绳缠在手上，如果实在无法坚持时应要求其他学生帮助或立即停止。

5. 不能将水喝进嘴里，不能触及杯中的水。

6. 女学生在网上取水时应将衣服扎入腰带，长发必须扎紧以避免与绳交缠在一起。

（八）训练交流与分享：

1. 在训练过程中，个人在完成一个小项目时是否需要同伴的帮助和支持？

2. 在训练过程中，在完成任务时是否要得到同伴的充分信任？

（九）训练总结与点评：

1. 这个训练看似简单，其实比较消耗体能，重点在于团队凝聚力和决断力。

2. 在训练过程中，经历多次失败后，你的内心感受如何？

3. 在训练过程中，面对困难时，有效的决断力是否有利于解决问题？

## 实训任务三　发挥想象力

（一）训练目的：

1. 培养学生从多角度思考问题。

2. 培养学生面对问题时的决断能力。

3. 让整个团队参与到解决问题的训练中来。

（二）训练时间：45 分钟。

（三）训练场地：室内或室外的空旷场地。

（四）训练参与人数：全班学生。

（五）训练器材：一块边长约 45 厘米的正方形木板；一卷胶带；一个气球（多准备几个备用）；一支做标记的笔；一张报纸。

（六）训练操作流程（见图 7-3）：

图 7-3　发挥想象力训练

1. 训练开始之前，用两段大约长30厘米的胶带在木板上贴一个“十”字。

2. 选一位志愿者，让他利用现有的道具取回气球。

3. 说话期间，把气球吹起来。在气球上面写出“极其珍贵”或者“＄＄”等字样，将会营造出欢乐气氛；或者在气球里放一些硬糖块，作为志愿者取回气球的奖品（还能防止气球被风吹走）。

4. 把木板放在地上（贴胶带那面朝上），让所有队员都能看到。

5. 让志愿者站在“十”字中间，发给他报纸。把气球放在地上，距木板边缘4米远。

6. 要求志愿者3分钟之内取回气球，但不能离开“十”字。其余队员只能观看，不能提议志愿者该如何取回气球。

7. 3分钟之后，如果该志愿者还没完成任务，则可以询问其他队员如何取回气球。

8. 引导大家就解决问题和团队协作等问题展开讨论。

（七）训练注意事项：

1. 训练过程中，要求学生注意安全，禁止打闹。

2. 训练过程中，要求学生集中注意力，发挥想象力。

3. 引导学生开动脑筋，积极参与。

（八）训练交流与分享：

1. 你们在训练过程中遇到了什么问题？

2. 如何对问题进行拆分？

3. 每个人都做了什么？

（九）训练总结与点评：

1. 多少人能找到解决问题的方法？

2. 有多少种方法可以解决问题？

3. 训练过程中，你倾向于扮演什么角色？

4. 面对问题时，我们要通过集体讨论，迅速寻找解决问题的办法。

## 实训任务四　囊中失物

（一）训练目的：

1. 通过训练，让学生体验如何解决问题。

2. 通过训练，让学生体会如何就其面对同样一个问题所表现出来的态度达成共识并进行配合，从而共同做出决断以解决问题。

（二）训练时间：30分钟。

（三）训练场地：室内空旷场地。

（四）训练参与人数：全班学生。

（五）训练器材：有规律的一套玩具、眼罩。

（六）训练操作流程（见图7－4）：

图7－4　囊中失物训练

1. 教师用袋子装着有规律的一套玩具、眼罩，而后公布训练规则：我有一套物品，我抽出了一个，而后给了你们一人一个，现在请你们通过沟通猜出我拿走的物品的颜色和形状。全过程中，每人只能问一个问题："这是什么颜色？"我会回答你，你手里拿着的物品是什么颜色，但如果同时很多人问我，我就不回答。全过程中，自己只能摸自己的物品，不得摸其他人的物品。

2. 然后教师让每位学生都戴上眼罩。

（七）训练注意事项：

1. 训练过程中，要求学生注意安全。

2. 训练过程中，要求学生提高注意力，同时带好眼罩。

3. 引导学生积极参与训练。

（八）训练交流与分享：

1. 你的感觉如何？开始时你是不是认为这完全没有可能，后来又怎样呢？

2. 你认为在解决这一问题的过程中，最大的障碍是什么？

3. 你对执行过程中大家的沟通表现作何评价？

4. 你认为还有什么改善的方法吗？

（九）训练总结与点评：

1. 该训练看似简单，实则困难，因为要在带眼罩的情况下完成任务。

2. 训练过程中，要注意力集中，同时积极参与。

3. 训练过程中，在讨论问题时，要发挥团队的作用。

4. 针对问题要做出决断，有效地解决问题。

## 实训任务五　盲人摸号

（一）训练目的：

1. 在训练过程中，让学生认识到沟通的方法有很多，当环境及条件受到限制时，应当怎样去改变自己，用什么方法来解决问题。

2. 让学生体会针对问题应当如何有效地做出决断。

3. 锻炼学生遇到问题时的决断能力、沟通能力以及解决问题的能力。

（二）训练时间：30 分钟。

（三）训练场地：空地。

（四）训练参与人数：全班学生，以 14～16 人为一组为宜，男女搭配。

（五）训练器材：录像机、眼罩及小贴纸。

（六）训练操作流程：

1. 分组进行训练，用时短者为胜。

2. 让每位学生戴上眼罩（见图 7－5）。

图 7－5　盲人摸号训练

3. 给他们每人一个号，但这个号只有本人知道。

4. 让小组根据每个人的号数，按从小到大的顺序排列出一条直线。

5. 全过程中不能说话，只要有人说话或脱下眼罩，训练即告结束。

6. 全过程录像，并在点评之前放给学生看。

（七）训练注意事项：

1. 训练过程中，提醒学生注意安全，听从教师的管理。

2. 训练前，要求学生做好准备活动。

3. 训练过程中，观察每个学生的情况。

（八）训练交流与分享：

1. 你是用什么方法来通知你所在的小组你的位置和号数的？

2. 沟通中都遇到了什么问题？你是如何做出决断的？

3. 你觉得还有什么更好的方法？

（九）训练总结与点评：

1. 该训练看似简单，实则困难，重点是发挥团队凝聚力。

2. 面对困难时要发挥团队的力量，快速决断。

3. 办法总比问题多，要善于寻找方法。

## 知识链接

## 一、什么是决断力

决断是人们在政治、经济、技术和日常生活中普遍存在的一种行为；决断是管理中经常发生的一种活动；决断是决定的意思，是指为了实现特定的目标，根据客观的可能性，在占有一定信息和经验的基础上，借助一定的工具、技巧和方法，对影响目标实现的诸因素进行分析、计算和判断选优后，对未来行动做出决定。

决断力是一种快速判断事物发展趋势并给出一个长远方向的决断能力，它是一种基于阅历积累后对即将发生的事情给出行事方向的能力。决断力的背后牵涉了很多种能力，如对事情准确的判断力以及是否有勇气去承担决断后的结果。决断力表现在分析能力、应变能力、感情控制力和大局观上，也是一个人综合水平的体现。

决断力是成功人士综合素质中最重要的一种能力，当领导的人更不能缺少这种能力。当机会到来时，或者在危急关头，如果不敢决断、不善决断，或者决断不当，则会招致灭顶之灾或沦于碌碌无为。从心理学角度来看，决断是人们思维过程和意志行动过程相互结合的产物。没有这两种心理过程的参加，无论何人都无法做出决断。因此，决断既是人们的心理活动过程，又是人们的行动方案。

决断是靠权力做保证的。决断的层次与权力层次是对等的。从一定意义上说，决断本身是权力的象征，自然与权力不可分割的就是责任。权力有多大，责任就有多大。做什么样的决断，必须具有做这一决断的职位和权力。

科学决断是指决断者以科学的理论、技术、方法，对决断客体做出决断。决断是思维的产品，是主观对客观的反映。处在不同组织层次上的现代领导者，对战略决策方案的决断必须以科学的思维方式和科学的创造精神，对多目标项目做统筹分析，在把握住关系到全局的总目标的同时，兼顾那些处于从属地位的分目标。如果放弃或忽略了与总目标相关的其中任何一个分目标，其结果往往会对总目标的实现造成障碍，甚至会构成对总目标的毁灭性破坏。

综上所述，决断力具有以下五个要素：

（1）决断力之“的”，也就是决断力的方向所指，即决断的目标确定。没有明确的目标所指，是谈不上领导决断力的。

（2）决断力之“境”，即“情境”，是指在做出决断之前和在做决断的过程中，对所牵涉的客观形势的评估。

（3）决断力之“时”，也就是进行决断的时间把握。过早决断，会造成社会性的混乱；过晚决断，又失去必要的意义和作用。只有恰逢其时，当机立断，才能体现出决断力的水平。

（4）决断力之“机”，也就是对正确决断时的“切入点”的参悟和设计。如果把切入点搞错，那是搞不好决断的。

（5）决断力之“具”，也就是决断过程中可选择或利用的手段或条件，或者说是可选择或利用的咨询背景。

## 二、决断力的原则

（1）差距、紧迫和“力及”原则（在确定决断目标时运用）。

（2）瞄准和差异原则（准备备选方案时需要运用的原则）。

（3）“两最”、预后和时机原则（方案选优时运用）。

（4）跟踪和反馈原则（在决断实施过程中运用）。

（5）外脑和经济原则（在决断的全过程必须运用）。

（6）系统原则。

（7）信息原则。

（8）可行性原则。

（9）满意原则。

## 三、决断力的特点

（1）科学决断是现代管理的核心，决断贯穿整个管理活动。

（2）决断是决定管理工作成败的关键。决断是任何有目的的活动发生之前必不可少的一步，不同层次的决断有不同的影响。

（3）科学决断是现代管理者的主要职责。

（4）决断系统的规模在扩大。

（5）决断活动的频率在加快。

（6）决断活动包含的信息量在猛增。

（7）决断主体的构成在变化。

（8）目标性：目标是组织在未来特定时期内完成任务程度的标志。

（9）可行性：不仅考虑采取行动的必要性，而且注意实施条件的限制。

（10）选择性：不仅具备选择的可能，而且具备选择的依据。

（11）满意性（满意原则）：用“满意”代替“最优”。

（12）过程性：决断是一系列决断的综合，每项决断都是一个完整的过程。

（13）动态性：决断既是一个过程，又是一种适应。

## 四、决断的影响因素

一般而言，影响决断的因素主要有社会环境、组织条件、决断者的个人因素。

### （一）社会环境

环境对决断的影响在于环境总是处于不断的变化中。以企业为例，在现实生活中，不存在静止不变的环境，如新企业的不断出现、老企业的不断发展或消亡、人们收入水平与消费层次的不断提高、科学技术的飞速发展、新法规的颁布实施、新政策的不断出台等。企业通过环境研究不仅能了解现在，而且能预测未来，这对企业的决断和其他各项管理活动是必不可少的。组织的社会环境一般包括以下几个方面：

（1）政治环境，包括社会的一般政治气氛、政权集中的程度等。

（2）经济环境，包括社会的经济发展状况、财政政策、银行体制、投资水平、消费特征等。

（3）法律环境，包括法律的性质、关于组织的组成及控制方面的特殊法律。

（4）科技环境，包括与组织生产相关的技术、工艺等科技技术力量。

（5）社会文化环境，包括人力资源的数量、性质，教育科学文化水平，民族文化传统，社会的伦理道德、风俗习惯、价值取向等。

（6）自然环境，包括自然资源的性质、数量和可利用性。

（7）市场环境，包括市场的需求状况、发展变化的趋势等。

## （二）组织条件

进行科学决断还需要认真考虑组织的内部条件，影响决断的组织内部条件主要包括如下内容。

1. 组织文化

组织文化影响组织及其成员的行为和行为方式，它对决断的影响也是通过影响人们对组织、对改革的态度而发挥作用的。涣散、压抑、等级森严的组织文化容易使人们对组织的事情漠不关心，不利于调动组织成员的参与热情；团结、和谐、平等的组织文化则会激励人们积极参与组织的决断。因此，任何一个决断都会受到组织文化的影响。

2. 过去的决断

在实际的管理工作中，决断问题大多是建立在过去决断的基础上的，属于一种非零点决断，决断者必须考虑过去决断对现在的延续影响。即使对于非程序化决断，决断者由于心理因素和经验惯性的影响，决断时也经常考虑过去的决断，问一问以前是怎么做的。因此，过去的决断总是有形无形地影响现在的决断。这种影响有利有弊：利是有助于实现决断的连贯性和维持组织的相对稳定，并使现在的决断建立在较高的起点上；弊是不利于创新，不适应剧变环境的需要，不利于实现组织的跨越式发展。过去的决断对现在的决断的影响程度，取决于它们与决断者的关系，这种关系越紧密，现在的决断受到的影响就越大。

## （三）决断者的个人因素

在决断活动中起决定作用的是决断者，决断者个人的能力高下是决断成败的关键。决断者的知识与经验、战略眼光、民主作风、偏好与价值观、对风险的态度、个性习惯、责任和权力等都会直接影响决断的过程和结果，尤其是决断能力以及对待风险的态度至关重要。主要表现如下：

（1）当决策或决断的内容涉及一个企业的重大战略转折时，只要考虑了各个方面的有关因素，那么当专断时则专断，而不必顾虑周围舆论的反对意见。

（2）领导者在准备不受舆论摆布而做出某种专断之前，一定要把各种可能性想到，并且两两比较，平衡利弊。这样做了，专断才不会有大问题。

（3）领导专断而不受舆论摆布时，要有足够的心理准备，承受巨大的心理压力。没有这种坚韧的心理品格，是很难在众说纷纭中坚持正确的专断意见的。

可见，领导人在做判断与决断时，不可不听别人的意见，但是：第一，不要征询过多人的不同意见；第二，要有主心骨，有主见；第三，要准备承受批评，包括在决断做出之后，在决断落实过程之中，对周围舆论的说三道四，应具有很大的心理承受力。

## 五、决断的必备条件

决策者要努力做一个兼具“圣臣”和“智臣”特点的领导。这就要求：

（1）敏锐地感觉和认识形势或事件的可能变化与发展。

（2）洞烛机先，明察秋毫，了解形势和事件发展的症结所在，即“机”的所在。

（3）推动有利于我的事件发展，或者阻止不利于我的事件发展，或者寻找挽救已出现损失而不使其蔓延扩大的“切入点”。

（4）在处理事件尤其是处理不利事件时，要从容不迫，尽可能避免让上级领导和广大下属乃至百姓受到惊吓。这不能不作为领导态势决断力的重要表现。这也表明，领导态势力的强弱和领导者预测能力的大小有着直接关系。

决策者常常需要对自己事先设定的目标的可实现程度进行评估和预测。在进行此类评估和预测时，领导者往往组成预测群体，对设定目标的实际概率进行主观推测。在此基础上加以综合，得出每个人对实现目标值的评价，而后再求得预测群体的综合预测的标值，借以作为制订战略计划或行动计划的依据。

善于分解是展开问题要领的必由之路，而善于在分解的基础上进行综合归纳，则是决断要领的高级过程。分解过程，可以是主观进行的，但发生在综合之前，为综合而分解，成为决断要领的两个分析环节。分解也可以是客观实在的，但在综合之前，需要决断者按照决断目标和一定的程序去检索、整理和进行逻辑排序，基本步骤如下：

第一，须有明确的针对性。如四面楚歌，这种针对性，一是楚军已有心理涣散的征兆，二是要加快这种斗志涣散。

第二，造势的目的指向同心理现状之间的结合点。设想，如果楚军连打胜仗，则四面楚歌的决断就无效；如果楚军士气低下，汉军四面大骂，楚军的决断就会适得其反。

第三，选准时机。例如：张良的四面楚歌，选在深夜，就恰逢其时。因为夜深人静，正是一家人团聚的时候。楚军将士此时最容易想家，四面楚歌无疑等于火上浇油。

**案　例**

### 中国南方航空公司处理飞行时的紧急情况

中国南方航空公司从纽约飞往广州的CZ600航班在空中放油43吨，紧急备降救治旅客。一名旅客乘坐飞机时感觉头晕、腹部无痛感，流血不止。乘务员发现后立即将旅客搀扶至前舱平躺，并把情况报告给机长王锐，随后当机立断通过广播寻找医生，启动空中急救程序。航班上几名医生主动提供帮助，但由于缺少专业医疗设备且旅客病情有所恶化，机长王锐立即向冰岛管制报告这一机上紧急情况，申请立即改航凯夫拉维克国际机场，并将情况通知南航广州总部。但执行此次航班的机型是波音 777-300ER，飞机的最大落地重量是 251 吨。由于飞机才飞行了 4 个多小时，飞机的重量远超过最大落地重量，需要放油 43 吨。机长王锐当机立断沿着海面上的航路空中放油，20 分钟的抛油过程中，43 吨燃油被释放掉。20 分钟后飞机平稳降落在凯夫拉维克国际机场。落地后，救护车、海关、边防和检疫第一时间到位。医疗人员进入客舱后，对旅客进行初步检查，立刻送往当地医院急救。

机上危急旅客事件的成功处置充分体现了机长以及乘务人员决断力强、应急能力强。其中，乘务员迅速决断通过广播寻找医生，安抚旅客情绪、保持客舱秩序、及时发动旅客协助以及机长当机立断在备降机场上空盘旋抛油，充分体现了决断力是机组人员在处理应急事件时的重要能力之一。

资料来源：https：//www.chinanews.com/cj/2017/11—05/8368807.html

**课外拓展**

1. 寻找一个关于决断力的民航业真实案例，根据本项目理论思考与分析，并以小组为单位进行分享。

2. 以决断力为主题，以小组为单位，提炼自己平时学习生活中的 2～3 个案例与同学分享。

自我测试、课后锦囊和参考文献请扫描下方的二维码。

# 项目八　领导力的有效提升

## 项目导引

本项目主要介绍领导力的内涵、目标、类型、能力表现、意义以及培养领导力的方法等内容。通过学习本项目，学生可以对领导力有一个全面的了解。民航服务是一项群体性的工作，民航服务工作的性质要求民航服务人员形成一个个团队，团队成员必须具有较强的向心力，在工作中精诚合作、密切配合，而任何一个团队都需要一个综合能力较强的领导者。通过本项目的训练，学生可以更好地提升领导力，丰富自身的能力体系，从而将之更好地运用到工作实践中。

## 学习目标

**知识目标**

1. 掌握领导力的基本概念、原则、特点、过程、必备因素、影响因素和作用。
2. 通过民航有关案例熟悉领导力的作用。

**能力目标**

1. 通过熟悉领导力的基本情况，掌握领导力的影响因素。
2. 通过任务实训，提升领导力，并且运用到以后的工作中。

## 案例导入

### 天航地服关怀残疾人士的社会责任

天津航空地面服务有限公司（简称“天航地服”）于 2007 年 5 月 4 日接到保障任务，天津残障人士无障碍旅行团一行 14 人将乘坐 5 月 20 日 GS7929 航班前往西安，其中有 3 个无自理能力的旅客需要安排轮椅登机服务。天航地服秉承我国民航总局坚持真情服务的宗旨，自接到此任务后立刻安排并协调相关部门、周密部署，对该团出行给予高效、高品质的保障，以确保该团顺利出行。

5 月 20 日，残障团旅客陆续来到天津滨海国际机场，旅客服务部值班领导提前安排值机业务能力较强的员工保障特殊旅客。商务主管带头，由服务经验丰富的员工组成专门的工作小组，为特殊旅客办理值机手续、行李托运及轮椅推送，提供无微不至的温情服务。

资料来源：http：//news. carnoc. com/list/403/403919. html

**案例解读**

天航地服的员工在主管的带领下，经过一个多小时的团结协作，顺利完成了本次保障任务，充分展现了天航地服员工的良好素质，体现了天航地服关怀残疾人士的社会责任和主管的领导能力。

**小任务** 阅读案例后请小组分享团队领导力对于案例事件的重要意义和具体体现。

## 任务实训

### 实训任务一 罐头鞋

（一）训练目的：

1. 通过训练，增强身体的协调能力以及平衡能力。
2. 通过训练，锻炼个人的领导力和执行力。
3. 通过训练，增强沟通能力，在混乱紧张的情况下学习如何有效沟通。
4. 通过训练，培养学生在解决问题时合理分配人力资源、分工协作的能力。

（二）训练时间：45 分钟。

（三）训练场地：室外空旷场地（足球场）。

（四）训练参与人数：全班学生，平均每组 7～8 人，男女混合，男多女少。

（五）训练材料：3 个油罐桶、2 块 7 米左右的木板。

（六）训练操作流程（见图 8-1）：

1. 分组进行训练，用时少者胜出。
2. 这是一个团队项目，需要大家协作完成。
3. 全体学生相对均匀地站到木板上，不得在木板上故意震颤和打闹。
4. 大家的活动范围限于木板与桶上，不得跌落下来。
5. 所有人不得从嘴里发出任何声音，按照大家出生的月、日排序，完成任务后手在体前下垂交叉示意，训练中如果换位必须采用面对面扶肩换位的方式，相邻学生应互相帮助。
6. 40 分钟之内全体学生利用 2 块板和 3 个桶到达指定地点。
7. 训练过程中，学生任何身体部位不得触地，木板不得触地。

图 8-1　罐头鞋训练

8. 学生在挪动木板时需避免手指置于木桶与木头之间，以免被压伤。

9. 木桶不得反倒在地，有危险的情况下由教师指挥，必须按照要求完成。

10. 训练结束后按要求回到地面。

（七）训练注意事项：

1. 教师全程、徒手对每一位学生进行安全监控。

2. 教师须不断提醒学生注意安全以免掉下木板。

3. 学生挪动桶和木板时教师须全程跟随，并伸手随时做好保护学生的准备。

4. 学生挪动木板时，教师须提醒其避免压手、压脚。

5. 学生换位时，教师须在旁边做好保护措施，伸开双手，以便在学生掉下时能接住。

6. 该训练采用的是杠杆原理，踩在木板后方的学生至少要有 4 个以上的人体重较重，后方板长至少在 1/3 以上，在前端的学生需身手敏捷，教师在旁边要随时做好伸手保护的准备。

（八）训练交流与分享：

1. 训练过程中，如何体现组长的领导作用？

2. 训练过程中，在遇到问题时是如何解决的？

3. 通过训练，是否增强了团队的凝聚力并培养了学生的团队协作精神？

（九）训练总结与点评：

1. 教师对大家完成训练所付出的努力给予肯定，鼓励每一个人将自己的感受与大家分享。

2. 大家为完成训练是如何进行决策与尝试的？在执行中如何修正前期做出的决策？

3. 将个人推动全体前进的奉献精神与学生分享，可以分享电影《董存瑞》中的经典片段。

4. 分析“差不多”的习惯对完成训练的不利影响。

5. 讨论被动地等待与服从调动对完成训练的价值，并分享当时的感受。

6. 如何利用杠杆原理并确认和检测可行性以确保安全完成训练？

## 实训任务二　盲人方阵

（一）训练目的：

1. 通过训练，培养团队成员的沟通意识。

2. 通过训练，理解团队领导者及其领导风格对完成训练的影响和重要作用。

3. 通过训练，培养学生的团队决策能力。

4. 通过训练，培养学生科学的思维方式。

5. 通过训练，帮助学生理解角色定位及尽职尽责地完成本职工作的重要性。

（二）训练时间：45 分钟。

（三）训练场地：室外空旷场地（足球场）。

（四）训练参与人数：全班学生，平均每组 7～8 人，男女混合。

（五）训练材料：12 米左右的绳子 1 条，并预先打结；每人 1 个眼罩。

（六）训练操作流程（见图 8－2）：

1. 分组进行训练，用时短且阵型方正者获胜。

2. 这个训练的名称叫盲人方阵，也叫黑夜协作，是一个以盲人方阵团队挑战为主的训练。为了真实地表现情境，所有人必须戴上眼罩；为了使训练有价值，必须确保参与者完全看不到亮光。

3. 在学生附近不超过 5 米的范围内有一捆绳子，在教师宣布训练开始后找到它并在 30 分钟内把它围成一个最大的正方形，围好后，所有人相对均匀地分布在这个正方形的四条边上。

4. 学生所围的这个正方形是一件价格极高的产品，其他学生也做了同样的正方形，各组一起竞标，要以足够的理由证明自己产品的优势。

5. 整个训练中任何人不得摘去眼罩，戴上眼罩后应将双手放置于身前，不得背手行走，严禁蹲坐在地上。

6. 当确认提前完成后，将绳踩在脚下并通知教师，得到准许后才可以按照教师的要求摘下眼罩。

（七）训练注意事项：

1. 提醒学生在摘眼罩时按教师要求的步骤：先闭眼再摘眼罩，捂住眼睛再缓缓睁

图 8-2　盲人方阵训练

开眼。

2. 提醒学生在戴眼罩前注意四周地形。

（八）训练交流与分享：

1. 学生回顾完成正方形的方法，包括怎样确认四边等长、四角为直角、对角线相等。

2. 毛遂自荐，展己之长：队长合理授权给“专家”，并维护“专家的领导”，确保训练的完成。

3. 在非正常的沟通状态下如何提高团队的工作效率？怎样用自己不擅长的沟通方式有效表达或者接收信息。

4. 非正常状态下团队中正确的沟通及决策是如何产生的？

（九）训练总结与点评：

1. 分析训练过程中，团队协作的重要性。

2. 分析训练过程中，遇到困难时，组长的领导能力和作用。

3. 分析训练过程中，戴着眼罩时，组员的内心感受。

## 实训任务三　七巧板

（一）训练目的：

1. 体验有效的沟通渠道和沟通方法，培养团队成员积极而有效的沟通意识。

2. 思考团队如何实现高效的资源配置。

3. 体会团队之间加强合作的重要性，合理处理竞争关系，实现良性循环。

4. 培养学生的领导能力。

5. 体会不同的领导风格对于团队完成任务的影响和重要作用。

（二）项目时间：40 分钟。

（三）训练场地：室内场地（教室）。

（四）训练参与人数：全班学生，平均每组 7～8 人，男女混合。

（五）训练材料：七巧板道具。

（六）训练操作流程（见图 8－3）：

图 8－3　七巧板训练

1. 培训准备：

A. 每组之间距离为 1.5 米，实际上 7 个组分别为一个正六边形的六个顶点和一个中心点。

B. 五种颜色的七巧板，7×5＝35，共 35 块。

C. 任务书一至任务书七各一张，共 7 张。

D. 图一至图七各一张，共 7 张。

E. 准备好记分表。

2. 培训布置：

A. 把团队成员分为 7 个组。

B. 把 7 个组的成员分别带到摆好的椅子处坐好，宣布各组的编号。

C. 向所有成员宣布：这个训练叫“七巧板”。大家所坐的椅子是不得移动的。在训练过程中，所有人的身体不得离开自己所坐的椅子。所有七巧板和任务书只能由第 7 组传递。小组的任务写在任务书上，完成任务会有积分，全队只有在规定的 40 分钟内，总分达到 1 000 分才算成功。

D. 把混在一起的 35 块七巧板随机发给各组，每组 5 块。提醒学员在训练中使用七巧板时注意安全，只能手递手传递，严禁抛掷。

E. 将图一至图七按顺序发给各组，最后将任务书一至任务书七按顺序发给各组。

F. 向所有成员宣布：现在训练计时开始，请大家遵守规则，注意安全。

3. 训练控制：

A. 要求学生不得移动椅子且身体不得离开所坐的椅子。

B. 学生组好图形后，请确认图形，符合要求的，在记分表上记分。

C. 40 分钟一到，结束训练，计算各组分数和团队总分。

D. 记分完毕，收回所有 35 块七巧板。

E. 回顾结束后，收回 7 张任务书和 7 张图。

（七）训练交流与分享：

1. 在训练过程中，是否体现了组长的领导作用？

2. 在训练过程中，是否体现了团队协作的作用？

3. 在训练过程中，沟通的作用是什么？

4. 在训练过程中，资源是如何配置的？

（八）训练总结与点评：

1. 目标管理。团队需要明确如何达成目标，为了达成目标需要完成哪些任务，进而细化目标并进行任务分解。

2. 沟通。团队通常遇到的沟通障碍包括：任务马上要实施，才得到重要的信息，以至于措手不及，或者重复性劳动；任务实施后，重要信息没有反馈，或者延迟很长时间；截留或者被截留对其他团队成员有用的信息；遇到问题时，不愿意请求别人帮助，也不愿意给别人提供建设性的反馈；相互抱怨对方态度不好；经常性地发生冲突与争论；反复讨论却无法做出决定，或者对已经做出的决定反复提出质疑。哈佛商学院工商管理学院教授安妮·多娜伦（Anne Donnellon）博士在《无障碍团队沟通》一书中对于团队沟通障碍进行了分析，她指出，团队沟通障碍分为两个层面——个人与团队。团队层面主要是机制障碍，影响团队沟通效果。团队需要解决的问题：相互信任、建立流程、跨越冲突、达成共识。个人层面主要是沟通技巧不足，影响个体间沟通效果。个人需要解决的问题：沟通心态、表达技巧、倾听技巧、反馈技巧、沟通方式的选择。

3. 领导力。第 7 组的任务有 3 个：领导团队达成目标、指挥团队完成正方形的任务、支持团队获得更多分数。再加上第 7 组的地理位置，可以看出第 7 组是此次训练的领导者。第 7 组作用的发挥对于团队目标的达成有重要的影响。

4. 资源配置。此次训练中团队资源配置状况对团队成绩也有非常重要的影响。第一，认识资源；第二，对资源的进一步分析任务重，需要群策群力，分清轻重缓急，明确进度，做好时间管理；第三，对资源进行合理配置。

5. 团队结构：本训练可以模拟一个团队的总部（第 7 组）和各个分支机构（第 1 至第 6 组）的关系。各组之间的联系对团队总体目标的达成有重要影响。这样的团队结构涉及的问题主要有沟通、决策、信息共享、资源配置等。

## 实训任务四　有轨电车

（一）训练目标：

1. 通过训练，体验团队沟通协作的重要性，理解个人行为对整个团队的影响，个人要服从于团队。

2. 通过训练，体验团队和谐的快乐。

3. 通过训练，体验领导力的重要作用。

（二）训练时间：45 分钟。

（三）训练场地：室外空旷场地（足球场）。

（四）训练参与人数：全班学生，平均每组 7～8 人，男女混合。

（五）训练材料：有轨电车木鞋（按队准备），哨子。

（六）训练操作流程（见图 8－4）：

图 8－4　有轨电车训练

1. 分组同时进行训练，用时少者获胜。

2. 在起点，花 10 分钟进行练习，参与者站在木鞋上，从起点（木鞋前端在起点线后）出发，在 10 分钟内前进到终点（以木鞋后端过线为完成）。前进途中木鞋上任何队员的任何身体部位不可以接触地面，否则回到起点重新开始。

3. 增加规则：通过练习，重新规定排列顺序（木鞋上队员背对背站立的情况下），在 10 分钟内从起点前进到终点。

4. 增加规则：站在木鞋上的所有队员，在不发出任何声音的情况下，在 10 分钟内从起点前进到终点为完成。

5. 增加规则：要求木鞋上的所有队员在行进的同时，齐声高喊队训 5 遍，或者唱队歌 2 遍，或者回答培训师的问题。

6. 增加规则：在训练开始前，分头找队员谈话，告诉他们队列中会有 2 名捣乱者。然后安排 2 名队员故意捣乱前进进程。布置完宣布训练开始。

7. 训练过程中注意观察队员表现，每一轮次间隙组织学生讨论 5 分钟，讨论后选择代表总结发言，最终教师总结回顾。

（七）训练注意事项：

1. 第 1 名学生在失去重心时一定要扔掉手中的绳子。后边的学生失去重心时，要及时把手中的绳子向外侧扔开，同时人向板的外侧跳开。不要把脚踩在两块木板中间，不要推前面的学生。

2. 每组安排 1 名学生协助教师进行保护和监督。

3. 注意学生的站立姿势，提示提绳子的方法，不准用脚缠在绳子上站立。

4. 宣布行进规则和口令规则，提示安全注意事项。听到口令，全体队员应停止动作。

5. 教师站位要在第一个学生的侧前方 1.5 米处，随时准备在学生失重时过去托扶。

6. 地面要平整。

（八）训练交流与分享：

第一阶段：学生讨论与分享（10 分钟）：围绕目标任务的完成，分享团队内部沟通协作的历程，总结经验和教训。

第二阶段：教师回顾（30 分钟）：阐述团队成形期特质，明确团队协作中沟通与合作的要求，体现目标意识和领导力的作用，加强执行力的提升。并在分享中，结合训练介绍影响组织发展和进步的内部因素与外部因素。

（九）训练总结与点评：

1. 这个训练看似简单，实则困难，重点在于组长发挥领导作用和团队协作。

2. 当训练过程中出现困难时，充分体会团队配合的重要性。

3. 当训练过程中规则不断增加时，你的内心是什么感受？

## 实训任务五　急速60秒

（一）训练目的：

1. 通过训练，培养学生处理问题的应急能力。

2. 通过训练，锻炼学生的组织能力和领导能力。

3. 通过训练，培养学生的沟通能力和协调能力。

（二）训练时间：45分钟。

（三）训练场地：教室或室外的空旷场地。

（四）训练参与人数：全部学生，平均每组7～8人，男女混合。

（五）训练材料：直径4米的绳圈、1～30的数字信息卡片。

（六）训练操作流程（见图8-5）：

图8-5　急速60秒训练

1. 分组进行比赛，用时少者获胜。

2. 室内或室外空地有一个固定不动的绳圈，绳圈内有1～30的数字信息卡片，卡片的正面朝下。

3. 每组有5次进场机会，每次进场时间为60秒。

4. 在60秒之内，把圈内数字信息卡片全部按照从小到大的顺序准确无误地交给绳圈旁的教师。

5. 绳圈内只能有一个学生并且只有这个学生才可以碰绳圈内的卡片。

（七）训练注意事项：

1. 强调安全，要求学生认真听从教师的安排。

2. 每一组的时间严格控制在60秒，时间到，要求学生立即离开绳圈。

3. 信息卡片全部按照从小到大的顺序找出。

（八）训练交流与分享：

1. 是否所有人都参与了计划的制订工作？

2. 参与度是否与个人性格有关？

3. 计划对结果是否重要？

4. 是否有效运用了资源？

5. 考虑到时间因素，有无应变计划？

6. 对环境变化是否做好了准备？

7. 团队是否善于借鉴以往实施计划的经验？

8. 组长在计划或者讨论过程中起了什么作用？

（九）训练总结与点评：

1. 培养团队决策与统筹意识、大团队意识、团队间的合作意识。

2. 团队处理突发事情的能力。

3. 在训练过程中偏离目标时，怎样快速沟通并重新调整计划？

4. 体会团队领导者的领导力在团队中的作用。

## 知识链接

### 一、什么是领导力

领导力是指一种能够激发团队成员的热情与想象力，引导团队成员全力以赴去完成企业成长目标的能力。领导力是一系列行为的组合，这些行为将会激励人们跟随领导者去要去的地方，而不是简单地服从。

根据领导力的定义，可以看到它存在于我们周围，在管理层、课堂、球场、政府、军队、上市跨国公司、普通小公司，乃至一个小家庭，我们可以在各个层次、各个领域看到领导力，它是我们做好每一件事的核心。一个头衔或职务不能自动创造一个领导者。而对于一家企业的成长而言，CEO及高管团队的领导力显得格外重要，CEO的领导力提升及企业的职业化进程，将助力与推动企业实现业绩增长与绩效改善。

儒家领导力的提出标志着儒学领导力学说的首创。以儒学（兼具道家）智慧为根基，以西方领导力理论为架构，以历史典故和现代企业案例为佐证，儒学领导力学说具有道术兼备、古今相合、中西融会的特点。

领导角色行为是领导者的信念、品德、知识、才能、修养等内在品质的外部表现。领导角色行为的公众效应，是指领导者的行为所引起的被领导者个体、群体乃至社会的心理和行为的变化。由于领导者居于组织系统的核心地位，在社会生活中起着主导作用，因此，领导行为是否符合其角色规范，对于社会能否正常运行和健康发展具有决定性意义。

领导者就是要带领其他人走到他们从未走过的地方。领导者总是能够激励人们获取他们所认为的能力以外的东西，取得他们认为不可能取得的成绩。在一个良性成长的企业里，培养各个层面员工的领导力，被作为团队管理的一个基本要素。它要求团队成员通过日常的工作与生活经验来培养和积累领导力，这种领导力将体现在每一个人的每一项工作细节之中，每一个人都是工作的主动参与者，每一个人都是他自己的领导者。总之，领导力是一个企业发展的非常驱动力。

领导力是一种合力，用公式表示就是：合力＝领导者的能力＋追随者的能力－阻力。换句话说，合力是一个团队显示的整体能力。其中，“领导者的能力”和“追随者的能力”指的是二者分别具有的潜力或者素质；“阻力”指的是阻碍团队能力充分发挥的力量，包括外界阻力和内部摩擦力。阻力可能是宏观政策、经济环境、资金状况等客观因素造成的，也可能是人际关系、工作态度、管理制度等人为因素造成的。领导者的主要任务就是尽可能地减少团队阻力，从而激发个人和团体的最大潜力。一方面，领导者要选择正确的方向，采用有效的方法，避开外界阻力，清除道路上的阻碍；另一方面，领导者要进行有效的指挥和激励，减少内部摩擦力，使得追随者以饱满的热情沿着既定的方向前进。

## 二、领导力的特征

### （一）积极进取

积极进取包括对成功的强烈欲望，不断地努力提高，具有雄心、抱负、精力、毅力、主动性。在一些国家，高层管理者成功的欲望与组织的增长率显示了高度的相关性。但是，如果领导者只集中于个人成就，不充分授权的话，对成功的欲望就会成为一种障碍。然而，对成功的欲望只能用于预测创业型公司的有效性，而不能用于预测更大、更官僚公司的部门领导的有效性。

### （二）强烈欲望

伟大的领导者不仅有进取精神，而且有领导的愿望。他们有强烈的权力欲望，喜欢领导别人，而不想被人领导。强烈的权力欲望促使人们试图去影响别人，并在领导过程中获得满足和收益。当权力需要是符合道德而不会损害别人时，领导者将激发更多信任、尊重和对远景的认同。

### （三）正直

正直即言行一致，诚实可信。它除了是个人较重要的性格特征外，对领导者来说更重要，因为这能激发别人对自己的信任。

### （四）自信

自信是非常重要的。领导者角色是具有挑战性的，挫折是难免的。自信能让领导者克服困难，在不确定的情况下敢于做出决断，并且能逐渐将自信传递给其他人。领导者只有具备足够的才智，才能解释大量的信息，高学历在职业生涯中是重要的。

## 三、领导型人才的表现

### （一）培养人事管理能力

成功的领导者都是通过管人、育人、用人来实现对公司的管理的。“做人事”是领导者自我培养的第一个能力，否则这个企业将很难成为一个有效的团队。

（1）管人的问题。企业要有一些制度，这是一个企业保持其组织完整最基本的要素。一个团队的领导者在管人这项工作中，最重要的就是要把这些制度与纪律建立起来并使之成为企业员工队伍的行动准则。

（2）育人的问题。相对空降兵，企业内部培养的人才更熟悉企业价值观。

（3）用人的问题。领导者要通过用人去延伸自己的胳膊，如何把有用之才推到适合的岗位上，这是必须做好的事。知人、选人的目的在于用人，用人是事业成功的关键。而要合理地使用人才，就必须掌握正确的管理人才的方法：一是因事设人，量才任职；二是扬长避短，各尽所能；三是明责授权，用人不疑。领导者在使用所培养人才的过程中，要经常给予其具体的检查、指导和教育。当他们犯错误时，要及时改出，使其及时改正。与此同时，在人才做出成绩产生骄傲自满的情绪时，领导者要严肃指出他们的不足，帮助他们正确地看待自己，提醒他们要谦虚谨慎、戒骄戒躁、再接再厉。

### （二）培养决断能力

古人说：运筹帷幄，决胜千里。领导者行为中很重要的内容就是运筹。何为运筹？我们不妨把它理解为平时常说的规划、战略等。也不妨换一种方式来理解，比如说企业是一艘巨轮，船长的职责是什么？最重要的就是要指引方向。

### （三）培养信誉度能力

团队领导者在员工乃至在全社会面前首先要有信誉，那么，什么样的领导者算得上有信誉呢？首先，能够实现自己的事业目标。好比桥牌选手，喊出多少分就要打出多少分来，绝不能喊出一个高分，打出来以后是低分，否则你就失去了一次信誉，无论动机如何，结果都是欺骗。其次，在工作中做到言必信、行必果。即便事后发现前面的承诺是一个错误，需要改正，也一定要自责在先、改正在后。领导者的信誉更多的是通过其日常行为日积月累、一点一滴地建立起来的。

### （四）培养宽广胸怀的能力

首先要厚人薄己。能容许别人犯错误的领导者一定是高明的领导者，但未必是真正有胸怀的领导者。真正有胸怀的领导者是那种能够接受别人缺点的人。其次，要决断和果断，勇于承担责任。

### （五）培养“背叛经验”的能力

在瞬息万变的信息时代，经验越来越可能使人产生错觉。学习学习再学习，这是当下的竞争对领导者提出的更高要求。能否像海绵一样孜孜以求，关键在于能否背叛自己的经验。

### （六）培养倾听的能力

获得成功的团队领导者很容易会刚愎自用。在这样的企业工作，员工会觉得缺乏民主。员工要求的民主不一定是决断本身，而是能够倾听决断。

## 四、如何培养领导力

### （一）思维方式

1. 逻辑思维

一般来说，一个人思维清晰、说话有条理，主要是指他的思维符合逻辑推理，而且思维很严谨，条理性很强。辩证逻辑思维的核心是对事物与问题加以综合与分析。分析的方法是指对具体问题做具体分析，灵活地处理问题；综合的方法是指在具体分析问题的基础上，加以归纳整理，从中总结规律。因此，逻辑思维能力是一个人综合分析问题能力的基本功。在实际工作中逻辑推理能力对分析、判断事物非常有用。对一般人来说，可以做到举一反三；对强者来说，能做到举一反六；对伟人来说，可以做到举一反十。逻辑思维能力强的人往往是事业上的胜者。

2. 系统思维

系统是由相互作用、相互依赖的若干部分（或要素）组成的具有一定功能的集合体。系统思维的三大要素是：整体性、联系性、动态性。意思是说：思考问题必须从整体性出发，全面地看待问题，把握全局；系统的本质在于内部和外部的相互联系；任何客观事物都有一个复杂的动态变化过程，因而必须用系统的、动态的思维方法来看问题。该思维方法对于我们全面地看问题，树立全局、大局观念，搞好弹性决策等都非常有利。

3. 创新思维

创新思维包括逆向思维、侧向思维、联想思维、灵活思维、灵感思维。特别是逆向思维，敢于从反面提出问题、分析问题，敢于联想、跳出旧俗套，创造新思路，在实际工作中非常重要。

4. 模糊思维

模糊思维的基础是模糊理论。在模糊条件下，取大取小的原则是：利取最大，害取最小。模糊思维为我们解决疑难问题提供了新的认识方法。在坚持原则的前提下，有时采用“难得糊涂”的思维方法处理一些疑难问题，更为有利。

### （二）沟通能力

沟通是双向的。如果领导者是作为信息的接收者，那么适当的移情是其理解下属、更好地与下属沟通的必要条件。

领导者在与下属沟通的过程中，应该尽量减少因地位的悬殊而产生的心理优越感，多换位思考，从下属的角度体谅他们。领导者在接收下属发送的信息时，应尽最大努力获取第一手材料，即原始信息，少用或不用经过层层传递的信息。日本管理学家在实践中证实：信息每经过一个层次，其失真率为10%～15%。也就是说，即使是从下属那里直接获得的信息，也有可能造成误会，何况是经过层层传递，更加大了信息的失真度。对失真的信息，领导者又如何从中正确地感受下属的确切意思呢？所以，领导者不仅需要在与下属沟通的过程中注意体会信息中的内容，感受其中的情感，还要注意信息的可靠性，避免误解。

另外，下属之间的沟通也不全是成功的，各种各样的原因使他们之间的沟通可能会存在这样或那样的问题，较为常见的首先是认知的差异，沟通的双方因为背景、工作经历或生活体验的不同，造成对事物的见解差异，从而影响沟通的有效性；其次是先入为主、自以为是的自我意识作祟，未做沟通心中已有成见；最后则是防卫的心态，为保护自己，害怕被误解、被伤害，刻意回避沟通或是应付了事。这些障碍造成双方因信息无法聚焦而无法有效地沟通。

要让团队有效地沟通，领导者必须营造一个坦诚沟通的环境，树立一个大家共同奋斗的目标，把团队中成员的分散力量凝聚起来，使下属之间的沟通以共同目标为出发点，这样就可以更加容易地达成情感的共识。

总而言之，只有在接收者接收信息时做到移情，与信息发送者产生情感上的共鸣，沟通才算完美，否则即使词语适当、时机适合、场所恰当，沟通也无法顺利地进行，所传达的信息也无法完全被接受者认可。

### （三）敢于认错

“人非圣贤，孰能无过”，有过错不可怕，关键是勇于承认错误，知错能改。任何人和事务都是在不断地改进中得以逐步完善的，改正错误是走向正确的第一步。

领导者即使再聪明、再缜密，也有考虑不周的时候，再加上情绪以及生理状况的影响，难免犯错——估计错误、判断错误、决策错误。一个人犯了错误后，一般有两种反应。一种是死不认错且极力辩护。这一点可以理解，因为这是人性的一种本能反应，也是为了生存的一种手段，尤其对于领导者来说，还存在面子上的问题。另一种反应是坦白认错并及时改正。

不承认过错的好处是不用承担错误的后果，即使承担，也要把其他人拖下水以分担责任，这就是证据明明摆在眼前，有人还死不认错的原因。然而，这种死不认错的做法并非上策，因为死不认错的坏处比好处多得多。

姑且不谈犯错所需承担的责任，不认错和狡辩非常有损于领导者的形象。不论你狡辩的口才多么好，如果你逃避错误，其他领导者和下属就会认为你“敢做不敢当”，于是上级领导不敢信任你，其他部门领导也不敢和你合作，下属更怕你哪天犯了错后又把责任推得一干二净，于是抵制你，拒绝你的领导。而最重要的是，不敢承认错误会成为一种习惯，使你丧失面对错误、解决问题和培养解决问题能力的机会。所以，不认错的弊远大于利。

作为领导者，如果能勇于认错，不但能给下属留下好印象，而且能及时挽回因过错而造成的损失。勇于承认错误，不仅没有伤及领导者的“面子”，而且会使领导者在下属心目中的威信大增。诚实认错能为领导者塑造一种“勇于承担责任”的公众形象——无论是领导者还是下属，他们都会欣赏、接受你的这种做法，因为你把责任承担了下来，而不是推卸给他们，他们感到放心，自然就尊敬你，也乐意跟你合作，更乐于替你传播你的形象，这可是你作为领导者的“金字招牌”。

诚实认错还能磨炼领导者面对错误的勇气和解决问题的能力。领导者不可能一辈子都没有缺点和错误，其他人也同样做不到这一点。尽早培养这种能力——发现错误并且改正错误，对领导者未来的长远发展大有好处。

### （四）目光长远

具有远见卓识的慧眼是成功领导者的标志之一。领导者要有认清未来潮流的眼光和预知环境变迁的能力，这样才能想出因势利导的方法，才有先声夺人的气势。身为领导者，有着超乎一般的远见卓识，他的任务就是告诉自己、追随者以及整个组织应该朝哪个方向前进，应该选择哪一条路，在这条路的前方有怎样的风险和利益。在必要的情况下，他还应该走在队伍的前面，在所有人都茫然不知前进方向时，带领下属朝正确的方向前进，使团队士气振作并凝成一股强大的冲击力。

对于领导者而言，有没有先见之明是影响极大的因素。时代不断地变迁，所有昨天认为正确的事情，也许已经不适合今天的潮流。领导者要是没有展望未来的眼光，就没有资格当别人的指挥者。他必须认清潮流的方向，预知环境的变迁，并且想好对策。由于领导者在团队中的特殊地位，整个团队和下属的命运都交在领导者的手中，领导者的眼光就是团队的眼光，领导者的方向就是团队的方向，因此领导者对未来的判断关乎团队中所有人的利益，甚至关乎事业的兴亡。缺乏远见的人根本无法应对迅速而又多样的变化，他们根本不知道明天会怎样，而等待他们的又是什么。

### （五）大局观念

树立大局观念和战略观念，是一个高明的领导者必备的素质。总揽全局统筹安排，就是站在全局的高度对复杂的社会现象进行科学的分析、综合、概括和判断。从某种意义上讲，不同层次的领导者，应该是大大小小的战略家。现代领导者，特别是单位的一把手，必须具有着眼于长远、着眼于宏观的战略观念，必须做到居高识全局。大事糊涂、小事清楚的人难当大任，尤其当不好一把手。古人云："自古不谋万世者，不足谋一时；不谋全局者，不足谋一域。"领导者若胸中没有全局，即使某项具体工作做得不错，整个工作也很难做好。因此，领导者决断问题时不仅要看局部，还要看全局；不仅要看眼前，还要看长远；不仅要看重点，还要看一般。既要找出带动整个链条的重要环节，又不可忽视一般环节。问题的关键来自对大局的深刻认识，来自对一定阶段的主要矛盾的把握。善于抓住和集中主要精力解决主要矛盾，是正确认识大局的基础。

因此，领导者最关心的不应只是自己领导活动中的局部问题，应该是全局性和方向性的问题。只有大局在胸，了解大局、服从大局、服务大局，领导者才能统揽全局，使自己居高望远，处于主动地位，立于不败之地。

## 五、领导力的作用

### （一）有利于团队配合

领导者是团队的核心，是团队的灵魂。拥有一个优秀的领导者比拥有一群优秀的下属更重要，一个优秀的领导者能带领团队迅速达成目标。俗话说："兵熊熊一个，将熊熊一窝。"可见一个优秀的领导者是多么重要和不可缺少。

### （二）有利于团队管理

一个良好的组织体系必然需要一个优秀的团队进行管理，而领导力则成为团队管理的核心要素。团队领导力核心只有在经历形成期、加强期、成熟期后，才能够达到领导团队和管理团队的效果。建立一个具有高领导力的团队，树立团队的价值观和完善团队管理制度，是领导力与团队管理的核心问题。

### （三）有利于团队解决困难

当团队遇到困难时，需要一个领导者带领团队成员应对困难，集体合力解决困难。

案 例

## 国航湖北分公司8分钟实现旅客中转

某日，某飞机起飞后不久，国航湖北分公司地服值机主管宋经理接到了国航客服电话：有位白金卡旅客罗先生需转乘当日航班前往广州，望务必帮助罗先生赶上飞机。宋经理随即查询航班情况，为了确保罗先生顺利登上飞机，宋经理立即将情况通知综合服务室当班张经理，共同商定服务流程和细节。经过两人的仔细商量，确定由张经理在舱门口接上旅客，并将旅客迅速引导至二楼安检出口，宋经理则负责拿上打印好的登机牌在安检口等候。13点32分，罗先生将乘坐的飞机准时落地。13点43分，罗先生乘坐的航班才落地。廊桥刚靠好，对讲机里面就传来前往广州的航班开始登机的通知。按照原定计划，张经理在接到旅客后迅速将他带往二楼安检口，一拿到登机牌，罗先生就在特别通道进行了重新安检，并由张经理带至登机口登机。13点51分，罗先生顺利登上前往广州的航班。整个中转过程仅用了8分钟。看着跑前跑后、大汗淋漓的工作人员，登机前，罗先生感动地说了声“谢谢”。

此次国航湖北分公司8分钟实现旅客中转得益于分公司地面服务部前期推行的客户经理制。良好的领导力、清晰的服务流程以及各环节的通力协作，确保了此次中转旅客安全顺利出行，充分体现了客户经理现场服务领导力的高效、优质。

资料来源：http：//mil. news. sina. com. cn/s/2010 - 07 - 27/1535602801. html

**课外拓展**

1. 寻找一个关于领导力的民航业真实案例，根据本项目理论思考与分析，并以小组为单位进行分享。

2. 以领导力为主题，以小组为单位，提炼自己平时学习生活中的2～3个案例与同学分享。

自我测试、课后锦囊和参考文献请扫描下方的二维码。

# 项目九　执行力的有效提升

## 项目导引

安全第一是民航行业的首要任务，飞机的每一次起落离不开每一个环节的配合、严谨的工作作风和强有力的执行力，这样方能保障民航行业的正常、安全运行。本项目主要介绍执行力的内涵、特点、内容、影响因素、能力表现和能力培养等各项内容，通过学习本项目，学生可以对执行力有一个全面的了解。通过本项目的训练，学生可以更好地提高个人执行力和团队执行力，丰富自身的能力体系，并且更好地运用到工作实践中。

## 学习目标

**知识目标**

1. 掌握执行力的基本概念、原则、特点、过程、必备因素、影响因素和作用。
2. 通过民航有关案例熟悉执行力的作用。

**能力目标**

1. 通过熟悉执行力的基本情况，掌握执行力的影响因素。
2. 通过实训，培养和提升团队的执行力。

## 案例导入

### 广西空管分局区域管制室严格实行制度方案保障春运

自2017年1月13日至2月21日，在为期40天的“春运”期间，广西空管分局区域管制室共保障航班60 256架次，较上年同比增长了13.1%，日均保障航班量达1 506架次，其中日航班量于2月8日达到峰值，单日保障航班1 575架次。在春节假期内，出境游持续火热，日均出入境航班达387架次。在上级的正确领导下，分局员工克服了人员紧张等困难，通过不懈的努力，顺利地完成了“春运”保障工作。

在“春运”开始之前，分局领导根据预估的“春运”情况，详细地制订了保障方案。针对区调人员紧缺的情况，分局从其他岗位上抽调 4 名业务精英，增派到区调支持工作。此举为区调增加了宝贵的人手，在很大程度上缓解了区调人员的工作压力。同时，针对广西区域内军事训练频繁、航路结构复杂、冲突调配困难等问题，上级领导积极与军方进行协调沟通，努力申请开放临时航线进行调配，为保障“春运”的顺利运行起到了重要作用。

针对“春运”期间航班增长、天气条件恶劣、空域复杂等不利因素，广西空管分局区域管制室通过积极增开扇区、增派夜间值守人员等方法，更好地保障了航班的安全运行，减轻了人员的执勤负荷。同时，分局值班领导积极参与到一线岗位中，通过对值班情况的跟踪检查各个员工对规章的落实情况，同时鼓励“无立功遵章”，有效地增强了员工对规章制度的执行力。

广西空管分局新的一年的“春运”保障工作，在分局全体员工的共同努力下圆满完成，实现了 2017 年安全保障重要任务的开门红。面对新的一年的新形势和新任务，广西空管分局上下做好了充分准备，迎接新的挑战，排除万难，确保航班安全且顺利地运行。

资料来源：http：//news. carnoc. com/list/393/393529. html

**案例解读**

在这场与“春运”高峰期的战斗中，民航工作者克服了重重困难，完美诠释了“特别能吃苦，特别能战斗，特别能奉献”的精神，在“春运”的考验下交出了一份完美的答卷，这既是执行力的集中体现，也是所有民航工作者不畏困难的精神风采和真实写照。同时，这也体现了执行力是工作人员在工作中处理应急事件的重要能力之一。

---

**小任务** 阅读案例后请小组分享团队执行力对于案例事件的重要意义和具体体现。

## 任务实训

### 实训任务一　信任背摔

（一）训练目的：

1. 通过训练，体会信任：信任同伴、信任集体、信任社会，只有你信任他人，才能赢得他人的信任。

2. 通过训练，体会责任：当你对他人、团队付出后，也会得到他人、团队的帮助与支持。

3. 通过训练，建立换位思考的意识，站在对方的角度思考问题，架起相互理解的桥梁。

4. 通过训练，拉进成员之间的距离，实现情感沟通。

5. 通过训练，培养每个成员的执行能力。

（二）训练时间：45 分钟。

（三）训练场地：专业的背摔台或者同等高度的高台。

（四）训练参与人数：全班学生，平均每组 12 人，以男生为主。

（五）训练材料：1 米长的束手绳子。

（六）训练操作流程（见图 9-1）：

图 9-1　信任背摔训练

1. 台上的同学伸直胳膊，掌心朝外，双手交叉，十指交叉握紧，从胸前翻出，注意双手紧贴胸口，两臂肘弯处向里收紧。

2. 台下的同学距台上的同学一步之遥，成弓步站立，两手向前平伸，手心向前，指尖向外，胳膊肘弯曲，准备做保护动作；在台上的同学准备好之后身体向后倒下时用手接住，腿脚不动。反复练习几次后，互换角色，再练习几次。

3. 教练用绳子将台上的同学的手捆绑，台上的同学要头向下勾、腰挺直、两脚并拢，大腿不要发力蹬板，不要抬小腿，笔直倒下。

4. 倒的过程中，台上的人和台下的保护组成员有如下对话：

“5、4、3、2、1。”

“准备好了吗？”

“准备好了。”

“我来了！”

"来吧！"

"1、2、3，倒。"

5. 当接住倒下的同学时，台下的同学要先放下倒下同学的脚，然后托背向前，使倒下的同学直立起来。

（七）训练注意事项：

1. 本训练中有身体接触，要求所有同学将身上所有的尖锐物品放在储物箱里，包括戒指、眼镜、手机、手表、手链、耳钉、发卡、帽子、打火机等。

2. 接人的动作要领：同侧脚伸出，弓步，脚弓相对，膝盖内侧紧贴；腰挺直，双手掌心朝上，手背贴在对面同学的肩膀上，胳膊肘弯曲，有一点缓冲，注意放手臂的时候不能两臂同放内测或同放外侧，要一内一外交叉来放。

（八）训练交流与分享：

1. 在训练过程中，是否体会到相互信任的作用？

2. 在训练过程中，是否体会到责任的意义？

3. 在训练过程中，是否体会到相互沟通的意义？

4. 在训练过程中，是否体会到团队执行力的作用？

（九）训练总结与点评：

1. 本训练看似简单，实则困难重重，重点在团队的凝聚力和协作能力。

2. 锻炼学生克服困难的勇气，体会勇气的重要性。

3. 在教师和组长安排任务后，体会执行力的意义。

## 实训任务二　南水北调

（一）训练目的：

1. 提高队员在工作中相互配合、相互协作的能力。

2. 确立方案，明确分工，有效地组织协调和执行是团队成功的关键。

（二）训练时间：45 分钟。

（三）训练场地：室外空旷地方（足球场或篮球场）。

（四）训练参与人数：全班学生，平均每组 15 人，男女混合，不少于 2 组。

（五）训练材料：U 形 PVC 水管、水桶若干、水杯若干。

（六）训练操作流程（见图 9-2）：

1. 分组进行训练，遵守规则，运水多者获胜。

2. 每个学生手拿 U 形 PVC 水管并连接起来形成水槽状，水将在槽管里流动。

3. 团队成员不断连接 PVC 水管，循环接力直至将水送至教师要求的位置。

4. 每个人拿一支 PVC 水管，在起点负责倒水的人可以不拿（注：负责指挥的人也可

图 9-2　南水北调训练

以不拿)。

（七）训练注意事项：

1. 不能用手堵住水管的两端。

2. 整个团队的人不能一起移动。

3. 不能移动终点的桶（一旦犯规，之前完成的作废）。

4. 倒水的团队成员不可以离开起点线。

5. 训练过程中注意安全。

（八）训练交流与分享：

1. 如何进行有效的沟通？

2. 在此次团队行动中，领袖的作用力体现在哪些方面？

3. 个人如何在团队中找好位置、发挥优势？

4. 如何提高团队成员在工作中相互配合、相互协作的能力？

5. 确立方案，明确分工，有效地组织协调和执行是团队成功的关键。

（九）训练总结与点评：

1. 做事前要制订正确且最优的方案。

2. 要有优秀的领袖来领导，要有绝对的执行力，不搞个人英雄主义。

3. 整个团队必须是一个有机的整体，既要分工也要协作，只有这样才能完成既定的目标任务。

4. 体会执行力对完成本训练的重要作用。

## 实训任务三 不倒森林

（一）训练目的：

1. 让学生明白建立团队成员相互信任的基础。

2. 让学生明白细节决定成败，心态也是如此。

3. 鼓励学生向自我挑战，提高心理素质，战胜恐惧。

5. 让学生体会执行力在训练中发挥的重要作用。

（二）训练时间：45 分钟。

（三）训练场地：室外空旷场地。

（四）训练参与人数：全班学生，平均每组 10 人，男女混合。

（五）训练材料：1 米长杆子若干，视人数而定。

（六）训练操作流程（见图 9－3）：

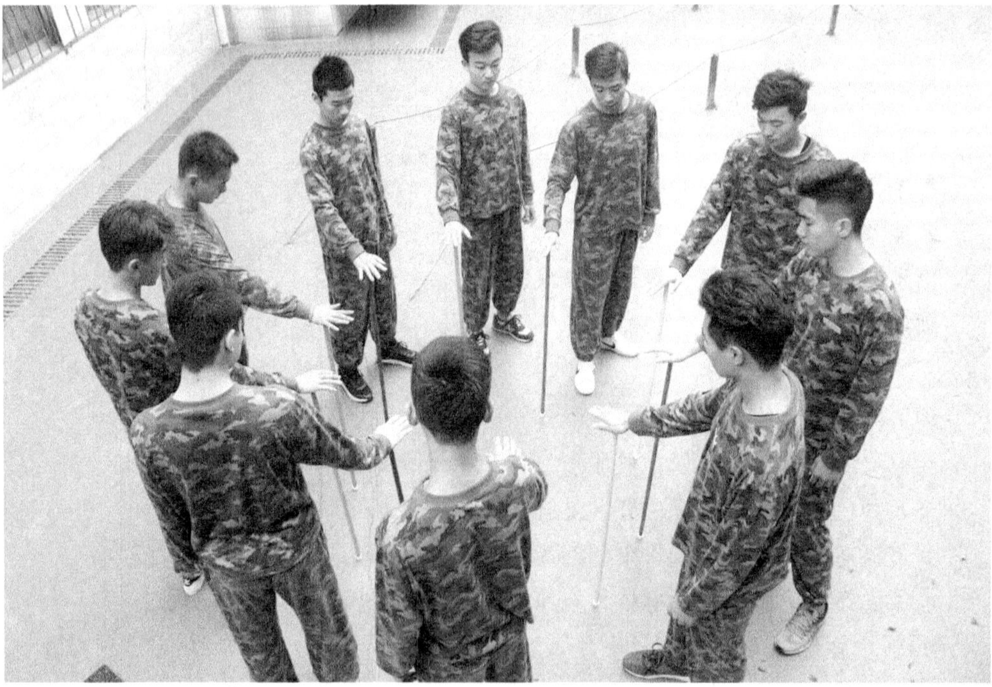

图 9－3 不倒森林训练

1. 小组围成一个圈，相邻的两个人间隔 1 米，每人手里拿一根杆子。

2. 让杆子直立后用右手掌心按住杆子的上端，左手放在背后，保持杆子直立，在喊“换”时，后面的人要扶住前一个人松开的杆子。

3. 整个团队要保证所有的杆子都不倒。在单位时间内，移动的次数多者胜出。

（七）训练注意事项：

1. 保持杆子直立，不允许用手抓，也不允许身体其他部位接触杆子。

2. 训练开始前，双脚开立，不允许移动，开始后大家按相同的口令，在保证自己直立杆子不倒的前提下，迅速移动步伐将右手掌心按在相邻的同伴的杆子上，保持杆子不倒。

3. 每次只要有一根杆子倒下就算失败，只有连续换位十次才算成功。

（八）训练交流与分享：

1. 如何建立团队成员相互信任的基础？

2. 成败如何体现在细节中？

3. 训练中，执行力的重要作用是如何体现的？

（九）训练总结与点评：

1. 使学生强烈意识到协作对实现团队目标的重要意义。

2. 检验或暴露自己在训练过程中的心态问题。

3. 在训练过程中，体会执行力的重要意义和作用。

## 实训任务四　神笔马良

（一）训练目的：

1. 使学生避免盲目指挥和行动，服从管理，提高执行力，避免造成工作效率低下。

2. 使学生感受团队配合协作的气氛，加强学生间的沟通和交流。

3. 增强团队的计划能力、执行能力、应变能力和沟通能力。

（二）训练时间：45 分钟。

（三）训练场地：教室或室外的空旷场地。

（四）训练参与人数：全班学生，平均每组 10～12 人，男女混合。

（五）训练材料：1 支粗大毛笔、绳子若干、白纸若干。

（六）训练操作流程（见图 9－4）：

1. 教师先将学生分组，选出队长（此处以每组 10 人为例）。

2. 在地上放一张 1 平方米大的纸，在笔上绑上 10 根绳子。

3. 所有队员拉绳子的末端，不得接触毛笔，按照教师的要求完成指定的任务，最快完成者胜出，教师也可以根据字的美观度来打分。

4. 游戏分三轮进行，第一轮学生随便写字，第二轮写规定的字，第三轮采用规定的字体。

（七）训练注意事项：

1. 训练过程中，注意安全。

2. 学生必须遵守规则，积极参与活动。

图 9-4 神笔马良训练

3. 训练过程中，学生必须拉紧绳子的末端。

（八）训练交流与分享：

1. 训练成功或失败的原因是什么？

2. 怎样才能实现有效沟通并迅速形成有效决议？

3. 在此次团队行动中，领袖的作用力体现在哪些方面？

4. 训练过程中，执行力的作用是如何体现的？

（九）训练总结与点评：

1. 必须有领导。一个团队，必须有一个有力的领导者。古语有云："射人先射马，擒贼先擒王。"一个缺乏领导者的团队就是一盘散沙。

2. 必须有方法。完成一件事情有很多途径，但是要想做好事情就需要我们找到好的方法。假如我们没有用折叠的方法来规范布局，写出来的字有可能会偏离中心点，效果就不会太好。

3. 做事情要细心。"细节决定成败"是很有道理的，我们之所以没得第一，并非写得不好，而是内容不完整，以及细心度不够。

4. 团队的力量是无穷的。本训练的每一步都集中了团队所有人的智慧，如果让一个人单独去做（前提是在规则之内），恐怕很难完成。

5. 团队执行力很重要。有领导者、有队员、有计划、有方法，此时需要全体成员具有较强的执行力，方可取得最后的成功。

## 实训任务五　一圈到底

（一）项目目的：

1. 通过训练，引导学生通过沟通互相了解，达成共识。

2. 通过训练，引导学生畅通沟通渠道，以推动今后的相互协作。

3. 通过训练，引导学生彼此以非语言形式进行沟通，以高难度沟通形式完成低难度活动。

4. 通过训练，培养学生的执行力。

5. 通过训练，培养学生的团队协作能力。

（二）训练时间：45 分钟。

（三）训练场地：室外空旷场地（足球场）。

（四）训练参与人数：全班学生，平均每组 15 人，男女混合，每组相同。

（五）训练材料：呼啦圈 4 个左右，具体按照队伍数量。

（六）训练操作流程（见图 9－5）：

1. 分组进行比赛，用时少者胜出。

2. 每组一排排站好，每组中相邻的两名同学拉手，队伍一字排开。

3. 每组第一位同学，闲置的手上拿 1 个呼啦圈。

4. 教师一声令下后，每组从第一个同学开始，让呼啦圈穿过每个同学的身体，最终穿过整个队伍。

5. 呼啦圈穿过整个队伍时，整个队伍不能走动，同学间不能松开相互拉着的手。

6. 当呼啦圈穿过整个队伍，到达队伍另一端最后一个同学的手中时，该组完成训练。

图 9－5　一圈到底训练

7. 训练中，出现呼啦圈脱离队伍、手松开等违规行为时，该组的成绩将延长 5 秒。

（七）训练注意事项：

1. 训练开始前，教师带领学生做好准备活动。

2. 训练过程中，要求学生严格遵守规则，积极参与活动。

3. 训练过程中，提醒学生注意安全。

（八）训练交流与分享：

1. 在训练过程中碰到了什么问题？

2. 怎样分析这些问题？

3. 训练过程中不按照规则会产生哪些问题？

4. 哪些因素有助于成功完成训练？

5. 哪些因素使完成训练变得更加困难？

（九）训练总结与点评：

1. 最两边的同学虽然不能用闲置的那只手去帮助其他同学，但是相邻的同学之间可以进行简单而有效的团队合作，如一个同学在跨越呼啦圈时，相邻的同学可以用手帮其稳定身体。

2. 虽然只有一个同学在穿越呼啦圈，但其他同学可以给予指导并为其加油。

3. 体会训练中执行力的重要性。

（十）其他玩法：

上面介绍的穿越呼啦圈是穿越一个呼啦圈，训练中也可以穿越多个呼啦圈，如哪队最快穿越 5 个呼啦圈就算赢得比赛。如果人数较少的话，可以让大家围一个圈，然后进行穿越呼啦圈训练。

## 知识链接

### 一、什么是执行力

执行力是指有效利用资源、保质保量达成目标的能力，以及贯彻战略意图、完成预定目标的操作能力。执行力是把企业战略、规划、目标转化成为效益、成果的关键。执行力包含完成任务的意愿、完成任务的能力、完成任务的程度。

应该说，到目前为止，“执行”一词一直没有一个清晰、统一的定义，“执行”在每个人心目中的理解、认识还存在相当大的差异。在中国，最早大规模地谈到“执行”问题是在司法领域。而在经济管理学科中的“执行”一词则主要是从国外引进的概念，其对应的英文为“execute”。它主要有两种含义：第一种含义是指完成计划。可以说，此时的“执行”是与“计划”“目标”相对应的。这在某种意义上是一个狭义的解释；第二种含义是指如何完成任务的学问和策略。这则是一个更加宽泛的解释：凡是事情，都可以“执行”，甚至在某种意义上，制订计划、规划战略等都是执行的对象；制订计划、规划战略，如未能按照要求的时间、水准完成，都是执行力不强的表现。

## 二、执行的重要性

### （一）执行是一门学问

执行是一门学问，是战略的重要组成部分，贯穿组织经营管理的始终。选择行业、制订计划、确定目标、规划战略、实施战略等都需要执行，离开执行，组织将寸步难行。组织经营的三个核心环节是制定战略、人员匹配、实施运营，而执行则贯穿这三个核心环节的始终。

### （二）执行是一个系统

对于组织而言，执行是一套系统化的流程，它包括对方法和目标的严密讨论、质疑，坚持不懈的跟进，以及责任的具体落实；包括对组织所面临的环境做出假设，对组织的能力进行评估，将战略与运营及实施战略的相关人员相结合，对相关人员及其所在的部门进行协调，以及将奖励与工作绩效相结合；还包括为提高执行力以适应变化所带来的挑战。从最基本的意义上来说，执行就是将想法变成计划、目标和战略并将其落到实处、变成结果的过程，是一个暴露现实问题并根据现实情况采取行动的系统化的流程。

### （三）执行是组织所有成员的工作

对于任何一个组织而言，要想完成计划和任务、达到目标，领导者必须全身心地投入组织的日常运营中。执行是上至最高领导者，下至门卫、清洁工都应该认真对待的工作。领导者并不只是从事高瞻远瞩的谋划和构思，也不只是从事所谓的决策，领导者必须融入组织的具体运营中，带领自己的团队将计划和目标落到实处。领导者要学会执行且要带头执行，如亲自挑选其他领导者、确定战略方向、引导组织运营、跟踪并掌控执行进度、检查并评估执行效果、落实各项计划等，这些工作都是执行的核心，而且无论组织规模的大小，领导者都不能将自己应该亲力亲为的工作交给其他人。领导者不但要做好属于自己的执行工作，还要带领和指导下属做好属于他们的执行工作。只会谋划、构思而不会执行、落实的领导者是不合格的，如果不能执行、落实的话，一切规划和目标就会变成一纸空文或一场空谈。缺乏执行力的领导者不可能带出一个执行力强的团队。同样，不懂得服从、不懂得执行、不懂得如何完成任务的员工，也是不合格的员工。

### （四）执行是一种文化

如果一个组织里的多数人都认为没有执行力或执行力弱不丢人、不难堪、无所谓、没什么大不了，那么这个组织就不可能建立起强执行力。如果无论是高层领导者还是基层员工，组织里的多数人都认为执行力是评判一个人的重要指标，认为执行力差的领导者或员工应该被调职，每个人都习惯于评估自己的执行力，努力提升自己和团队的执行力，那么这样的组织就可以建立起强执行力。在具有强执行力的组织里，组织成员深恶痛绝执行不到位的现象、行为，他们以执行为荣，以执行不到位为耻。“执行力”随着日久天长的磨砺，逐步转换为组织成员的本能、习惯，成为他们的 DNA（基因），这时组织的执行力文化就构筑起来了。所以，终极意义上的“执行”是“行动”，是“动作”，它几乎涉及所有的人与事，涵盖范围极广。执行力是“行动”出来的，不是“想”出来和“说”出来的，在这里，“想”和“说”都应围绕着“行动”，都应为“行动”服务。

执行力的感性解读——快、准、狠。首先是快，也就是执行的速度；其次是准，也就是执行的尺度；最后是狠，也就是执行的力度。

## 三、执行力的内容

从全面的角度看，“执行力”概念将执行力分为个人执行力、团队执行力。

### （一）个人执行力

个人执行力是指每个个体把上级的命令和想法变成行动，把行动变成结果，从而保质、保量地完成任务的能力。个人执行力是指一个人获取结果的行动能力：总裁的个人执行力主要表现为战略决断能力；高层管理人员的个人执行力主要表现为组织管控能力；中层管理人员的个人执行力主要表现为工作指标的实现能力。

### （二）团队执行力

团队执行力是指一个团队把战略决断持续转化成结果的满意度、精确度、速度，它是一项系统工程，表现为整个团队的战斗力、竞争力和凝聚力。个人执行力的强弱取决于其本人是否养成良好的工作习惯，是否熟练掌握管人与管事的相关管理工具，是否有正确的工作思路与方法，是否具有提升执行力的管理风格与性格特质等。团队执行力就是将战略与决断转化为实施结果的能力。许多成功的企业家也对此做出过自己的定义。美国通用电气公司前 CEO 杰克·韦尔奇认为，团队执行力就是“企业奖惩制度的严格实施”。而中国著名企业家柳传志认为，团队执行力就是“用合适的人，干合适的事”。综上所述，团队执行力就是当上级下达指令或要求后，团队迅速做出反应，将其贯彻或者执行下去的能力。

## 四、影响执行力的因素

### (一) 制度因素

1. 用制度规范执行力的标准

只有通过规范化的制度来完善整体战略规划，规范执行力的标准，员工才能按照制度的要求规范行为，避免按各自的理解去做事，企业才能实现用制度调动员工积极性的目的。

2. 用制度建立和加强执行力激励机制

执行力激励机制包括薪酬体系、考核机制、奖惩制度、压力制度等。用制度建立和加强执行力激励机制，可以有效地保障执行力的最终提升。

3. 制度不合理对执行力产生的影响

制度不合理，缺少针对性和可行性，或者过于烦琐，就会不利于执行。有的企业常常用各种考核制度企图达到改善企业执行力的目的，但效果却不容乐观。企业每制定一种制度从某种意义上讲，其实就是给执行者头上戴上一个金箍，会进一步增加执行者内心的逆反心理，最后导致其敷衍了事，使得企业的制度流于形式。

4. 制度不严谨对执行力的危害

很多企业经常发生这样的情况：某政策上午刚刚发布，下午就变了，让员工无所适从，以至于最后导致其他很多真正好的制度、规定出台时也得不到有效执行。

### (二) 监控是执行力的灵魂

监控能够确保一个组织按照规划的时间进度表去实现目标。不断地监督和控制，就能有效地暴露规划和实际行动之间的差距和问题，并迫使领导者采取相应的行动来协调和纠正，以期按时完成阶段性目标和整体性目标。而对工作的监控如果得不到严肃的对待，那么清晰而简洁的目标就没有太大意义。在工作中，我们犯的很多错误就是因没有及时监督与控制而错过了解决问题的有效时机，最终导致小问题变成大问题。

在执行过程中，科学的监控方法是非常重要的。工作中，通常用的监控方法有三种：第一是管理者依据工作计划进度与事先预计，安排自己在合适的时间去跟踪检查；第二是与执行者约定在某个时刻、某种情况下汇报工作进度与相关情况及相关原因；第三是相关职能人员（如跟单员、助理、品管员等）明确何时进行跟踪监控、回馈信息或递交报告等。

对于好的结果，要给予表扬、肯定乃至奖励，同时还应总结经验；对于坏的结果，则要及时纠正，并吸取教训，追究责任。一般而言，追究当事人的责任应包括两个层面：一是为什么会是这种结果，是什么原因导致的，下次怎么去预防和改善，并要当事人做出承诺；二是依情节轻重给予适当的处分，因为纵容表现不佳者导致的破坏性影响是极为深远的，所以一定要认真对待。

## 五、执行力必备要素

### （一）守时

如果一个人经常上班迟到、开会迟到、拜访客户迟到、约会迟到、活动聚会迟到、出门旅行迟到，无论什么事情他都经常迟到，那么这样的人你认为他会有执行力吗？你认为如果把事情交给他办，他能按时完成任务吗？他能不折不扣执行到位吗？换句话说，重要的工作你敢交给他做吗？你肯定不敢，因为你也知道，这样的人不太靠得住。一个执行力强的人，首先他是一个负责任的人，而一个负责任的人，他的时间观念是非常强的，因为他知道，他不仅要对他人负责，更要对自己负责。

### （二）守纪

在任何一个组织或团队中，遵守规则和制度都应该是组织的第一原则，俗话说：“国有国法，家有家规”，“不以规矩，不成方圆”。

一个不遵守规则的人，执行力也强不到哪儿去。试想，假如他连规则都不愿意遵守，连制度也敢违反，对领导下达的指令和任务，同样敢不接受或者不执行，就算执行了，谁又敢保证他能遵照工作标准和工作流程去执行呢？谁又敢保证他会尽心尽力，而不是阳奉阴违呢？遵守制度、敬畏规则的人执行力都强，因为他会把你的指令和要求看作不可违背的原则，也会坚决按工作标准和流程去操作。

### （三）爱岗敬业

美国通用电气公司前 CEO 杰克·韦尔奇说：“任何一家想要靠竞争取胜的公司必须设法使每个员工爱岗敬业。”因为一个人只有爱岗敬业，才有可能对公司高度认可，才能发自内心地认同公司的价值观，认同公司为实现其价值观所设定的目标、流程、组织架构和管理制度，愿意主动且全身心地去执行，并在这个过程中发挥自己的最大价值。当然，真正的爱岗敬业是一个长期的过程，需要一个人持之以恒地坚持。

### （四）自动自发

一个人会工作是远远不够的，除了会工作还要自动自发。自动自发不是一个口号、一个动作，而是要充分发挥主观能动性和具备责任心，想尽一切办法把工作做好。乍一听，这似乎只是一个普通的定义，其实它更是一种面对人生的态度。

我们生活在高速发展的现代社会，每时每刻都会遇到一些新的挑战和挫折。人的一生不可能永远一帆风顺，总会经历一些风浪。在这些风浪面前，有人退却了，开始怨天尤人；也有人在同样的环境下脱颖而出，成为强人或名人。这一切的一切，就在于一念之间，反映的是一种态度——面对生活、面对工作、面对人生的态度。自动自发是一种可以帮助我们扫平挫折的积极向上的人生态度。

领导者不在身边却更加卖力工作的人，将会获得更多的奖赏。如果只在别人注意时才有好的表现，那么你永远无法抵达成功的巅峰。最严格的表现标准应该是由自己设定的，而不是别人要求的。如果你对自己的期望比组织对你的期望更高，那么你就无须担心是否会失去工作。同样，如果你能达到自己设定的最高标准，那么升迁晋级也将指日可待。

### （五）承担责任

在这个社会中，大家必须坚守责任。因为责任是对人生义务的勇敢担当，也是对生活的积极接受，更是对自己所负使命的忠诚和信守。一个充满责任感、勇于承担责任的人，会因为这份承担而让生命更有分量。

社会在发展，组织在成长，个人的职责范围也随之扩大。作为一名员工，不要总是以“这不是我分内的工作”为由来逃避责任，当工作指派给自己时，我们不妨视之为一种机遇。

在任何一个组织里，每一个员工都希望自己对于组织而言是不可或缺的。只有当员工为自己所在的组织承担责任时，他才会意识到自己在战略的执行过程中是重要的，他才会真正感觉到自己在组织里是有位置的。

一个人承担的责任越大、越重，证明他的价值越大。证明自己的最好方式就是去承担责任，如果你能承担责任，那么祝贺你，因为你不仅向自己证明了自己存在的价值，还向社会证明了你能行，你执行得很出色。

### （六）随机应变

机会是为有准备者提供的，随机应变能力往往并不表现为一时的灵感，更多的是捕捉到等待已久的在瞬间出现的时机。对于客观环境和市场形势可能出现的变化，大家必须提前进行预测，并做好应对各种变化的预案（不管成文的还是不成文的）。很多人都懂得去做这方面的准备工作，为事业的发展设计了很多种“可能”，但有时由于个人和所处环境的局限性，“不可能”的因素便被忽略了，“不可能”的因素积累得多了，必然会出现突发事件，这时就更需要理性地分析、果断地决策、快速地应对，从而化险为夷。可以说，随机应变是在竞争日益激烈、变化日益迅速的今天有效执行的必要条件。

### （七）知己知彼

我们在执行过程中只有对自身和对手的特点做全面的了解，对双方的各种情况进行充分的对比分析，才能真正做到知己知彼、百战不殆。

### （八）追求创新

创新是知识经济的核心，是管理现代化的灵魂。组织要生存，发展是硬道理，而要发展，就必须创新。因循守旧、顽固不化最终只会使组织走向消亡的深渊。无论是政府还是企业，无论是制造业还是服务业，每个组织内部都会涌现大量的创新斗士。创新是提升执行力的动力，更是执行力的源泉。

面对纷繁复杂、风云变幻、竞争激烈的环境，组织要想持续发展和基业长青，必须不断创新。创新意味着生存、发展和成功。一个善于创新的人，往往能使执行力度更大、速度更快、效果更好。

### （九）团队精神

是否具有团队精神，将直接关系到执行力的强弱。只有善于合作、善于借助别人或组织整体力量的人，才能把自己无法解决的棘手问题处理好。团结就是力量，合作才能共赢。这就是团队精神的精髓。是否善于团结共事和精诚合作，是衡量一个员工执行力水平的关键。一个人的力量总是有限的，人脉就是财脉，每个人只有通过团队才能实现自己的伟大梦想。同时，合作的形式是多种多样的，合作的途径也是多种多样的。

对于一个组织而言，要想提升员工的执行力，每个员工必须相互协作、优势互补、强化团队精神。因为组织的整体执行力水平其实就是高层、中层、基层三个层级的总体执行力水平。在一个组织中，任何一个层级的执行力水平都不足以代表组织的整体执行力水平，只有所有员工的平均执行力才能代表组织的整体执行力。

### （十）终身学习

在未来，每个人所拥有的唯一持久的竞争优势，就是能否比对手学习得更快。终身学习的人不能只限于某一个时期的学习，而应该终身都接受教育，至少“自我学习、自我提高”的使命要终其一生。

终身学习通过一个不断坚持的过程来发挥人类的潜能，激励人们去追求他们终身所需要的全部知识、技能、价值，并在任何情况和环境面前都有信心、有创造性且高效地去完成任务。

终身学习是21世纪最重要的概念之一，无论用什么语言来形容都难以表达人们对这个概念的重视与推崇。在知识经济时代，学习已成为人们生存的第一需要，成为人生一场永无止境的竞赛。终身学习是人们在知识经济时代的成功之本。学得越多，越觉察到自己的无知，因为一个人的卓越不可能是永恒的，只有不断学习，才能保持旺盛的生命力。

由于知识和信息的激增，一个人要想成长为具有一定专长的人才，终身学习是唯一的途径。现代社会的飞速发展，对个人的要求越来越高、越来越苛刻。作为一名员工，要根据社会及组织对自己提出的新要求，学习专业领域里的新知识和新技能。知识经济社会是学习的社会，终身学习作为一种必备的能力，将在提高执行力方面发挥越来越重要的作用。

## 六、打造执行力强大的团队

### （一）打造领导者的执行力

领导者是团队的领航者，首先要做到以身作则。领导者身体力行，将对员工产生强大的震撼力，员工也乐意服从和跟随。曾有历史学家感叹：国民党的军官对士兵说“给我冲”，而共产党的干部对士兵说“跟我冲”，这就暗示了战争的结局。领导者还需要具备很高的威信。领导者在员工心目中的威信越高，员工就越信赖领导者，越能严格落实领导者的各项安排。若能树立威信，领导者就能够做到一呼百应。领导者还必须务实，踏踏实实做事，为社会做事，为企业做事，为下属做事。

### （二）培养员工的执行力

工作是大家共同完成的，仅靠领导者的执行力是远远不够的。那么，如何培养员工的执行力呢？

第一，挖掘悟性。悟性高的员工，能够迅速领会领导者的意图，知道自己需要做什么以及工作的标准和追求的效果。只有掌握了这些，员工才会知道做什么、如何做，才会在思想上重视，追求执行的速度、落实的力度、完成的效果。悟性高的员工，还善于借鉴他人的成功经验，举一反三，从而少走弯路、少犯错误。

第二，提高计划能力。工作千头万绪，如何保证按时完成？这就要求掌握工作的轻重缓急，科学规划、合理计划、掌握关键。科学的计划有助于明确各项工作的主次和时间限制，进行合理统筹，从而实现有效管理，提高工作效率。合理的计划保证员工明确工作的进度和标准，及时对自己的工作进行总结和调整。

第三，增强指挥能力。我们要引导员工，让员工指挥自我、管理自我。同时，我们还要引导员工指挥他人。这样既能提高员工的协调能力，又能增强员工的合作意识和团队意识。

第四，加强过程控制。对执行过程的检查监督，既能促使员工从思想上给予重视，强调执行速度，又能促进团队内部的交流和沟通，明确掌握工作进度和工作标准。控制的过程，既是抓落实、讲考核的过程，又是增进沟通、统一思想的过程。

第五，培养协调能力。引导员工重视协调，既能提高员工解决问题的能力，培养员工的沟通能力，又能实现员工思想的统一，促进团队成员互相理解、紧密合作。

第六，培养授权能力。授权，对领导者来说，是智力和能力的延伸；对员工来说，是提高责任感、实现价值的有效方式。因此，执行力强的团队都擅长授权，善于调动每个成员的积极性和责任感，增强团队的凝聚力。

第七，培养判断能力。人不仅要看到眼前，还要看到未来，要看到隐藏的问题和机会。人要有预见性，这样才能看到机会、抓住机会、把握机会，才能看到隐忧和危机，才能未雨绸缪，有充足的时间和精力去化解危机。

第八，培养创新能力。唯有创新，才能生存。许多老字号的消亡，正是一味地保守、缺乏创新、没有跟上时代的变化所致。因此，要敢于创新、努力创新。

案 例

### 执行力低所造成的悲剧——伊春事件（节选）

2010 年 8 月 24 日 21 时 38 分，河南航空有限公司从哈尔滨飞往伊春的 VD8387 客运航班（机型为 ERJ-190），降落时在距离黑龙江省伊春市林都机场 30 号跑道 690 米处坠毁，部分乘客在飞机坠毁时被甩出机舱。当时由于天气原因，能见度只有 2 800 米，而河南航空有限公司规定的降落能见度最低标准为 3 600 米，机长齐某没有听取执行管制员的不符合降落条件的意见，执意降落，最终导致飞机坠毁，44 人遇难，52 人受伤。

伊春事件的发生原因归结于机长齐某的执行力低。由于齐某没有严格按照公司有关降落着陆的规定降落，导致 44 人遇难、52 人受伤。只要我们在民航工作中，力求每一个环节、每一个程序、每一个动作、每一个口令都按照命令完美执行，就可以避免很多差错，也许案例中的坠机事故就不会发生。

资料来源：http：//news. sina. com. cn/z/yichukeji/

课外拓展

1. 找一个关于执行力的民航业真实案例，根据本项目理论思考与分析，并以小组为单位进行分享。

2. 以执行力为主题，以小组为单位，提炼自己平时学习生活中的 2～3 个案例与同学分享。

自我测试、课后锦囊和参考文献请扫描下方的二维码。

# 项目十　沟通力的有效提升

## 项目导引

本项目主要介绍沟通力的内涵与价值以及提升沟通力的方式与途径等内容。通过学习本项目，学生可以对沟通力有一个全面的了解。通过本项目的训练，学生可以更好地提升自己的沟通力，丰富自身的能力体系以及提升团队沟通的技巧，从而更好地指导实践。

## 学习目标

### 一、知识目标

1. 熟悉沟通力的内涵。
2. 理解沟通力的提升与学习者之间的关系。

### 二、能力目标

1. 能够掌握有效提升沟通力的具体方法。
2. 具备提升沟通力的能力，并在实践中反思。

## 案例导入

### 一句"老头"引发的"血案"

某航空公司从北京飞香港的航班上，一位老人向空乘提出了需要一杯热开水的请求。这位空姐随即向该乘务组的乘务长说明此事，在说的过程中，她错误地使用了"老头"这一称呼。她是这样说的："乘务长，后舱有个老头需要一杯开水，麻烦帮我倒一杯。"在通道边坐着的一位旅客听了非常不舒服，于是向乘务员提出抗议，乘务员和乘务长都同时向该旅客表示了歉意，旅客也没有表示异议。事情本该到此结束，可那位不会得体地称呼旅客的乘务员却自作聪明地解释："老头，在北京话中也没有不尊重的意思，我也不容易，现在还在发烧……"

乘务员的话还没说完，就被机上一批刚经历了"非典"的香港旅客的愤怒和惊恐打断了。他们一听到发烧就本能地联想到"非典"，他们觉得航空公司让发烧的人员为他们服务是对他们生命的藐视，他们要航空公司给个说法。一时间，飞机上一片混乱，任凭乘务员怎么解释都无济于事。这时，飞机上其他的旅客看不过去了，在劝说他们无效的情况下，与他们争执起来，继而发展到双方动手的地步，机上的乘务员也无法控制这一混乱不堪的局面。

资料来源：国内某航空公司业务培训案例。

**案例解读**

优秀的沟通力不仅是指所谓的“会说话”，还包括情绪控制、同理心、服务意识以及职业素养等多种因素。培养沟通能力要从多角度、全方位进行，是一个长期积累和反复实践的过程。

---

**小任务** 阅读案例后，请小组分享出现案例中情况的根本原因，以及沟通力在人际交往中的重要意义。

## 任务实训

### 实训任务一 航空公司经营训练

（一）训练目的：

1. 通过训练，让学生充分沟通和协商，学会倾听他人的意见。

2. 通过训练，让学生学会表达自己的意见，锻炼沟通与协调能力，经过组内的讨论最终达成共识，增强团队意识。

3. 通过训练，培养学生的决策能力。

（二）训练时间：35 分钟。

（三）训练场地：室内或室外（面积能够容纳各组进行相对独立的沟通而不受其他小组的影响），需要具备一个独立的空间（如小房间）。

（四）训练参与人数：全体参与，每组 4～5 人。

（五）训练材料：纸笔若干。

（六）训练操作流程：

1. 将学生分成 5～6 个组，每个组分别代表一家航空公司在市场经营。

2. 市场经营的规则：目前，所有航空公司的利润率都维持在 9%；在其他条件保持不变的情况下，如果有 3 家以下的公司采取降价策略，降价的公司由于薄利多销，利润率可达 12%，而没有采取降价策略的公司利润率则为 6%；如果有 3 家及以上的公司同时降价，则所有公司的利润都只有 6% 。

3. 每个小组派代表到小房间里，被告知上述训练规则。各小组代表需初步达成协商。初步协商之后，小组代表回到小组并将情况向小组汇报。

4. 各小组在讨论5分钟之后，需要做出最终决策：降价还是不降价？并将决定写在纸条上，同时交给教师。

5. 教师公布结果。

（七）训练注意事项：

1. 各小组内部要进行充分的沟通与协商。

2. 各小组之间严禁互相沟通。

3. 就各小组做出的决策，教师进行点评。

（八）训练交流与分享：

1. 你们组最终的决策是什么？做出这个决策的理由是什么？

2. 在训练过程中，会不会产生冲突和争议？大家是如何解决这一问题的？最终又是如何达成共识的？

3. 为什么看似对自己有利的决策却适得其反？

（九）训练总结与点评：

1. 本训练看似简单，但结果往往出人意料却又在情理之中，因为大部分公司都会选择降价，而降价会导致两败俱伤。本训练实际上是博弈论中“囚徒困境”的展示，个体理性有时能导致集体的非理性。

2. 看似对每个组都是合理的、最优的决策，在信息不对称、不充分的情况下却往往是在宏观上最不经济的决策。在无法进行有效沟通的情况下，即使在合作对双方都有利时，保持合作也是困难的。沟通是解决问题和拓展思维的有效工具，耐心倾听别人的意见，积极表达自己的想法，在综合考虑多种利弊关系的情况下，做出最终的决策，提升沟通的效率。

## 实训任务二　驿站传书

（一）训练目的：这是一个团队合作的项目，同时是团队与团队之间竞争的项目，具体训练目的如下：

1. 通过训练，了解沟通的过程和要素，体验沟通机制的重要性，建立信息资源共享意识，体会沟通中的组织障碍及控制方法。

2. 通过训练，学习如何灵活地面对环境的变化，同时遵守规则和规范，熟悉工作流程和制度规则的建立与修正。

3. 通过训练，提高分析和解决问题的能力和决策能力，认识到突破性思维的益处。

4. 通过训练，提高团队组织、实践、协调、解决问题的能力，体会团队计划能力、应变能力的重要性，加强团队沟通能力。

5. 通过训练，找出沟通过程中经常出现的问题并探索解决这些问题的方法，体会充分沟通对实现团队目标的重要意义。

（二）训练时间：45～60 分钟。

（三）训练场地：室内或者室外。

（四）训练参与人数：每组 10～20 人，2～8 组。

（五）训练材料：笔若干、写好数字的纸条、白纸若干、秒表。

（六）训练操作流程（见图 10－1）：

图 10－1　驿站传书训练

1. 全队成员排成一列，每两列之间有一定的距离，大概 100 厘米，自行约定信号及信号的传递方式后告诉教师。

2. 教师将 1 组自然数交给排尾，由排尾传递给排头。

3. 训练共分 3 轮进行，每轮开始之前各小组有 5 分钟讨论时间。

（七）训练注意事项：

1. 训练过程中，任何人不得离开座位。

2. 训练过程中，任何人不允许说话，不得回头。

3. 所有人的手不能超过其前面队员的背部的横截面（前方队员的可视范围之内）。

4. 前面队员的手的活动区域不能超过自己的背部的横截面。

5. 不允许传递任何有形的物品，包括数字短信息。

6. 不得使用手机等通信工具。

7. 每一轮传递完信息后，每一列的第一位队员立举手示意，教师即会上前收取信息。待所有组均提交信息后，由每组的最后一位队员大声读出卡片上的信息，看是否与纸板上所写的内容相符。

8. 每组在每一轮要用不同的方式传递，相当于每组在 3 轮中要用 3 种不同的方式传递信息（传递的时候要注意，如果小组在本轮用了在背部写字的方式，那么下一轮不管是用什么工具在背部写字，都算是同一种方式），各小组内部要进行充分的沟通与协商。

（八）训练交流与分享：

1. 小组如何进行决策？你在小组决策中发挥了怎样的作用？（团队决策和个人决策的视角）

2. 第一轮与第二轮操作中增加了哪些环节？如何确认结果？我们的企业中是否也有类似的情况发生？这些确认哪些是必要的，哪些是可以省略的？

3. 应该如何做计划？

4. 团队中的纠错体系和反馈机制应当如何建立？同一个信息，传达出去的和实际接收到的可能有很大的差别，因为中间受到许多干扰与阻碍。思考哪些因素会形成干扰而没法排除、控制或减少，以增加团队沟通的效能。

5. 有没有更快、更准确的方式来改进该训练？

（九）训练总结与点评：

1. 理解的基础：确保语言的一致性，建立共同的沟通频道。

在管理中讲究的是管理语言的一致性，这会让信息传递以同样的方式进行，否则因为每个人背景和倾向的不同，信息在传递中就会失真和选择性缺失。当推广某个项目或某种文化时，需要大家口径一致，就如同部队的统一口号与行为一样，这也是保证执行力到位的重要因素。

在沟通管理方面，在沟通模型中从A端传递信息到B端，中间会有一个编码与解码的过程，就如同谍战片中间谍们都会有统一的解码手册一样，如果大家所使用的解码频率不同，就会造成误解、曲解。工作上的信息传递不能有半点马虎，一个符号、一个小数点所导致的结果千差万别。团队信息传递是一个非常复杂的过程，只有我们每个人都彻底地贯彻执行同一个标准，才能保证最后的成功。

在团队中，建立统一的沟通频道和确保管理语言的一致性可以采取全员培训、讲座、团队文化标语、海报宣传、知识竞赛、网络推广、手机短信等方式，要做的第一步就是让受众产生对该事物的认知，没有认知就没有运用。

2. 沟通的原理：语言和反馈的重要作用。

训练可以设置为第一轮采用非语言的沟通方式，之后可以加入语言，变化为“你来比画我来猜”的训练形式，这样可以引申到语言在沟通中的重要作用。

如果仅仅是单向沟通而缺少沟通原理模型中的反馈，那么被沟通者所获得的信息也只是片面的，有效的沟通应该是在反复的反馈和纠偏中进行的，只有这样，才能保证信息尽可能少地失真传递。

企业所颁布的规则、制度、愿景、任务、目标，都需要接收者提供反馈，这样企业才有机会加以修正，否则无法做到兼听则明。作为执行者，也只有通过反馈、确认，才能领会任务目标的真正内涵，而不至于出现执行偏差。

3. 不理解的执行造成偏差。

在训练中，我们往往可以发现有这样一种人或一种心态，当训练进入混乱状态时，人们往往无法很快理解上一位伙伴所传递的信息，随之而产生一种心态，那就是：我不知道他传递的信息是什么，我只要记住他做的动作，依样画瓢传递给下一位就行了。这种心态是很可怕的。团队中也有这种人，流于形式，或者懒得深入理解与研究，我们还能期望这些休克鱼们执行到位吗？那么如何处理呢？引入激励和竞争机制是最好的办法，身处商业社会，商业价值是组织所追求的结果，对员工而言也是如此。

4. 环环相扣，缺一不可。

驿站传书的训练还可以体现团队的整体性，每一个人都模拟着各自的模块，在传递信息的过程中出现任何一个环节的疏漏都不行。放到班组来看，每条生产线、每个岗位和工种也都同样重要，人员理解能力、执行能力、创造能力、思维能力的高下决定着其是否可以做好这一岗位工作，因而才有了岗位技能提升的说法，因为每个岗位都不可或缺。

## 实训任务三　超音速

（一）训练目的：培养团队的沟通与协调、分工与合作的能力；引导学生不断提升学习能力，改进工作方法，确保团队决策有效执行。

（二）训练时间：45 分钟左右。

（三）训练场地：平整开阔的场地，可容纳 30 人跑动 10 米左右的距离。

（四）训练参与人数：20 人左右，分成 4 组。

（五）训练材料：一副扑克牌，将大小王取出。

（六）训练操作流程（见图 10－2）：

1. 在每个团队正前方的 10 米远处摆放挑战时要翻动的扑克牌，把扑克牌同花色的 13 张牌扣在场地上摆成任意图形。

2. 每个团队的成员要按照顺序站成纵队，团队成员依次去翻牌，从规定的起点开始到达摆放的终点，依次、有序地进行比赛。

3. 听到开始的口令后，每个团队每次只能派出 1 名成员去翻动扑克牌，并且每人每次只能翻动 1 张扑克牌，不论数字正确与否，翻完后都必须返回换下一名成员并与之在起点处击掌。

4. 翻出的牌的顺序必须从 A 到 K，当翻出牌的数字不正确时，要把扑克牌再扣上；当数字正确时，将扑克牌正面朝上，返回队伍继续让其他成员翻牌。在有限的时间内，按从小到大的顺序依次将指定的数字牌翻过来，用时最短的团队获胜。

（七）训练注意事项：

1. 本训练共分 3 轮，每轮成绩均使用积分制，第一名 10 分、第二名 8 分、第三名 6

图 10-2　超音速训练

分、第四名 4 分，率先完成的团队可以先进行讨论，为下一轮做准备。

2. 第二轮开始增加难度：不允许说话，不允许借助任何工具。第三轮要求采取与前两轮不同的方法。

3. 在室外进行训练时，要注意刮风等客观因素对训练的影响。例如：由于扑克牌很轻，被风吹动而改变了整个图案的形状，将给训练带来很多麻烦。

4. 严格制定并遵守训练规则，对经常出现的违反规则的情形，如前一名成员未归而后一名成员已经起跑、在不允许讲话的情况下大声提醒、不按既定的成员顺序进行训练等，要加大监督和惩罚的力度，如采取大声警告、总时间额外增加等措施，以保证竞争的公平性。

（八）训练交流与分享：

1. 在训练过程中，你尽力了吗？累不累？

2. 在训练过程中，你们团队是否找到了合适的方法？完成效果如何？

3. 团队的领导角色是否成功？（倾听、协调、组织、管理、分工）

4. 团队竞争目标是否明确？成员之间的交流、沟通、合作是否到位？

（九）训练总结与点评：

1. 欲速则不达，速度有快、有慢，还有方向，只有最适合自己的速度，才是最佳速度。在社会迅猛发展的背景下，如何适应时代的变化？激烈的战场上，速度是第一位的，在现实生活、学习和工作中也是如此。在快速发展的时代中，我们只有找到适合自己的速度，才能获胜。生活让你备感疲惫，你用忙碌来填充生活的每一秒，一种对落后的恐惧感无时无刻不围绕着你，你仍在继续忙碌，仍想提高自己的速度，可是有一天，你会在到达终点之前彻底崩溃。偶尔放慢一下速度，是为了下一次更好地出发。

2. 成功需要成本，时间也是一种成本，对时间的珍惜就是对成本的节约。时间也是生命，把握人生的每一秒，合理地运用时间就等于节约时间、珍惜生命。

3. 发挥团队的集体作用，只有团队的每一个人付出，整个团队才有好的收获；团队成员只有相互鼓励，才能共同进步。一个人可以跑得很快，但要想走得更好、更远，就需要团队的共同努力。在一个团队中，每个人都应该各司其职，每一个人都要充分贡献自己的力量，不能存在偷懒、滥竽充数的思想，只有最大化地发挥自己的特长，团队才能做到最好。

4. 在生活的单行路上，你可以加速，也可以减速，但万万不能的就是转身，一旦背道而行，你会伤痕累累。也许你在逃避生活，正在以逆方向行走于单行路上，所有人都在冲向你，你已经背离了所有人。但是，不要绝望，路就在你的脚下，立刻调整速度和方向，勇敢去追逐你所向往的美好生活。

## 实训任务四　Billy 和 Lilly

（一）训练目的：

1. 通过训练，让学生认识到高效沟通的意义，能够快速理解规则并运用到实际训练中。

2. 通过训练，让学生迅速找到并掌握训练中的沟通规律。

3. 当面对多个信息、多条线索和多个实物时，努力保持冷静，准确而迅速地实现信息流和实物流的正向与逆向传递流转。

（二）训练时间：20 分钟。

（三）训练场地：能够容纳 20 人围成一圈的宽敞场地。

（四）训练参与人数：不限，20 人以上为宜。

（五）训练材料：2 个不同式样的公仔。

（六）训练操作流程（见图 10－3）：

1. 全体学员围成一圈。

2. 教师先和相邻的学生甲进行演示。

教师：××（相邻学生甲的名字），你好！这是 Billy。

相邻的学生甲：这是什么？

教师：这是 Billy。

相邻的学生甲：哦，这是 Billy，谢谢！

3. 进行完这一对话程序，由学生甲对与其相邻的同学乙做介绍：

图 10－3　Billy 和 Lilly 训练

甲：××（相邻学生乙的名字），你好！这是 Billy。

乙：这是什么？

甲（转头对教师说）：这是什么？

教师：这是 Billy。

甲：这是 Billy。

乙：哦，这是 Billy，谢谢！

4. 将此对话一直持续下去，最终将 Billy 公仔传给教师，同时教师向另一个方向相邻的人传递 Lilly，这样两句话和两个公仔就朝相反的方向进行传递。

（七）训练注意事项：

1. 任何人都不能直接回答别人问自己的问题，只有教师能够给出答案。

2. 教师要密切注意对话的流向，特别是 Billy 和 Lilly 的走向。

3. 教师应该提醒对话过程中的回答规律，要求学生具有高度的注意力和反应能力。

4. 对于回答错误的人员，可以适当做些惩罚。

（八）训练交流与分享：

1. 你对本训练的第一感觉是什么？为什么会有这种感觉？

2. 有效沟通的原则和要点是什么？

3. 你在训练中有没有感觉到信息混乱？你是如何解决这个问题的？

4. 本训练的规律是什么？

（九）训练总结与点评：这是一个非常有趣和复杂的训练，可作为晚会游戏或者用于暖场环节。考查的是高效沟通与信息传递的能力。沟通是一种重要的能力，在人际交往、日常生活和工作学习中具有重要的作用；实现高效沟通需要用心倾听，对信息进行识记、理解和加工，同时准确、全面、简洁地进行传递。

## 实训任务五 寻人训练/班级签名

（一）训练目的：

1. 通过训练，寻找符合某种特质的人并请其签名，更好地增进团队成员间的相互了解，为进一步合作打下良好基础。

2. 通过训练，增进团队成员间的相互了解，提升沟通的效率，活跃课堂气氛。

（二）训练时间：45分钟。

（三）训练场地：有桌子的室内。

（四）训练参与人数：30人左右。

（五）训练材料：

1. 每名参与者均需准备一支笔。

2. 教师需为每名参与者提供一张寻人训练/班级签名工作表（见表10-1）。

表10-1 寻人训练/班级签名工作表

班级________ 姓名________ 日期________

| | | | |
|---|---|---|---|
| 来自××以外省份的 | 与我是同乡的（同一个省市） | A型血的 | 与我生日同月或同日的 |
| 身高180厘米以上的 | 姓名中与我有相同或同音的字 | 身份证号码有X的 | 喜欢打篮球的 |
| 参加过拓展训练的 | 睡觉打呼噜的 | 曾义务献血的 | 有共同偶像的 |
| 颜值最高的 | 勇于为班集体奉献的 | 不吃辣的 | 曾担任班干部的 |
| 与我使用同一款手机的 | 为我的微信朋友圈点赞最多的 | 曾吵过架的 | 有过健身经历的 |

（六）训练操作流程：

1. 把寻人训练/班级签名工作表发给每一位学生。

2. 让每位学生以最快的速度找到与表格中相匹配的人并让其在表格中签名，每人只能签一个格子。

3. 最先获取全部签名的为胜利者，完成的学生将签名交还给教师。

（七）训练注意事项：

1. 不能有重复的签名，而且表格中不能有自己的签名。

2. 必须实事求是。别忘了感谢为你签名的人，并记得他（她）的名字。

3. 在充分沟通的基础上，如果没有人具备表格中的特质，允许该项空白，最多允许3项空白。

（八）训练交流与分享：

1. 最快完成签名的学生的经验是什么？

2. 最慢完成签名的学生的教训是什么？

3. 完成表格后最大的感受是什么？

4. 怎样收集信息的效率最高？

5. 沟通和交流对完成训练有什么作用？

（九）训练总结与点评：对于团队中的其他成员，你是否已经认识和熟悉了？经过高效的沟通和交流之后，双方的了解程度会进一步加深。获取签名的过程实际上也是一个不断沟通的过程，从中我们会发现主动性和积极性对于沟通的重要作用，主动沟通是重要的品质。

## 实训任务六　三个进球

（一）训练目的：通过训练，向学生展示良好的沟通对于提升工作成绩的作用，这是一个充分证明了指令明确和有效沟通在协同工作中的作用的训练。

（二）训练时间：5～10分钟。

（三）训练场地：宽阔的室外或室内场地，长度或宽度超过10米。

（四）训练参与人数：不限。

（五）训练材料：1个大垃圾桶（用来接球）、40个网球（放在袋子或盒子里）、1个眼罩。

（六）训练操作流程（见图10-4）：

1. 邀请1名志愿者，让他和教师一起站在前面。

2. 让志愿者面向某一个方向站好，目视前方。然后，把装有40个网球的袋子交给他。

3. 把垃圾桶放在志愿者的身后，垃圾桶与志愿者间的距离约为10米。注意不要把垃圾桶放在志愿者的正后方，要让垃圾桶略向旁边偏一些。

4. 告诉志愿者他的任务是向身后的垃圾桶里扔球，至少要扔进3个球才算成功，告诫志愿者不许回头看自己的球进了没有、落在了哪里。

5. 让其他队员指挥志愿者，告诉他如何调整投掷的力量和方向才能进球。注意，这

图 10-4　三个进球训练

里只允许通过语言传达指令。

6. 等志愿者扔进了3个球后（这可能颇费周折），引导队员就如何在工作中加强沟通展开讨论。

（七）训练注意事项：

1. 志愿者不可以左顾右盼，更不能回头；条件允许，可以戴上眼罩。

2. 其他队员只可以用语言同志愿者沟通。

3. 人数较多时，可以分组进行。

（八）训练交流与分享：

1. 哪些因素帮助你实现了目标？

2. 哪些因素增加了实现目标的难度？

3. 负责指挥的队员是否感觉好像自己进了球一样？

4. 如何才能更快、更好地实现目标？

5. 本训练揭示了什么道理？

6. 如何将本训练和我们的实际工作联系起来？

（九）训练总结与点评：当不能使用甚至失去视觉后，我们的沟通就只能通过语言和听觉来进行。发出指令者必须准确清晰地传递信息，而接收者必须根据指令不断进行调整和完善。在沟通过程中，必须迅速掌握沟通的技巧和规律，实现高效和顺畅的沟通，避免出现信息传递失真和沟通不畅的情况。

## 知识链接

# 一、沟通力的内涵

从一般意义上讲，沟通就是发送者凭借一定的渠道（又称媒介或通道），将信息发送给既定对象（接收者），并寻求反馈以达到相互理解的过程。沟通的目的是让对方达成行动或理解你所传达的信息和情感，即沟通的品质取决于对方的回应。良好的沟通是要说对方想听的，听对方想说的。要想达到这个目的就必须进行有效的编码、解码与反馈。它包含以下几层意思：

## （一）沟通首先是信息的传递

沟通包含意义的传递，如果信息没有传递给既定对象，那么就没有发生沟通。也就是说，如果演讲者没有听众或者写作者没有读者，那么就无法构成沟通。

沟通中的信息包罗万象。在沟通过程中，我们不仅传递信息，而且表达赞赏或不快之情，或者提出自己的意见和观点。这样，沟通的信息就可分为：1）语言信息，包括口头语言和书面语言信息，两者所表达的都是一种事实或个人态度；2）非语言信息，是指沟通者所表达的情感，包括副语言和身体语言信息等。在沟通过程中，发送者首先要把传送的信息“编码”成符号，接收者则进行相反的“解码”过程。沟通者要完整地理解传递来的信息，即既要获取事实，又要分析发送者的价值观、个人态度。只有这样，才能实现有效的沟通。

## （二）信息不仅要被传递到，还要被充分理解

完美的沟通如果存在，那么经过传递后，接收者所感知到的信息应与发送者发出的信息完全一致。值得注意的是，信息是一种无形的东西。在沟通过程中，所有传递于沟通者之间的只是一些符号，而不是信息本身。传送者要把传送的信息翻译成符号，接收者则要进行相反的翻译过程。由于每个人的“信息-符号储存”系统并不相同，因此对同一符号常常存在不同的理解。

## （三）有效的沟通并不是沟通双方达成一致意见，而是准确地理解信息的含义

许多人认为，有效的沟通就是使别人接受自己的观点。实际上，你可以明确地理解对方所说的意思但不一定同意对方的看法。沟通双方能否达成一致意见，对方是否接受你的观点，往往并不是沟通有效与否这个因素决定的，它还涉及双方利益是否一致、价值观念是否相似等其他关键因素。例如：在谈判过程中，如果双方存在根本利益的冲突，即使沟

通过程中不存在任何干扰，谈判双方的沟通技巧十分纯熟，往往也不能达成一致意见，而在这个过程中双方都已充分了解对方的要求和观点。

### （四）沟通是一个双向、互动的反馈和理解过程

有人认为，既然我们每天都在与别人沟通，那么沟通并不是一件难事。是的，我们每天都在进行沟通，但这并不表明我们已经是一个成功的沟通者，正如我们每天都在工作并不表明我们每天都能获得工作上的成就一样。沟通不是一个纯粹的单向活动。或许你已经告诉对方你所要表达的信息，但这并不意味着对方已经与你进行了沟通。沟通的目的不是行为本身，而是在于结果。如果预期结果并未产生，接收者并未对你发出的信息做出反馈，那么就没有达成沟通。

## 二、沟通力的价值

人是社会的动物，社会是人与人相互作用的产物。马克思指出：“人是一切社会关系的总和”，“一个人的发展取决于和他直接或间接进行交往的其他一切人的发展”。因此，沟通能力既是一个人生存与发展的必备能力，也是决定一个人成功的必要条件。

### （一）职业工作需要沟通能力

各行各业，无论是会计、社会工作者、工程师，还是医生、护士、教师、推销员，沟通的技能都非常重要。整体护理活动的实践表明，护士有70%的时间用于与他人沟通，剩下30%左右的时间用于分析问题和处理相关事务。很显然，同其他职业一样，护理不仅需要专业知识和技能，而且越来越需要与他人进行沟通的能力。

### （二）社会活动需要沟通能力

人们在生活中每时每刻都离不开实践活动，总不免要与他人沟通。但是，沟通本身并不是非常容易的事。往往是：要向他人表达一个意思，却始终说不清楚；要为他人办一件好事，但有可能弄巧成拙；本来想与他人解除原有的隔阂，但可能弄得更僵。所以说，人们在开展现实的实践活动时，需要具备一定的沟通能力。

### （三）沟通也是个人身心健康的保证

与家人沟通，能使你享受天伦之乐；与恋人沟通，能使你品尝到爱情的甘甜；在孤独时，沟通会使你得到安慰；在忧愁时，沟通会使你得到快乐。英国著名文学家、哲学家培根有句名言：“如果把快乐告诉朋友，你将获得两份快乐；如果你把忧愁向朋友倾吐，你将被分担一半忧愁。”

## 三、沟通力提升的方式与途径

### （一）个人沟通能力提升的路径

1. 开列沟通情境和沟通对象清单

这一步非常简单。闭上眼睛想一想，你都在哪些情境（如学校、家庭、工作单位、聚会以及日常的各种与人打交道的情境）中与人沟通。再想一想，你都需要与哪些人沟通，如朋友、父母、同学、配偶、亲戚、领导、邻居、陌生人等。开列清单的目的是清楚自己的沟通范围和对象，以便全面地提高自己的沟通能力。

2. 评价自己的沟通状况

在这一阶段，问自己如下问题：

· 对哪些情境的沟通感到愉快？

· 对哪些情境的沟通感到有心理压力？

· 最愿意与谁保持沟通？

· 最不喜欢与谁沟通？

· 是否经常与多数人保持愉快的沟通？

· 是否经常感到自己的意思没有说清楚？

· 是否经常误解别人，事后才发觉自己错了？

· 是否与朋友保持经常性联系？

· 是否经常懒得给人写信或打电话？

…………

客观、认真地回答上述问题，有助于了解自己在哪些情境中、与哪些人的沟通状况较为理想，在哪些情境中、与哪些人的沟通需要着力改善。

3. 评价自己的沟通方式

在这一阶段，主要问自己如下问题：

· 通常情况下，自己是主动与别人沟通还是被动沟通？

· 在与别人沟通时，自己的注意力是否集中？

· 在表达自己的意图时，信息是否充分？

主动沟通者与被动沟通者的沟通状况往往有明显差异。研究表明，主动沟通者更容易与别人建立并维持广泛的人际关系，更可能在人际交往中获得成功。沟通时保持高度的注意力，有助于了解对方的心理状态，并能够较好地根据反馈来调节自己的沟通过程。没有人喜欢自己的谈话对象总是左顾右盼、心不在焉。

在表达自己的意图时，一定要尽可能让自己被信息接收方充分理解。沟通时的言语、动作等信息如果不充分，则不能明确地表达自己的意思；如果信息过多，出现冗余，也会引起信息接收方的不舒服。最常见的例子就是，你一不小心踩了别人的脚，那么“对不起”就足以表达你的歉意。如果你还继续说：“我实在不是有意的，别人挤了我一下，我又不知怎么的就站不稳了……”这样啰唆反倒会令人反感。因此，信息充分而又无冗余是最佳的沟通方式。

4. 制订、执行沟通计划

通过前几个步骤，你一定能够发现自己在哪些方面存在不足，从而确定在哪些方面重点改进。例如：沟通范围狭窄，则需要扩大沟通范围；忽略了与友人的联系，则需要给友人写信、打电话；沟通主动性不够，则需要积极主动地与人沟通；等等。要就此制订一个循序渐进的沟通计划，然后把自己的计划付诸行动，体现在具体的生活小事中。例如：觉得自己的沟通范围狭窄，主动性不够，你可以规定自己每周与两个素不相识的人打招呼，如问路、说说天气等。在制订和执行计划时，要遵循小步走的原则，即不要对自己提出太高的要求，以免实现不了，反而挫伤自己的积极性。小要求实现并巩固之后，再对自己提出更高的要求。

5. 对计划进行监督

这一步至关重要，一旦监督不力，可能会功亏一篑。最好是进行自我监督，如用日记、图表记载自己的发展状况，并评价与分析自己的感受。当你完成了某一个计划，如跟一直不敢说话的异性打了招呼，你可以奖励自己一顿美餐或是看场电影。这样有助于巩固阶段性成果。如果没有完成计划，就要采取一些惩罚措施，如做俯卧撑或是做一些以往自己懒得做的体力活。总之，计划的执行需要信心，要坚信自己能够成功。记住：一个人能够做的，比他已经做的和相信自己能够做的要多得多。

### （二）团队沟通的技巧

沟通力是团队建设的软实力，它关系到团队成员的亲和力、信任力和凝聚力。提升团队沟通力，可以从以下角度入手。

1. 积极倾听

在团队沟通的过程中，除了要掌握有效倾听的基本技巧外，还要注意顺利转换倾听者与说者的角色。对于在课堂上听讲的学生来说，可能比较容易形成一种有效的倾听模式。因为此时的沟通完全是单向的，教师在讲而学生在听。在大多数团队活动中，听者与说者的角色在不断地转换，积极的听者能够使从说者到听者以及从听者再回到说者的角色转换十分流畅。从倾听的角度而言，这意味着全神贯注于说者所要表达的内容，即使有机会也不去想自己接下来要说的话。

在团队中，言谈是最直接、最重要、最常见的一种沟通途径，有效的言谈沟通在很大程度上取决于倾听。有人发现，具有良好倾听技能的人往往可以在工作中自如地与他人沟通。作为团队，成员的倾听能力是保证团队有效沟通和保持团队旺盛生命力的必要条件。

作为个体，要想在团队中获得成功，倾听是基本要求。有研究表明，成功的经理人大多是很好的倾听者。

### 2. 加强语言沟通

既要融入一个整体良好的团队，又要拥有独立的私人生活，这两种愿望带来的压力流露在每个成员在讨论时发表的意见中。因此，要除去这种压力，团队成员必须对话，即成员们必须交换和适应相互的思维模式，即所有人都能对所讨论的意见达成共识。

对话是一种交流，通过这种交流，人们可以琢磨出他们能够认同的含义。对话经常需要对想法进行重新界定。这就要求在沟通时运用坦诚、负责、肯定以及恰当的语言，创造成员之间相互关注、支持交流、降低防卫的氛围。团队沟通要加强以下几点：

（1）坦诚。坦诚是指开放性的沟通，了解自己，关注他人，关注你的需求或明确想让他人知道的事情。坦诚的陈述虽然很直接，但它同时谦恭有礼，并且顾忌他人的感情。坦诚是为自己的沟通负责，不让别人来操纵你的反应。坦诚之人既展示自我，希望影响他人，又高度重视他人的权利，他们知道怎样运用外交手段和沟通手段。

（2）负责。负责的语言为他人改变其观点和观念留有余地。当语言更富假设性而非肯定性时，团队就会有更多的合作、更少的防御。缓和你的语气，接受他人的观点以保持开朗、合作的氛围。

（3）肯定。当别人承认你的想法和感受，真正倾听你并做出回应时，你会有被认可的感觉。当你被肯定时，就容易坦诚，容易出效率，也容易为团队做出贡献。肯定一位团队伙伴将有助于他全力以赴地工作，也有助于团队创造一种合作的氛围。

（4）恰当。恰当是指使用适合团队成员、自己及团队现况的语言。能否选择恰当的语言取决于你是否对它敏感，以及你如何判断想要达到的目的。这种选择同时需要用心和用脑。恰当包括你能考虑到的知识层面、背景和感受。

### 3. 注重非语言沟通

非语言沟通是指人们从语言中包含的指示或语言之外的提示中解析出的含义。人们常常没有意识到其眼神、身体、面部表情和声音中存在的非语言信息。人们对你的看法，包括你的能力、可信度、亲和力，与你的非语言沟通有直接的关系。

（1）运用肢体语言。不太开放的成员不善于抓住说话的机会，需要有人帮他们一把。要帮助他人参与沟通，根本在于你的关注。你可以通过保持目光接触和用让他人感到舒服的姿势为他人着想，如用面向说话人、往前靠这样的方式，对成员表示你的反应。

（2）表现出强烈的自信心。假设有一个令你兴奋、激动的主意，但你又担心面临质疑。在解释这个想法时，假如你全力以赴，你的脸、身体、嗓音都会表露出积极的情绪，同伴就会受这种情绪的感染，听从你的建议。因此，你在沟通时需要脸、身体、声音、演讲能力的全力支持，这有助于使你传递的信息显得有趣、可信。

案例

## 阿维安卡51航班的悲剧

1990年1月15日晚7:40，阿维安卡51航班正飞行在美国南新泽西海岸上空3.7万英尺（约11 277米）的高空。机上的油量可以维持近两个小时的飞行，在正常情况下飞机降落至纽约肯尼迪机场仅需不到半小时的时间，可以说油量充足且十分安全。然而，此后发生了一系列的耽搁。

晚上8:00，肯尼迪机场航空交通管理员（以下简称管理员）通知51航班的飞行员，由于严重的交通问题他们必须在机场上空盘旋待命。

8:45，51航班的副驾驶向肯尼迪机场报告他们的燃料快用完了。管理员收到了这一消息，但在9:24之前，飞机仍没有被批准降落。在此之前，阿维安卡机组成员再没有向肯尼迪机场传送任何表示“情况危急”的信息，但飞机座舱中的机组成员却相互紧张地通知他们的燃料供给出现了危机。

9:24，51航班第一次试降失败。由于飞机高度太低以及能见度太差，因而无法保证安全着陆。当肯尼迪机场指示51航班进行第二次试降时，机组成员再次提到他们的燃料将要用尽，但飞行员却告诉管理员新分配的飞机跑道“可行”。

9:31，飞机的两个引擎失灵，1分钟后，另外两个也停止了工作，耗尽了燃料的飞机于9:34坠落于长岛，机上73名人员全部遇难。

当调查人员听了飞机座舱中的磁带，并与当班的机场管理员讨论之后，他们发现导致这场悲剧的原因是沟通障碍。

首先，飞行员一直说他们“油量不足”，管理员告诉调查人员这是飞行员们经常使用的一句话。当被延误时，管理员认为每架飞机都存在燃料问题。但是，如果飞行员发出“燃料危机”的呼声，那么管理员有义务优先为其导航，并尽可能迅速地批准其着陆。遗憾的是，51航班的飞行员从未说过“情况危急”，所以肯尼迪机场的管理员一直未了解到飞行员所面对的真正困境。

其次，51航班飞行员的语调也并未向管理员传递有关燃料告急的严重信息。许多管理员接受过专门的训练，可以在这种情境下捕捉到飞行员声音中极细微的语调变化。尽管51航班的机组成员表现出对燃料问题的极大忧虑，但他们对肯尼迪机场传达信息的语调却是冷静且职业化的。

最后，飞行员的文化和传统以及机场的职权也使得51航班的飞行员不愿意声明“情况危急”。当把紧急情况正式报告之后，飞行员需要写出大量的书面报告。另外，如果最终发现飞行员在计算飞行中需要多少油量方面存在疏忽大意的话，那么联邦飞行管理局就会吊销其驾驶执照。这些消极的强化因素极大地阻碍了飞行员发出紧急呼救。在这种情况下，飞行员的专业技能和荣誉感就变成了赌注。

资料来源：田耘：《阿维安卡51航班的悲剧》，载《中外管理》，2005（9）。

案　例

## 东航客舱部启动新晋乘务员沟通话术培训

2017年2月27日，一场“靓话宝典”与“两舱解密”课程的教员TTT培训拉开了东航客舱服务部2017年度新晋乘务员沟通话术培训的序幕，东航客舱服务部30名OJT教员参加了培训。

为进一步提升新晋乘务员的沟通能力与“两舱”培训的质量，东航客舱服务部着力于以提高新晋乘务员与旅客的沟通能力以及“两舱”参训前的辅导为突破口，由培训管理部开发了“靓话宝典”与“两舱解密”课程。这两门课程以飞行满200小时但并未参加过“两舱”初始培训的新晋乘务员为授课对象，由东航客舱部OJT教员授课，课程内容丰富、新颖，实用性极高。其中“靓话宝典”课程旨在帮助有一定普通舱飞行经验的乘务员，解决在特殊情况下与旅客沟通的实际困惑问题；而“两舱解密”课程则是在乘务员参与“两舱”初始训练前给予其培训难点的解读，作为过渡性培训，从而帮助其更快、更好地为“两舱”培训做好充分准备和预习。

东航越发庞大的机队规模、越发开阔的航空市场，在带来无限可能、无限机遇的同时，也将新晋乘务员越来越多、低龄化现象越发普遍、初始乘务员培训时间较短、各等级乘务员轮转频繁等一系列难题摆在了东航客舱系统面前。本次系列课程就是在经过充分调研、细心研究后，从三个方面全力“打造”的，即课程质量的用心打造、培训模式的创新打造和精品课程的全面打造。东航客舱服务部所有OJT教员都参与了这两门课程的开发和制作，课程内容经过多次分组研究、集中讨论，汇总了教员们的飞行经验和实际案例，同步提升了课程质量。同时，本次系列课程首次着手于基础沟通话术和未来的“两舱”培训，使创新的培训模式成为乘务员今后培训的方向和重点。而在充分考虑分公司的培训需求后，该课程还特别研发了“单通道”飞机版本，使其能更好地在客舱系统内推广应用。

当然，此次培训也是构建客舱“智慧化”培训体系的创新尝试，使培训既从实际需求出发、解决当下所发生的问题，又以发展的眼光看待即将要发生的事件，从而给出最佳的培训方案。相信随着两门课程的全面铺开，东航新晋乘务员的沟通能力和“两舱”培训及服务的应对能力会有显著的进步，从而助力机上服务质量得以全面提升。

资料来源：http：//www.caacnews.com.cn/1/6/201703/t20170301_1209854.html

**课外拓展**

1. 寻找一个关于沟通力的民航业真实案例，根据本项目理论思考与分析，并以小组为单位分享。

2. 以沟通力为主题，以小组为单位，提炼自己平时学习生活中的2～3个案例与同学分享。

自我测试、课后锦囊和参考文献请扫描下方的二维码。

# 项目十一　意志力的有效提升

## 项目导引

本项目主要介绍意志力的内涵以及提升意志力的方式与途径等内容。通过学习本项目，学生可以对意志力有一个全面的了解。通过本项目的训练，学生可以更加全面地认识意志力的价值，更好地提升自身的意志品质，丰富自身的能力体系以及加强团队意志力，从而更好地指导实践。

## 学习目标

### 一、知识目标

1. 熟悉意志力的内涵。

2. 理解意志力的完善与学习者之间的关系。

### 二、能力目标

1. 能够掌握有效提升意志力的具体方法和程序。

2. 具备提升意志力的能力，并在实践中反思。

## 案例导入

### 刚柔并济的“飞天女兵”：天航女子安全员石翠

提起女子航空安全员，总觉得这个群体有一丝神秘感，如果再加上部队背景，则更加重其传奇色彩。那么什么样的女生可以成为万米高空上的“航班卫士”？在她们职业生涯背后都会有哪些故事……带着这些问题，今天就让我们一起去了解下天津航空首批女子航空安全员之一的石翠。

刚见到石翠时，她刚刚执行完航班任务，眼前这位身高一米七，干练却略显羞涩的四川姑娘，让人眼前一亮。

在之后的交谈中，我们了解到，今年24岁的石翠出生在一个军人世家，家中三代人都在部队挥洒过青春。正是这种浓厚的军人家庭氛围，支持着石翠做出了去新疆当兵的决定，成为一名光荣的武警战士。在部队里锻炼了石翠坚忍、顽强的意志力，也为之后成为民航安全员打下了基础。谈起军队生活，石翠回忆道："在部队里男兵和女兵没有什么区别，没有人会特别照顾你，我们也和大家一样，需要完成所有训练项目。"石翠在新疆当兵的第一年，全团进行270公里负重野外拉练，新疆12月份天气条件十分恶劣，石翠和她的战友们迎着风雪在山里徒步行进了一周，这个过程中很多人脚上磨出了血泡，也有人因滑倒腿受了伤。身体素质较强的石翠看到有人受伤，主动扮演起拐杖的角色，搀扶着受伤的女兵走了两三天。

当兵的经历造就了石翠坚忍不拔的性格和高度的组织纪律性。部队退役之后，石翠在2016年正式成为天津航空首批女子安全员。众所周知，航空安全员大多是男子的天下，但随着航空安全事业的不断发展，女子安全员也成为航空安全不可忽视的新生力量。这些青春活力的女生，虽然体力上没有男队员强悍，但刻苦的劲头一点儿也不亚于男生。在选拔培训期间，她们每天5点钟起床，上午2000米热身准备活动后，就是擒敌拳和客舱擒敌术的训练。下午头顶烈日，与男队员一起完成15公里体能训练，每一个动作她们都力争合格规范完成。动作训练看似简单，但是每一个小细节都是经过成百上千次的练习，才能达到最佳的效果。经过高强度、军事化训练，并进行意志训练、搏击实战训练、摔擒训练、警械搏击训练、犯罪心理训练等军事化体能强化训练和理论培训，女子安全员不畏艰辛，不畏困难，奋力拼搏，克服一个又一个身体上的极限，最终通过层层考核，以优秀的成绩毕业，成为一名合格的航空卫士。

和男安全员相比，女安全员多了几分亲和力和韧劲儿，她们刚柔并济的方法在处理很多一般扰乱行为的时候有很大的优势。石翠回忆起自己的经历时说道："在一次飞往三亚的航班上，两位女性旅客因为座椅靠背问题起了争执，这本是一件在飞行中很平常的小事，在乘务员了劝解之下也开始缓解，但是随行的两位男性旅客觉得自己的同伴受了委屈，开始大声吵闹。旅客希望我给做个评判，我把给家人朋友劝架的方法用上了，劝解大家，'都是出门旅行，高高兴兴最重要，千万别破坏了心情，评判谁是谁非又能怎样呢。'"在石翠耐心柔和的劝导下，平息了这次争执，得到了机上其他旅客的认可和赞赏。

资料来源：民航资源网，2019-03-29.

**案例解读**

女安全员这个群体虽然不大，但女安全员凭借自身的意志力，坚忍不拔，刻苦训练，为每一架航班保驾护航，也为航空安全员队伍添上一抹靓丽的色彩，构建起更加坚固的空防安保防线。

---

**小任务** 阅读案例后，以小组为单位分享案例所述事件发生时意志力所发挥的重要作用。

## 任务实训

### 实训任务一 摸石过河

（一）训练目的：

1. 通过训练，体会在长距离比赛中保持平衡与速度对体能、意志的挑战性。
2. 在最短时间内迅速找到适合自身特点的方法，并不断提高速度和效率。
3. 从其他组的队员身上借鉴更好的方法并应用于自身，提升自己的意志力与学习力。

（二）训练时间：30 分钟。

（三）训练场地：平整宽阔的场地。

（四）训练参与人数：不限，分成 2～4 组。

（五）训练材料：每组需要 3～6 块加密 EVA 材质的砖块。

（六）训练操作流程（见图 11－1）：

图 11－1 摸石过河训练

1. 起点与终点距离10米，采用迎面接力赛的方式，以时间计成绩。

2. 每个队员手持3块砖块，放在起点线后沿，听到教师发出“各就各位”口令时，队员两脚站立在砖块上。

3. 当教师下达“开始”口令时，队员即可启动。

4. 提起左脚（左、右脚可以自定），用手拿起原左脚踩踏的1块砖块并放置于前方（距离自定），左脚踏上前方砖块。

5. 提起右脚，用手拿起原右脚踩踏的那块砖块并放置于前方（距离自定），右脚踏上前方砖块。

6. 这样依次前进，直至最后一块砖块越过终点线为止。

7. 同伴接力，用同样的方法返回起点；用时最少的组获胜。

（七）训练注意事项：

比赛过程中，身体任何部位不得直接触碰除砖块以外的支撑物，未达到终点之前肢体任何部位触地者，总时间加上3秒/次，累计超过两次以上者，须从起点的位置重新出发。

（八）训练交流与分享：

1. 如何更高效地完成比赛?

2. 体力接近或达到极限时，如何坚持下来?

（九）训练总结与点评：更好、更快地完成训练的方法包括：向前放置砖块的距离不能大于手臂长度，一般和手臂长度相等即可，这样容易放和拿；3块砖块要放在一条直线上或者接近一条直线；每次向前跨不同的脚，不要在砖块上换脚，身体的朝向必须是一左一右，这样速度快。平时看似很短的一段路，在训练过程中却显得特别长，训练对体能的消耗特别大，要求也比较高，尤其是在每段接力的最后时刻，学生的疲劳度也达到最大值，此时学生就需要以顽强的意志力支撑走完最后的距离。

## 实训任务二　法柜奇兵

（一）训练目的：

1. 让所有学生都积极参与，磨炼意志，共同迎接挑战。

2. 建立小组队员间的相互信任。

3. 让队员们自然地进行身体接触和配合，消除害羞和忸怩的心理。

4. 积极地沟通和协作，在有限的时间内完成看似不可能的任务。

（二）训练时间：90分钟。

（三）训练场地：户外，有两棵间距在5米左右的大树或可以直立的杆子。

（四）训练参与人数：不限，人数较多时，需要将队员划分成若干个由10～16个人组成的小组。

（五）训练材料：每个小组需要1根约6米长的绳子。选取两棵相距约5米、直径为150毫米左右的大树（或相同间隔距离的可以直立的杆子）；海绵垫1块；如果准备了橡胶蜘蛛的话，把它吊在绳子中间，用以烘托训练气氛。

（六）训练操作流程：

1. 训练开场白，示例如下：

看过《法柜奇兵》这部电影的人一定会记得其中魔窟历险这场戏，魔窟中遍布绊网。一旦有人不小心碰到了绊网，毒箭就会从四面八方射出来。这里我们要进行一次类似的冒险。请把系在两树之间的绳子想象成魔窟中的绊网，整个小组都要从绳子上面过去，且绝对不能碰到绳子。如果有人碰到绳子，整个小组都会被毒箭射死。重申一下，训练成功的条件是从绳子上面过去，而且不能碰到绳子。祝你们好运！

2. 如果有人在训练过程中碰到绳子，整个小组必须重新开始。

（七）训练注意事项：

1. 所有人从绳子上面通过且不能触碰绳子，绳子必须拉紧。

2. 如果需要抬起同伴，必须轻举轻放。

3. 不能助跑起跳，不能从高处突然跳下。

（八）训练交流与分享：

1. 各小组的“战况”如何？

2. 当面对这根绳子时，你的第一感觉是什么？是否有通过它的信心？

3. 你在训练过程中碰到了什么问题？是怎样分析问题的？

4. 每个人的任务是什么？

5. 整个小组的运作是否有效？为什么？

6. 你遇到了什么困难？是如何克服这些困难的？

7. 哪些因素有助于你成功地完成训练？哪些因素会产生干扰？

（九）训练总结与点评：

1. 培养共同挑战困难的团队协作精神。

2. 建立团队成员间的相互信任和相互支持。

3. 打破团队成员间的身体行为坚冰，能够很好地利用自己的身体进行合作。

4. 积极地沟通和协作，在有限的时间内完成看似不可能的任务。

5. 细节决定成败，尽量减少各种不利因素，体会良好的监督机制对完成任务的价值。

## 实训任务三　盲人足球赛

（一）训练目的：

1. 通过训练，培养团队的意志力，建立团队成员间的相互信任。

2. 通过训练，促进沟通与交流，让团队内部的关系更加融洽。

3. 通过训练，培养团队合作精神，让团队凝聚力进一步增强。

（二）训练时间：30分钟。

（三）训练场地：宽阔平整的场地，足球场最佳。

（四）训练参与人数：20人左右。

（五）训练材料：

1. 2个及以上的足球（要用含气量不足的足球，这样每踢一下，球不会滚得太远）。

2. 哨子1个。

3. 两种颜色的眼罩若干。

（六）训练操作流程（见图11-2）：

图11-2　盲人足球赛训练

1. 留出2～3个人做监护员。监护员负责安全事宜，同时兼任边裁。把其他队员带到场地中间，并把他们分成两个人数相同的小组。注意，每个小组的总人数为偶数。

2. 每个队员在自己的小组内找一个搭档。

3. 根据眼罩的颜色分别给两个小组命名。如果你买的是黄色和绿色的眼罩，那么把一个队称为黄队，另一个队称为绿队。把黄色的眼罩发给黄队，绿色的眼罩发给绿队。确保每对搭档拿到一副眼罩。每对搭档中只有一个人戴眼罩，另一个人不戴。

4. 告诉大家："我们即将进行一场别开生面的足球赛。每对搭档中，只有被蒙上眼睛的队员才可以踢球，他的搭档负责告诉他朝什么方向走、做什么。"

5. 详细解释训练规则。要求那些被蒙上眼睛的队员保持类似于汽车保险杠的姿势——弯曲双肘，手掌向外，手的高度与脸齐平。在发生意外碰撞时，这种姿势有助于避免或减轻对身体上半部的伤害。负责指挥的队员不允许触碰自己的同伴，只能通过语言表达指令。这场球赛中没有守门员，每个队踢进对方球门一个球得一分。教师是这场比赛的裁判。任何一队进球后，都要把球拿回场地中央，重新开始比赛。如果球被踢出了界，裁判负责将球滚回场地。比赛一共进行10分钟，中场休息，双方交换场地。

6. 宣布完训练规则之后，让两个队用投掷硬币的方法选择场地。场地定好后，把两个球放在场地中央。然后吹哨，开始训练。用两个球意味着比赛中每个队一个球，各自为多得分而奋斗。

7. 在中场休息的时候，可以让每队搭档交换角色，即原来负责指挥的那个队员戴上眼罩，让原来被蒙上眼睛的队员负责指挥。

8. 在参加人数较多的情况下，可以考虑用3～4个球。

（七）训练注意事项：

1. 不允许把球踢向空中，在任何时候，球都是在地面上滚动。如果某个队员踢了高球，裁判会暂停比赛并把该队员罚下场一段时间。

2. 进球后，中场开球，重新开始比赛。

3. 戴眼罩的队员必须听从其他队员的指挥，不允许鲁莽冲撞。

（八）训练交流与分享：

1. 哪个队取得了最终的胜利？

2. 哪些因素有助于最终取得胜利？

3. 被蒙上眼睛的队员感受如何？

4. 指令的清晰度如何？

5. 哪些方面还有待改进？

6. 这个训练对我们的实际工作有何启发？

（九）训练总结与点评：这是一项锻炼团队意志力和沟通能力的训练，通过蒙上双眼并由他人进行指挥引导的方法，两队进行一场特殊的足球赛，进球多者获胜。当我们"失去"视觉之后，面对完全陌生的环境，必须迅速适应和进入状态，高度集中注意力，在嘈杂的现场辨识自己搭档的声音与指令并听从其指挥，其间不断调整和修正自己的行为，确保情绪不受比分影响，所有的这些都是对意志力的磨炼与提升。

## 实训任务四　足够高

（一）训练目的：

1. 培养共同战胜困难和完成任务的精神。

2. 建立团队成员间的相互信任和相互支持。

3. 打破团队成员间的身体行为坚冰，很好地利用自身的身体资源。

4. 培养团队从不同层次思考问题的能力，学会分工合作。

（二）训练时间：45分钟。

（三）训练场地：面积不小于40平方米的平整场地。

（四）训练参与人数：20人左右。

（五）训练材料：2.5米的高空挂有一个标志物，两块长2米宽1米的海绵垫。

（六）训练操作流程（见图11-3）：

图11-3　足够高训练

1. 全体队员在40分钟内通过脚的连接从地面触碰2.5米高的标志物并坚持15秒钟（全体成员大声读秒）。

2. 脚的底面必须在一个方向上，中间必须依次连接。

（七）训练注意事项：

1. 训练中不能有躯体的直接叠加，不能站在坐、卧同伴的身体上。

2. 如果需要抬起同伴，完成后不能突然放下，必须有序地轻举轻放。

3. 不能利用身边的其他物品或者墙壁等物体。

（八）训练交流与分享：

1. 你们在训练过程中遇到了什么问题？是怎样分析问题的？

2. 你们是如何利用身体资源的？不同层次的划分和人员调配有什么关系？

3. 在被人抬起后，你的感觉怎么样？作为支持者，较大的体力消耗是对同伴负责的最具体表现。

4. 大家共同读秒时，你的心理感受是什么？有人担心完成后所有人会散成一堆，事实上却很有序，这给你什么启示？

5. 不断的尝试对最后完成任务有什么帮助？

（九）训练总结与点评：

1. 这是一个所有成员都需要积极参与的以团队协作为主的低空训练，训练中层叠而上的一只只脚托起的是希望，挑战的是勇气和智慧。

2. 看似不可能完成的任务，通过大家的集思广益和共同努力，最终圆满完成，这对每一个成员的意志都是一次难得的磨炼，团队中的负面情绪往往会动摇整体的信心，所以需要及时开导和指引。只要所有成员齐心协力，不畏艰难，勇敢承担自己的责任，就一定能创造奇迹。

## 实训任务五　最强大脑

（一）训练目的：

1. 通过训练，让学生进一步认识意志力的重要性，培养自身意志，激发潜力。

2. 通过训练，让学生体会抗干扰能力是培养良好意志力的重要基础。

3. 考查学生面对多个任务时的处理与解决能力。

（二）训练时间：20 分钟。

（三）训练场地：室内。

（四）训练参与人数：20 人左右。

（五）训练材料：纸笔（每人均有）、10 个纸杯（每个上面写有 1 个数字，分别为 1～10）、桌子（1 张）。

（六）训练操作流程：

1. 打乱纸杯顺序，以品字形结构将纸杯在桌子上搭起来（最底层 4 个，第二层 3 个，第三层 2 个，最上层 1 个）。

2. 给所有学生 10 秒钟时间记忆纸杯顺序（不允许使用纸笔等工具）。

3. 10 秒钟后教师迅速收起纸杯。

（1）教师开始向学生提问，要求所有学生将答案写在纸上，问题如下：

235＋476＝？（711）

1 046＋308＝？（1 354）

2 的十次方＝？（1 024 ）

中国跨经度最大的省份是？（内蒙古自治区）

中国历史上唯一的女皇是？（武则天）

…………

（2）让学生写出刚才纸杯的摆放顺序。

（3）查看结果，分别让记忆最完整的学生和记忆最不完整的学生分享其感想。

（七）训练注意事项：

1. 严格控制时间，尤其是记忆杯子顺序的时间，杯子摆放时要迅速。

2. 只允许用视觉记忆，不允许做记录。

3. 可能出现记忆情况普遍良好或记忆情况普遍较差的情况，没有使大家体会到抗干扰能力在意志力中发挥的重要作用，因而需要教师在具体训练过程中灵活掌控现场情况，通过提问、引导等方式保证训练的正常进行。

（八）训练交流与分享：

1. 你们在训练过程中遇到了什么情况？是怎样应对的？

2. 是什么因素导致你的记忆出现了问题？

3. 你如何评价自己的抗干扰能力？为什么？

4. 你有什么经验要和大家分享？你是如何保持坚定意志来抵抗干扰的？

（九）训练总结与点评：意志力是人自觉地确定目标并支配行动去克服困难以实现预定目标的心理过程，包括自觉性、果断性、自制性和坚韧性。意志力既是人特有的心理现象，也是人的意识能动性的表现。成功从控制自身行为开始，大学生更应该培养自己的意志力，凭此克服学习生活中的困难，使自己成为一个坚忍不拔的人，变得更加成熟以便将来更好地走向社会。但凡能成大事者，除去自身具有的雄才大略和远见卓识的特性外，还有就是内在修炼的恒心与毅力。唯有心无旁骛、意志坚定、目标如一、不改初心、排除万难与干扰，方可成就大事和伟业。如果一个人没有明确而远大的目标和长远的人生规划，其所有行为便没有方向和动力源，只能在漫无目的的生活中浪费和消耗着属于自己的宝贵时间和精力，丧失对远大目标的执着追求，从而失去对人生幸福真谛的理解和体验。

## 知识链接

意志力是指一个人自觉地确定目标，并根据目标来支配、调节自己的行动，克服各种困难，从而实现目标的能力。当人们善于运用这一有益的力量时，就会产生决心。而人有决心，就说明意志力在起作用。人的心理功能或身体器官对决心的服从，正说明了意志力存在的巨大力量。

## 一、意志力的内涵

心理学家认为，意志力既有静态的方面，又有动态的方面。一方面，它是引导人类行动的力量；另一方面，它是人们在这些行动中的行为。因此，当一个人能够在某一事件或一连串事件中表现出极大的决心与力量时，就会被认为拥有很强的意志力（静态的）；而他的意志力的特性，需要通过他的决心或行动的力度和持久性来体现，在这一过程中所展现出来的意志力就变为了动态的意志力，他的决心也成了引导自我心理的行为。

俗话说："意志创造人。"在你的大脑中，储藏着取之不尽的财富。通过提高意志力，你可以获得人生的财富，拥有生活中的各种成就。甚至可以说，在这个世界上，真正创造人生奇迹者乃人的意志力。意志力表现为一个人坚强不摧的意志品质，表现为不怕受责难、不怕担责任、不怕犯错误、不怕丢乌纱帽，敢于坚持正确的观点，向着正确的方向努力前进的能力。而研究表明，超过九成的成功者赞成，要想成功就要敢于面对风险，不怕失败；在困难和挫折面前，顽强坚持，绝不半途而废。

研究发现，自控力强的人可以增强自己的意志力。谁能成为你的意志力榜样呢？是那些经历过同样挑战并最终成功的人，还是那些自控力强的典范？最常被提名的意志力模范是成功的运动员、精神领袖和政治家等，但实际上家人和朋友能给予我们更多的动力。当需要多一点意志力的时候，想想你的榜样。问问自己：那个意志力强的人会怎么做？我们认为的"自己"也包括我们关心的人。我们的自我意识取决于我们和他人的关系。在很多时候，只有想到其他人，我们才知道自己是谁。因为，我们的自我意识中包含其他人，他们的选择影响着我们的选择。最好的方法是找到一群人，他们正在做你渴望做到的事。找到一个新的群体并加入进去，这个群体可能是一个自然小组、一个班级、一个本地俱乐部、一个网络社区，或者是一份支持你实现目标的杂志。置身于和你共享承诺与目标的人中，会让你觉得自己的目标才是社会规范。

研究显示，人一旦被踢出群体，意志力就会耗竭。少数族群越是受到歧视，自控力就越差。与其让意志力受挫的人感到羞愧，倒不如为他们提供社会支持。值得注意的是，我们的大脑会把别人的目标、信念和行为整合到自己的决策中。当我们跟别人在一起时，或者只是简单地想到他们时，在我们的脑海里，别人就会成为另一个"自我"，并且和"自我"比赛自控；反之亦然，我们的行为影响了其他无数人，我们做的每个选择对别人来说也是一种鼓舞或诱惑。

意志力总是与人的感受、知识一起发挥作用，但不能因此而认为人的感受、知识等同于意志力，也不能把欲望、是非感与意志力混为一谈。一个人可以违背他的意志力，听凭其感官的摆布；也可以调动自己的意志力，使自己免受情感的摆布。意志力发挥作用的过程有时是为人们所熟悉的，而有时却是以某种秘密的方式悄悄进行的。但一般而言，当一个人完全受意志力的支配后，就感觉不到欲望、情绪和感官等力量的存在了，意志力可能会完全地根据道德伦理的标准来采取行动，或者完全将道德问题搁在一边，不去理会道德的要求，而根据其他某种因素来采取行动。

## 二、意志力的培养和提升

一个人的意志力代表他生活或做事的方式。意志力不仅是指下决心的决断力、用来感悟理解的感受力、进行构想的想象力，而且是指所有“进行自我引导的精神力量本身”。

### （一）树立坚定的自信心

在我们的现实生活中，只要认真观察，就会发现有许多人的成功经验可效仿和借鉴。我们要学习别人的长处，自觉磨炼自己，克服困难，顽强拼搏，增强信心和勇气。我们无论是在日常生活中，还是在学习中，在做任何事情前，首先要对自己的能力有一个正确的估计，之后再选择与能力相当的任务。这是因为，一个人的自信心与其成功的经验和失败的教训有着很大关系。心理学家发现，一个屡屡失败的人，多半对自己的估计过低，甚至会完全否定自己现有的能力。所以，我们在决定做每一件事前，要对自己有准确的估计，树立坚定的自信心，千万不要怀疑和否定自己。另外，在坚信自己能力的基础上，不要过于计较周围的人对自己的态度，更不要让他人的讽刺和讥笑成为自己的精神负担。我们知道，每个人对事物的认识和分析的能力都是有限的，对于别人提出的建议可以参考，需要时也可以采纳，但绝不能失去个人主见，把别人的冷嘲热讽当作束缚自己的精神枷锁。战场上没有常胜将军，生活中也没有完美的人。关键在于如何对待失误，如何从失误中爬起来，坚定信心，继续努力奋斗。

### （二）培养自制力

自制力是指一个人自我克制、自我约束的能力，它是人的意志的重要组成部分。在日常工作中表现为思想上和行动中的一种抗干扰、抗诱惑的坚定性。培养自制力，有利于坚定目标、实现理想。一个成功者，必定是一个有理想、有追求的人。当他的理想、目标一旦确立，就需要有顽强的毅力去实现它。宏观目标的实现过程绝不是一帆风顺的，当遇到困难和挫折时，那些意志薄弱、缺乏自制力的人，就会畏难而退或左右摇摆，不思进取，放弃原有的理想与目标。而那些有自制力的人，则能够经受困难与挫折的考验，无论在什么样的条件下，都能坚定信念，不断地命令和指导自己的行动，督促自己去达到目标、实现理想。培养自制力，有利于高尚品格的形成，有利于学习的进步，有利于身心的健康，有利于建立良好的人际关系。有自制力的人，能够自觉地加强思想道德修养，追求理想人格，遵纪守法，培养高尚的道德情操，做遵守社会公德的模范。有自制力的人，能够打好坚实的科学文化基础。知识的积累是一个漫长而又艰辛的过程，没有坚强的毅力、强大的自制力，是很难学有所成的，学习需要有计划，排除各种干扰，当天的任务当天完成。有自制力的人，可以克服不良情绪的干扰，维持身心的健康发展。当然，每天有规律地进行体育锻炼是强健体魄的最直接的方法。无论春夏秋冬、严寒酷暑，都要坚持锻炼，克服懒惰情绪，这也是自制力的重要表现。

### （三）培养果断的意志品质

要培养自己善于运用辩证唯物主义的观点，全面分析、判断问题的能力，抓住问题的本质，只有这样才能在处理问题时当机立断。避免盲从或者片面性地认识问题和解决问题，遇事要保持镇静的情绪，只有这样，才能使自己头脑清醒、冷静沉着，对问题进行仔细认真的分析，找出问题的症结，看到问题的利弊，分清轻重缓急，采取果断措施，进而使问题得到及时而完美的解决。果断行为是意志品质的一种表现，它对人的工作、学习、生活都有重要的影响

案　例

#### 此刻不能睡

2007年6月某北京—广州航班上，在飞机下降广播完毕，乘务员进行完客舱安全检查之后，9号、10号两位乘务员回到各自的3号门座位坐好，并系好安全带。此时由于天气原因，飞机在广州上空盘旋了40分钟也没有放下起落架，坐在客舱右3号门的乘务员和左3号门的乘务员都闭上了眼。这时，9号乘务员被坐在对面的一位乘客推醒，乘客提示9号乘务员此刻不能闭目睡觉，并让她叫醒旁边的10号乘务员。遗憾的是，该乘务员仍没有意识到问题的严重性，自顾自地睡去，事后，乘客对此提出投诉。

《客舱乘务员手册》规定，在起飞、降落和滑行的飞行关键阶段，乘务员除完成必要的安全操作之外，必须回座位坐好并对客舱安全实施监控。

下降期间，乘务员闭目睡觉是一种极不职业的表现，不仅不符合职业标准，更加不符合安全规定。飞行关键阶段，除完成保障安全的工作之外，乘务员必须坐在自己的执勤座位上并系好安全带，严禁打瞌睡、看报纸、聊天，在此期间，应默想中止起飞等紧急处置程序。乘务员必须对客舱实施监控，滑行期间如有乘客站起，乘务员有责任提醒其为了安全而坐下。

资料来源：国内某航空公司业务培训案例。

案 例

## 迟到的纪念——“9 · 11”被劫客机中勇敢的华裔空姐

2001 年 9 月 11 日，美国发生了本土最为严重的恐怖袭击活动：恐怖分子劫持了两架客机，分别撞向纽约世贸中心双子塔，在剧烈的爆炸和坍塌声中，有2 996人失去了生命，其中包括飞机上唯一的华裔女人——空姐邓月薇。

在“9 · 11”纪念馆长长的罹难者名单里，邓月薇排在了第一位，因为她是当年紧急报告劫机事件的第一人 。“9 · 11”事件十周年之际，美国公布了当年她冒险躲进卫生间，勇敢地向地面控制塔报告事态的珍贵录音：

邓：“我是 11 号航班上的 3 号乘务员，我的名字是邓月薇（Betty Ann Ong）。”

邓：“有人在商务舱被刺伤了，在商务舱都不能呼吸，有人携有瓦斯毒气或其他什么东西。”

邓：“1 号乘务员被刺伤，乘务长被刺伤，不知道是谁刺伤的，我们现在甚至不能去商务舱，因为在那里简直没办法呼吸。我想我们被劫机了。”

…………

专家：“这是 11 号航班吗？你们给其他人打电话了吗?”

邓：“没有，有人正在呼叫医疗救助，但我们这里没有医生。”

当时，机舱内一片惊慌失措，邓月薇在向全世界留下最后一句话后信号突然中断，11 号航班从 4 500 米高空急剧下降，迎头撞入世贸中心南塔，随即腾起巨大的火海。

在被恐怖分子劫机飞往纽约的 25 分钟时间里，邓月薇果断地与地面控制中心进行了约 20 分钟的冷静汇报，使得美国政府立即关闭全国机场，避免了更为重大的损失。美国情报官员称：正是由于她的通话记录提供了确凿证据，才让美国在最短的时间内确定这是由中东恐怖组织（本 · 拉登）策划的恐怖袭击，并使时任总统布什在事情发生仅几十分钟内，得以及时发表向恐怖分子宣战的全国电视讲话。

邓月薇祖籍广东省开平市赤坎镇，出生于美国加利福尼亚州圣弗朗西斯科，排行第四，上面有一个哥哥和两个姐姐，系第三代移民，父母在圣弗朗西斯科华埠开有一家杂货店。邓月薇遇难时 45 岁。她临危不惧，展现出的专业精神令世人惊讶，被美国誉为英雄。在众多的“9 · 11”遇难者中，仅有 60%的人通过 DNA 对比找到遗骸，善后人员在距离世贸大厦两个街区的地方找到了邓月薇的一块腿骨，火化后骨灰存放在圣弗朗西斯科以南的科尔玛墓园。圣弗朗西斯科市长将 9 月 21 日命名为“圣弗朗西斯科邓月薇日”，时任总统布什及一众众议员、参议员均盛赞其英勇行为。圣弗朗西斯科华裔市长李孟贤还向邓母余金爱颁发奖状，并将 5 月 8 日命名为“余金爱日”。

资料来源：伍秋凌：《迟到的纪念：“9 · 11”被劫客机中有位勇敢的华裔空姐》，载《北京青年报》，2002 - 07 - 18。

**课外拓展**

1. 寻找一个关于意志力的民航业真实案例，根据本项目理论思考与分析，并以小组为单位进行分享。

2. 以意志力为主题，以小组为单位，提炼自己平时学习生活中的2～3个案例与同学分享。

自我测试、课后锦囊和参考文献请扫描下方的二维码。

# 项目十二　学习力的有效提升

## 项目导引

本项目主要介绍学习力的内涵以及提升学习力的方式与途径等内容。通过学习本项目，学生可以对学习力的概念有一个全面的了解。通过本项目的训练，学生可以更加全面地认识学习力对于个人以及团队的价值，更好地培养和提升自身的学习力，丰富自身的能力架构与能力体系，从而加强团队的学习力，更好地指导实践。

## 学习目标

**一、 知识目标**

1. 了解学习力的内涵。
2. 认识学习力的提升及学习力与学习者之间的关系。

**二、 能力目标**

1. 掌握有效提升学习力的具体方法与途径。
2. 具备提升学习力的能力，并在实践中反思。

## 案例导入

### 灭火瓶当氧气瓶

民航华北地区管理局安全监察部门到某航空公司飞机上进行出港前的安全检查，现场提出了一个考题：飞行过程中突然有位乘客不舒服需要吸氧，要求乘务组中的一位乘务员马上从离乘客最近的地方取来氧气瓶给乘客吸氧。乘务员迅速从后舱壁板处取出氧气瓶，等她准备打开使用时，发现没有氧气面罩，没有供氧阀门。在场的监察员们全乐了，原来这位乘务员取来的不是氧气瓶而是灭火瓶。“你是经过培训的吗？你的培训合格了吗？培训期间有实操训练吗？”这一连串的问题使这位刚上岗飞行的乘务员满脸通红。当然，对这次检查，监察部门给出了不合格的评判结果，要求该航空公司在规定时间内整改。

通过这次检查，该航空公司对所有乘务员进行了客舱应急设备使用的全面复习和检查，不仅提高了乘务员的业务知识，而且对客舱安全管理起到了保障作用。

资料来源：梁秀荣：《民航客舱安全管理》，第48页，北京，中国民航出版社，2013年。

**案例解读**

在应对紧张而复杂的环境时，学习力的内涵和本质表现得更加明显，学习力不仅体现为通过岗前培训完成相关考核与测试，还体现为将所学的知识转化为实际操作的能力，尤其是做到处变不惊、从容大方。

---

**小任务**　阅读案例后以小组为单位分享学习力对于避免案例所述事件的重要作用。

## 任务实训

### 实训任务一　战俘

（一）训练目的：

1. 通过加强逻辑思维训练，提升团队的学习力。

2. 展示以小组为单位解决问题的好处和集体智慧的力量。

3. 通过训练培养学习力、团队精神和沟通能力。

（二）训练时间：20～30分钟。

（三）训练场地：一堵砖墙（隔板）或是一棵大树（用来把1名队员和其他3名队员隔开）。

（四）训练参与人数：不限，人数较多时，需要将队员划分成若干个由4个人组成的小组。

（五）训练器材：

1. 2顶红帽子，分别装在两个不透明的厚纸袋子里。

2. 2顶蓝帽子，分别装在两个不透明的厚纸袋子里。

（六）训练操作流程：

1. 把4顶帽子分别放入4个纸袋，注意放的过程不要让队员们看见。在袋子上做好标记，以保证在发帽子时，给1号战俘一顶红帽子，给2号战俘一顶蓝帽子，给3号战俘一顶红帽子，给4号战俘一顶蓝帽子。

2. 告诉队员他们需要一起来解决一道难题。

3. 邀请4名志愿者充当战俘。给每个志愿者1个装有帽子的纸袋，告诉他们得到命令之后才能打开纸袋，不得擅自打开。

4. 让4名志愿者面朝同一方向，排成一列纵队站好。1号战俘站在砖墙或大树的一侧，将被戴上一顶红帽子；2号战俘站在砖墙或大树的另一侧，将被戴上一顶蓝帽子；3

号战俘站在2号战俘的后面，将被戴上一顶红帽子；4号战俘站在3号战俘的后面，将被戴上一顶蓝帽子。4名志愿者站好后，告诉他们在任何情况下都不许说话和回头。

5. 所有小组组建完毕、就位之后，给站好的4个“战俘”作训练开场白，开场白如下：

请你们把自己想象成战俘集中营里的战俘。集中营的司令让你们4个人站成一排，并给每人戴一顶帽子。他不许你们移动、回头和说话。如果有人胆敢回头或说话，就会立刻被枪决。现在，请你们闭上眼睛，把帽子从袋子里拿出来，戴在头上。在这个过程中，任何人都不许看自己的帽子。司令让你们猜出自己所戴帽子的颜色，如果你们4个人中有人能说对自己所戴帽子的颜色，你们4个人都会被释放。但是，如果第一个答案是错误的，你们都会被枪决。显然，第一个答案将决定你们的命运。一个重要的已知条件是4项帽子中2顶是红的、2顶是蓝的。

6. 有必要的话，重述一遍训练开场白，以确保4个人都明确了问题和训练规则。然后，对他们说：“从现在开始，你们说出的第一句话将会决定你们的生死。祝你们好运!”

7. 把其他小组带到这4个人听力所及的范围之外，问他们哪个战俘可能猜出自己帽子的颜色以及原因。

8. 可以让多个小组同时做这个训练。

（七）训练注意事项：

1. 让其他队员每4个人组成一个小组，并告诉他们保持沉默，仔细听。

2. 4名志愿者在任何情况下都不许说话和回头。

3. 志愿者没有接到命令之前不能打开纸袋子，不得擅自打开。

（八）训练交流与分享：

1. 你们在训练过程中碰到了什么问题？你们是怎样分析问题答案的？每个人都做了什么？

2. 这个训练揭示了什么道理？

3. 如何将这个训练和我们的实际学习和工作联系起来？

（九）训练总结与点评：这是一个团队合作与思维训练相结合的训练，只有第三个战俘可以猜出自己所戴帽子的颜色。因为他可以看到自己前面的人（也就是2号战俘）戴着蓝帽子，他可以据此这样推理：如果他自己也戴着一顶蓝帽子的话，4号战俘就会看到两顶蓝帽子，那么4号战俘就可以知道自己戴的是红帽子，但是4号战俘没有说话，说明4号战俘一定是看到了一顶蓝帽子和一顶红帽子。而自己已经看到了一顶蓝帽子，那么自己的帽子一定是红色的。

## 实训任务二　电波的速度

（一）训练目的：

1. 促使参加者不断适应和调整学习的方式、方法，提高学习与沟通的效率。

2. 增强小组凝聚力，进一步拉近团队成员间的距离，提高团队合作的默契与效率，保证信息传播的顺畅。

3. 激励小组挑战自我、超越自我。

（二）训练时间：10分钟。

（三）训练场地：能够容纳所有参加者围成一个圈。

（四）训练参与人数：不限，越多越好。

（五）训练器材：秒表。

（六）训练操作流程：

1. 让所有队员手拉手站（围坐）成一圈（见图12-1）。

图12-1　电波的速度训练

2. 随意在圈中选出一个人，让他用自己的左手捏一下相邻同伴的右手。问第二个人是否感受到了队友传递过来的捏手信号，这里我们把它称为“电波”。告诉大家收到“电波”后要迅速把电波传递给下一个队友，也就是要快速地捏一下下一位队友的手。这样一直继续下去，直到“电波”返回起点。

3. 告诉大家你将用秒表记录“电波”传递一圈所需要的时间。然后大喊“训练开始”并开始计时。

4. 告诉大家“电波”传递一圈所用的时间，鼓励大家再做一次电波传递，希望这次传递能更快一些。

5. 让队员们重复做几次电波传递，记录下每次传递所用的时间。

6. 等大家都熟练之后，变更“电波”的传递方向，使电波由原来的沿顺时针方向传递变为沿逆时针方向。

7. “电波”沿着新方向被传递几次之后，再一次让队员们逆转“电波”的方向，同时让队员们闭上眼睛或是背向圆心站立。

8. 在训练快要结束时，为了使训练更加有趣，悄悄告诉第一个人同时向两个方向传递“电波”，而且不要声张，看看这样会带来什么有趣的效果。

（七）训练注意事项：

在传递电波的过程中，不许说话，也可以用其他的方式传递电波，如轻轻敲打同伴或是吹口哨。

（八）训练交流与分享：

1. 为什么“电波”传递方向突然改变后，“电波”传递速度会变慢？

2. 为什么闭上眼睛后，“电波”传递速度会变慢？

3. 在“电波”沿两个方向同时传递的情况下，“电波源”对面的队员们感受如何？

（九）训练总结与点评：

1. 这是一个快速且简单的小训练。它可以使整个小组不断更新学习的方法，协同工作，并给学生带来欢笑。通过肢体接触的形式传播信息，不断更改信息传播的方向、方式，刺激队员们不断调整和完善信息的编码与解码能力，高效传播信息，进而提升学习力。

2. 当我们掌握并习惯了一种学习方法时，就可以通过不断练习来提高工作效率。但是随着学习环境以及学习内容的变化，学习方法也应该随之进行相应的快速完善和调整，并迅速做出判断和处理，进而保持学习力的不断更新与优化，提升认识和实践的能力。

## 实训任务三　福尔摩斯

（一）训练目的：通过观察力的训练与培养，促使学员关注细节，提升学习力，同时进一步加深团队的融洽与默契。

（二）训练时间：10 分钟。

（三）训练场地：室内或室外均可。

（四）训练参与人数：不限，最好为偶数。

（五）训练器材：需提供一些能够起到化妆或修饰作用的饰品或物件。

（六）训练操作流程：

1. 让任意两人组成一组。

2. 每人仔细观看自己的搭档 1 分钟。

3. 1 分钟后，彼此转过脸去，再不能看自己的搭档。

4. 每人做 7 处以上的外观改变，改变可以是细微的，也可以是一目了然的。

5. 让搭档们再次相互观察，依次说出对方都做了哪些改变。

（七）训练注意事项：在规定的时间内进行观察，熟悉搭档的基本情况，适当控制每人做外观改变的时间，以保证训练的顺畅进行，再次观察之后得出结论。

（八）训练交流与分享：

1. 多少人能准确说出搭档所做的一切改变？

2. 为什么大多数学生不能马上说出所有的改变？

3. 如何将这个训练与我们随后举行的培训联系起来？

4. 如何将这个训练和我们的实际工作联系起来？

（九）训练总结与点评：

1. 本训练可以在系统性的培训之初开展。通过训练来展示如果一个人缺乏观察力和学习力会怎样，并且告诉参训者如何在整个培训中提高观察力和学习力。

2. 关注细节是观察力的核心与基础，平时习以为常的事物，往往都在发生着或多或少的变化，而当这些量变积累到一定程度时，就会发生惊人的质变，我们必须提高对周围事物的细致观察能力，养成对周围变化的敏感与注意，这也是提升学习力的基础和首要工作。

## 实训任务四　直呼其名

（一）训练目的：

1. 通过训练，让刚刚组建的团队迅速熟悉，消除成员之间的隔阂，为接下来的顺畅沟通与交流创造良好的条件。

2. 提升团队成员对规则的学习与应用的能力，使其能够不断适应场上的新变化，迅速做出有效的应对，尤其是随着训练难度的不断加大，能够敏锐发现规律并积极主动调整策略，从而实现学习力的有效提升，创造更好的效果和局面。

（二）训练时间：10～15 分钟。

（三）训练场地：宽阔平整的场地，能够容纳所有人围成一个圈。

（四）训练参与人数：不限，人数较多时，需要将所有人划分成若干个由 15～20 人组成的小组。

（五）训练器材：根据分组情况，每个小组需要准备 3 只网球或 3 只比较软的小球。

（六）训练操作流程：

1. 队员们以小组为单位站成一个圈，每人相距约一臂长，教师也参与其中（见图 12-2）。

2. 告诉队员们训练将从教师开始。教师大声喊出自己的名字，然后将手中的球传给自己左边的队友。接到传球的队友也要如法炮制，喊出自己的名字，然后把球传给自己左边的人。这样一直继续下去，直到球又重新回到教师的手中。

3. 教师重新拿到球后，告诉大家现在要改变训练规则了。现在接到球的队员必须喊出另一个队员的名字，然后把球扔给该队员。

图 12-2　直呼其名训练

4. 几分钟后，队员们就会记住大多数队友的名字，这时，再加一只球进来，让两只球同时被扔来扔去，训练规则不变。

5. 在训练接近尾声时，再把第三只球加进来，其主要目的是让训练更加热闹有趣。

6. 训练结束后，在解散小组之前，邀请一名志愿者，让他在小组内走一圈，报出每个人的名字。

（七）训练注意事项：注意扔球的时候不可用力过猛，教师最初的扔球应当是一个较慢的高球，为后续的扔球手法树立典范。

（八）训练交流与分享：

1. 你记住了多少个人的名字？印象最深的是谁的名字？为什么会有这么深的印象？

2. 随着训练规则的改变和场上越来越多的球，你的感受是什么？

3. 有没有遇到这样的情况：随着抛向你的球，别人能叫出你的名字，而你却叫不出别人的名字？后来你有没有解决这个问题以避免类似的尴尬？

（九）训练总结与点评：

1. 这个训练主要应用于团队组建之初，团队成员之间并不熟悉之时，用来帮助大家记住彼此的名字，是一种团队破冰类训练，实际上也是培养大家适应规则力，并从中提升学习力，收获更加融洽的人际关系。

2. 工作和生活中需要高度集中注意力，认真倾听并用心记住具有重要意义的细节（如别人的名字），努力理解和适应活动的规则，不断调整学习的方法和手段，尽快进入状态并不断取得好成绩。

3. 提升学习力，需要从多角度、多途径考虑，快速适应各种突发状况，实现对场面的掌控与驾驭。

## 实训任务五　啄木鸟行动

（一）训练目的：

1. 通过训练，让学生进一步认识到团队合作可以提高效率，改变思维方式可以产生质的飞跃。

2. 通过训练，分析输赢原因，激发学生“积极学习、不断改进”的主动性与创造性。

3. 通过训练，培养学生在竞争中保持合作和高效提升学习力的能力。

（二）训练时间：30 分钟。

（三）训练场地：室外。

（四）训练参与人数：24 人左右。

（五）训练器材：橡皮筋若干，吸管（各种形状，每人 1 根）。

（六）训练操作流程：

1. 全体学生分成 2 组，每组 12 人。

2. 每个学生领到一根塑料吸管，把吸管衔在嘴里，双手放在背后，扮演啄木鸟，用 3 根橡皮筋作为“虫子”，口衔吸管传递“虫子”，每组有 5 分钟时间练习。

3. 每个小组的 12 名组员分为 6 人对 6 人，相距 15 米迎面接力传递，整个过程中只能用吸管来传递，不能用手，用时最少的组获得胜利。

4. 第一轮训练结束后，各组总结交流，5 分钟后开始第二轮训练。

（七）训练注意事项：

1. 提供的吸管可以多种规格、不同长度，但要保证每组之间的规格、数量相同。

2. 如果在训练过程中出现橡皮筋掉落的情况，一定要在原地由本人捡起后重新开始。

3. 在不违背训练规则的基础上，默认具有创造性的方法。

（八）训练交流与分享：

1. 你们在训练过程中碰到了什么情况？是怎样应对的？

2. 从第一轮训练中，你们发现自己的工作方法和工作效率有哪些不足？而其他组的优点和经验是什么？

3. 在第二轮训练中，你们做了哪些改进？收到了什么效果？

4. 你是如何理解学习力在工作生活中的重要作用的？

（九）训练总结与点评：同一个训练中，使用的吸管大有不同，有的使用直管、有的使用弯管，有的使用长管、有的使用短管，通过实际操作，才会发现各自的弊端，以及啄木鸟在行动中更适合采用什么方式。不断激发学生“再来一遍，可以做得更好”，以使其最终取得令人满意的结果。只有更好地合作与协调，才能将事情做得更好。无论遇见怎样的事情都要镇静，冷静地去思考、完成，遇到事情如果像无头苍蝇一样，只会让状况变得更加糟糕。欲速则不达，心里越想着将“虫子”快点传递给对方，就越慌乱，传递的过程就会越慢。看到别的同学在训练和学习的过程中不断冒出的思想火花，我们总是在惊叹之余生发出一丝惆怅：难道我真的比别人笨吗？其实你并不比别人笨！你所需要做的，不过是将沉睡的大脑唤醒而已。要知道，提高学习力的关键，在于提高想象力和创造力。很多时候，我们虽然看到一个物体的某种作用，却很难看出它还有其他作用，因为思路没打开，所以限制了我们的创造力。学习力是一种引导、保持、拓展学习的本领和力量，是获取和整合知识并把知识资源转化成知识资本的本领和力量。

## 知识链接

### 一、学习力的内涵

学习力是一个人、一个企业、一个组织学习的动力、毅力和能力的综合体现。学习的动力体现了学习的目标，学习的毅力反映了学习者的意志，学习的能力则来源于学习者掌握的知识及其在实践中的应用。一个人、一个组织是否有很强的学习力，完全取决于这个人、这个组织是否有明确的奋斗目标、坚强的意志和丰富的理论知识以及大量的实践经验。学习力是把知识资源转化为知识资本的能力。个人的学习力，不仅包含知识总量，即个人学习内容的宽广程度和组织与个人的开放程度；也包含知识质量，即学习者的综合素质、学习效率和学习品质；还包含学习流量，即学习的速度及吸纳和扩充知识的能力；更重要的是知识增量，即学习成果的创新程度以及学习者把知识转化为价值的程度。

每一个人才背后，一定都有很强的学习力作为支撑物。如果你的学习力每况愈下，那你很可能从“人才”变成组织乃至社会的“包袱”。“人才”其实是一个动态的概念，它不是一成不变的，不是永恒的。它需要不断地晋级、不断地发展，只有人才的学习力不断地加强、不断地提高，才能保证人才的竞争力，这样的人才才是信息时代的人才，才是真正意义上的人才。因此，人才竞争的背后隐藏着学习力的竞争。

组织学习力是人们创新力的集中体现，能直接转化为创新成果。它倡导团队学习比个人学习更重要，团队具有整体搭配的学习能力，团体内信息和知识自由流动、高度共享，团队学习既是团队成员相互沟通和交流思想的过程，也是团队成员寻求共识和统一行动的过程，从而也是产生团队“创造性张力”的过程。员工深刻认识到群体互动式的学习效率远远优于个体的学习效率。组织在个体单向学习的同时，更注重双向学习，学习的基本单位变成团体而不是个人。在团队中，成员根据自己的最高愿望和团队追求的共同目标，通过“深度会谈”，共享信息，重新创造自我；成员能够做到从未做到的事情，超越自身；个人的知识在隐性知识和显性知识相互转化的过程中逐渐上升，扩大为组织的知识，进而提高了知识使用的效率。

学习力的本质是竞争力。当今世界是一个充满竞争的时代，在20世纪60年代，被《财富》杂志列为世界500强的大公司，堪称全球竞争力最强的企业。然而，1970年的500强到了80年代三分之一已销声匿迹，到了20世纪末更是所剩无几。这一方面反映了风起云涌的新科技革命和新经济的产生迅速切换或淘汰传统产业的大趋势，另一方面反映出这些大企业因未能与时俱进、跟不上时代的节拍而被时代抛弃的必然。

学习力的特征及具体表现如表12-1所示。

**表12-1 学习力的特征及具体表现**

| 特征名称 | 具体表现 |
|---|---|
| 自主性 | 个体生命自觉、自愿地去学习，而不是被迫去学习 |
| 能动性 | 生命主体积极且富有创造性地去学习，不停留于对知识、信息的简单吸收，还要会消化，要善于将其转化成生命所需要的物质和精神能量 |
| 创造性 | 学习的最终目的是推陈出新、吐故纳新、融会贯通，是为了创新和创造，而不是“死读书，读死书，读书死” |

## 二、提升学习力的方式与途径

共同愿景是学习型文化的基础、核心，是指导组织和员工行为的哲学。在学习型组织的开始阶段，可能一部分成员持有相同的愿望，但是只有人人都衷心向往的愿望，才能成为组织的共同愿望，这需要一个培养的过程。因此，建立共同愿景是组织经营者的首要职责，是学习型组织成功的法宝。

首先是学习的知识总量，这是提升学习力的起点，虽然只占学习力价值的很少一部分，但却是不可缺少的。知识总量包括两个方面：一是学习内容的宽广程度，即知识面的涉猎程度。每个岗位都是相通的，每个工作所需要的知识点也不是单一的，而是相互关联的。二是学习方向的开放程度，除了本职工作的相关知识点外，还需要储备一些其他知识，沟通技巧是工具，但内容却需要多方面的累积。

其次是知识质量。这一点和学习者的素质、效率有直接关系。素质决定了知识选择的方向，不会将精力浪费在无关紧要的内容上；效率决定了掌握知识的进度，影响着学习、吸纳、扩充知识的速度，让学习者在既定时间内完成需要完成的内容。

最后是知识增量，这也是提升学习力最为重要的一项，它决定了知识转化为价值的程度，以及后续持续创新应用的程度。一种知识，如果不能转化为创造价值的行动，那就如同深藏的宝藏一样，价值很大却毫无用处。

学习力的提升包括两个方面：

一方面是知识的累积。随着科技的进步和发展，获取知识的方式越来越多，网络、书籍、视频、音频等各种资源充斥着社会的每一个角落，只要你想，就可以找到各种学习的途径。就读书来讲，包括三个层次：被动学、习惯学、无意识学。在第一个层次，依然是靠自觉和计划来让自己学习；逐渐会进入第二个层次，即习惯学，如同起床洗脸、饿了吃饭、渴了喝水一样，成为一种习惯；最后进入第三个层次，即无意识学，手中无书、心中有书，随时随地都能从接触的一件事、一次谈话中收获知识。

另一方面是知识的转化。团队学习力提升的前提是团队内信息和知识的自由流动，实现高度共享，在相互沟通和交流思想的过程中达成共识和统一行动，并在此基础上实现创造性扩张应用。

影响学习力的关键要素主要包括：

（1）自我超越。学习时不要自我设限，要基于自身目标和现状，扩展张力，突破自己的短板。

（2）改善心智模式。不要因根深蒂固于我们心中的各种固有思维而影响学习力的提升，如各种假设、成见，乃至印象等。

（3）建立共同愿景。让我们向着一个共同的目标而迈进。

（4）团队学习。通过团队的力量来相互支持。

（5）系统思考。凡事需举一反三，以终为始。

对“知识就是力量”的理解已发生深刻变化，力量不是来自保密的知识，而是来自共享的知识。“知识共享有益于组织和个人发展”的观念根植于组织成员的心目中，公开交流、分享经验、共享知识的风气弥漫在整个组织中。在这种文化中，分享和利用知识往往是员工的自然行为，知识共享已变成工作本身的有机部分，而不是可忽略的或附加的虚饰。成员之间常常通过非正式方式（或场合）交流成功的经验，探讨业务技能和创新，互相帮助以学习所需的新技能。这样，组织内部形成了动态的知识流，完成了由个体知识到集体知识、隐性知识到显性知识的相互转化，在转化中不断产生新知识，实现了知识创新。

## 三、构建学习型组织

学习型文化组织中，从上到下，都在建立健全评估和激励体系，对组织成员的学习和创新给予支持和奖励。支持成员学习，鼓励组织成员分享知识，并把员工带到部门中的新知识看成宝贵的资源和财富；激发员工的创造性思维，激励员工提出新见解和新看法，促进员工对问题的思考，并对员工提出的意见及时给予反馈；组织提倡员工的冒险和实践精神，支持员工进行不懈的尝试，允许员工犯错误，并把错误看成最好的学习机会；建立学习行为的榜样，改善组织的学习氛围。由于人的需要是多层次的，因此激励也是多方面的。组织中的管理阶层应知道哪些激励对员工的影响微乎其微甚至完全不起作用，从而不断调整自己的激励实践，尽可能地改善学习氛围。知识共享能给员工带来自我价值实现的满足感，使之成为员工的一种内在需要，而不是一种外在要求。

案 例

## 值机柜台成功拦截偷渡客

2009 年 10 月 6 日，某航空公司上海保障部浦东客运部外航部收到了来自荷兰皇家航空公司（KLM Royal Dutch Airlines）上海站站长 Harry 先生热情洋溢的表扬信。内容是感谢代理 KLM 小组的值班主任李女士协助拦截“帮助索马里旅客偷渡至欧洲的蛇头”作案。

当天 KL894 柜台刚开放不久，队伍中就出现了四位非洲籍旅客，其中两人排在公务舱队伍中，另两人排在经济舱队伍中，四人装扮统一，男士西装笔挺，女士穿着民族长袍，都拎着一个很小的拉杆箱。由于 KLM 航班上很少出现非洲籍旅客，而且行李又是那么少，这些符合偷渡特征的嫌疑旅客立即引起了值班主任李女士的注意，她立刻通知柜台员工密切注意。

旅客在柜台办理手续时，李主任也一同跟到了柜台，在检查其肯尼亚护照的过程中，发现了几个疑点：第一，旅客在前一天刚刚从广州入境；第二，旅客持上海始发的单程机票；第三，旅客的行李很少。其中一名叫 Gabow 的旅客旅行经历丰富，且有一张 KLM 的银卡，而另三位旅客显示都是第一次旅行。这些疑似偷渡的信息让李主任警觉起来，开始与旅客交谈，在询问过程中，始终只有 Gabow 在回答问题，其他三名旅客均表现出不自然的神情。

在简单的交流后，李主任确认这些旅客有问题，便立即向当班 KLM 航空反映了这一情况，KLM 航空了解后最终决定拒载这四位旅客。荷兰移民局之前已经阻留了部分试图非法入境的外籍旅客，正为无法识别他们的国籍而苦恼，这次上海站提供的相关信息为他们破案提供了有力线索，最终他们得以识别旅客身份并着手准备将其遣返原国。

在该航空公司代理的 KLM 航班上，外籍偷渡旅客比较少见，通常是回自己国家，转机不需要签证，就可以放行。正是这一点便利使中国成为旅客偷渡至欧美国家的中转站。而对于值班主任来说，此次的成功拦截靠的是敏锐的观察力、清晰的判断力以及在多年代理欧洲航班中积攒下来的宝贵经验。

资料来源：http：//news. carnoc. com/list/145/145185. html。

案 例

## 和 B787 一样“牛”的转机型培训

“26 名学员全部 95 分以上，100%通过考核！”2017 年 4 月 5—6 日，南航新疆分公司培训部顺利完成属地首批乘务转 B787 机型理论培训。

为了顺利实施 B787 飞机的属地转机型理论培训，早在 2017 年初，培训部就已按照新疆分公司机型引进的总体部署，做好 B787 机型入疆的培训准备工作。尤其是在培训教员资质获取方面，培训部先期精选出两名专业性强的机型教员，并积极与股份培训部、客舱部协商联动，在股份培训部完成为期 3 天的转机型培训后，于次日就将人员派上航班开展机型带飞工作，当人员获得 B787 机型飞行资格后，紧接着进行跟课及授课试讲，整个过程紧锣密鼓，仅在 15 天内，两名教员就高效且快节奏地完成了转机型所有工作，并顺利通过试讲考核，获得了该机型在新疆属地培训的理论授课资质。

由于 B787 机型有“梦想客机”之称，跟以往机型相比，里面的很多设备和功能都更有特点，这相应也就对乘务员学习该机型提出了更高的要求。如何使新疆的属地理论培训更凸显实效，让学员在未见真实飞机前就能更好地掌握机型知识，新疆培训部在与股份培训部统一授课内容和标准的基础上，改进教学方法，引入可视化教学，把该机型很重要的 CAP 和 ASP 两块内容做成展板，再通过教员脉络清晰的讲解，让学员在一目了然中快速掌握培训重点。

培训中，小组竞赛制抢答、训练法的知识点回顾及案例分享、卡片排序等多种教学手段的运用，有效地调动了大家学习新机型知识的积极性，而教员用心营造出的分享互动培训氛围更让学员们的学习热情高涨，最终这 26 名从新疆分公司客舱部具备执飞 B777 机型资质的乘务员中挑选出来的精兵强将，用很牛的学习劲头取得了很牛的成绩，在理论考核中全部以 95 分以上的优异成绩 100%过关，良好的过关率使 B787 属地理论培训得到南航新疆分公司客舱部领导的好评。这首战告捷也为该机型在新疆安全、顺利投入运行起到了积极作用。

资料来源：http：//news. carnoc. com/list/399/399305. html

**课外拓展**

1. 寻找一个关于学习力的民航业真实案例，根据本项目理论思考与分析，并以小组为单位进行分享。

2. 以学习力为主题，以小组为单位，提炼自己平时学习生活中的 2～3 个案例与同学分享。

自我测试、课后锦囊和参考文献请扫描下方的二维码。

# 项目十三　协作力的有效提升

## 项目导引

本项目主要介绍团队协作及团队协作力的概念，团队协作力的表现和组成要素，以及建立良好团队协作力的基本方法。通过学习本项目，学生能对团队协作及团队协作力有一个概念性的了解，明确团队协作中对个人协作意识的基本要求。通过本项目的训练，学生可以有效形成和提升自身的协作力，更好地指导实践，配合团队其他成员的工作。

## 学习目标

**一、 知识目标**

1. 了解协作力与团队协作的内涵。
2. 认识协作力的要素与形成团队协作力的关系。

**二、 能力目标**

1. 掌握有效提升团队协作力的具体方法。
2. 具备自我判断以及提升团队协作力的能力，并在实践中反思。

## 案例导入

### 旅客突发疾病　机组人员临危不乱

2017年7月某国内航班，计划飞行时间为3小时，该航班起飞后半小时，7号普通舱乘务员在提供餐饮服务过程中发现一位客人王女士脸色苍白地捂着肚子并蜷缩身体，7号乘务员让对面的8号乘务员立即报告4号及6号区域乘务长及1号主任乘务长，同时7号乘务员询问客人是否需要协助，1号及4号区域乘务长迅速到达了解情况。王女士自述突感下腹部不适，估计是来例假痛经，以前也有这样的情况，休息一下或许能缓解，表示不需要医生。考虑到王女士没有自带药物，也没有同伴，6号乘务长安排其余乘务员继续客舱服务，安抚附近客人的情绪。4号乘务长及7号乘务员协助王女士身边的客人调换座位，留出3个座位让王女士平躺休息，安排1名乘务员照顾并持续观察。1号乘务长向机长汇报有身体不适的客人正在持续观察，有情况随时汇报。飞行机组在驾驶舱内做好特情处置的准备。王女士休息了大约10分钟后，病情并未好转，疼痛加剧致使身体颤抖，乘务员判断其疼痛程度已经超出了常规痛经的疼痛范围，且疼痛位置奇怪。乘务员立即报告乘务长，3号广播员立即多次中英文广播寻找医生，1号乘务长立即报告机长病人状况，保卫员协助乘务员在客舱寻找医生，并安抚客人情绪，避免客人大面积走动而影响飞机平衡，保障飞行安全。由于当天航班上没有医生，直飞目的地还需要2小时，机长在得知患者病情加重后决定立即向航空管制部门申请备降最近的备降机场，请求地面医疗救助。航空管制部门立即安排，机场地面服务人员迅速做好急救准备。1号主任乘务长安排各号位乘务员在各区域做好解释工作并迅速回收餐食，做好着陆安全检查，安排1名乘务员在王女士身边照顾直至落地。航班在30分钟后安全备降。飞机停稳后，乘务长广播让病人优先下机，乘务员在客舱提醒客人让出过道，早已在停机位待命的救护车和医护人员紧急将患者送往医院救治，地服人员联系王女士的家人。王女士最后被确诊为宫外孕，如不及时就医容易引发大出血且有生命危险。安排好王女士的交接工作后，各部门配合航班顺利飞往目的地。

资料来源：案例由某航空公司在职的资深乘务员提供。

**案例解读**

该案例涉及机场及航空公司的各大部门，大家各司其职、分工合作，最后成功完成任务。机组成员中，1号主任乘务长临危不乱，一直是统筹分工的角色，4号及6号区域乘务长协助1号主任乘务长进行区域的管控和安排。各号位乘务员及时汇报，服从乘务长的安排，有的继续进行客舱服务，有的安抚旅客，有的照顾病人，还有的广播找医生等。同时，保卫员也在协助乘务员保障飞行安全，飞行机组根据实际情况做出最终决定。这个密切配合及有序处置与航空公司特殊情况处置的专业系统的培训大有关系。旅客、乘务员、乘务长与机长、地面的有效沟通一直在进行，航空管制部门及地面也迅速做好安排，配合各部门工作，争分夺秒，以最快的速度让病人得到专业救治。

---

**小任务** 阅读案例后请小组分享协作力对于成功处置案例事件的重要意义。

## 任务实训

### 实训任务一 踩轮胎

（一）训练目的：通过训练，培养学生的团队协作意识和团队协作能力。

（二）训练时间：3分钟。

（三）训练场地：较为开阔的场地。

（四）训练参与人数：全班同学，6～8人一组。

（五）训练器材：汽车轮胎若干。

（六）训练操作流程（见图13－1）：

图13－1　踩轮胎训练

1. 将一个汽车轮胎放在空地上。

2. 要求所有成员都站上去，并且至少保持5秒钟以上。

3. 一定要注意安全。

（七）训练注意事项：

1. 把全体人员随机分成6～8人的若干个小组。

2. 根据各组完成的时间和合作程度评分。

（八）训练交流与分享：

1. 怎样才能让轮胎保持四平八稳的状态？事先确定一个比较好的方案是否更有助于任务的完成？

2. 在训练的过程中，是否有冲突和争议的产生？大家是如何解决这一问题的？

（九）训练总结与点评：

1. 在训练一开始，大家就应该确定一个比较可行的实施方案并确定一个指挥人员，以免发生争议时无法解决。

2. 比较可行的做法之一：先选出一个人作为重心，其余的人踩上去时要注意保持轮胎的平衡。

3. 本训练可以帮助大家锻炼沟通能力，培养合作精神，增强团队意识。

## 实训任务二　团队连点

（一）训练目的：

1. 通过训练，培养学生团队合作、寻找问题解决方法的能力。

2. 通过训练，让学生思考如何在竞争中实现双赢。

（二）训练时间：5～10 分钟。

（三）训练场地：教室。

（四）训练参与人数：全班学生，每组 2 人。

（五）训练器材：每个小组一幅图（9×9 的一个点阵，见图 13－2）和笔。

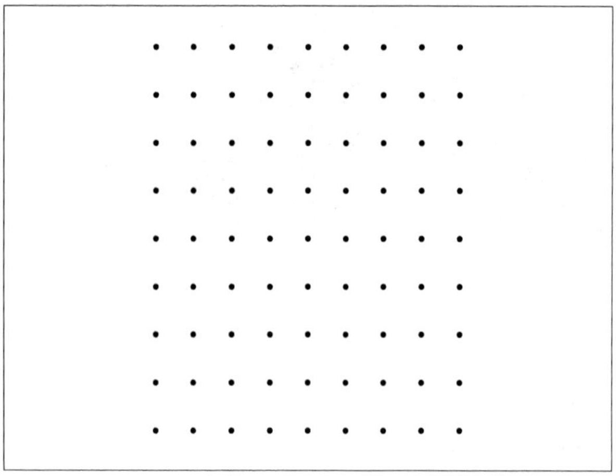

图 13－2　矩阵图

（六）训练操作流程：

1. 让每个人选择一位同伴组成小组，分发给每个小组一张带有 81 个黑点的图片和笔。

2. 讲述任务：每组中第一位成员首先将两个横向或竖向的黑点相连，小组中第二位成员依样连点，但必须接着前一位所连线的任何一段。然后，由第一位组员继续完成相同的动作。

3. 在训练过程中，整个线条的首尾不能相连。如有必要，可以出示样图。训练时间限定于 2 分钟左右。当所有人完成游戏时，看看谁连的点最多。有些学生在描述中会提到诸如输赢之类的问题，而这些在训练开始时并没有提及。然后讨论他们为什么会将一个简单的训练看成一个竞赛。

（七）训练注意事项：在规定的时间内连点最多。

（八）训练交流与分享：

1. 为什么大家会将本训练视为一个竞赛？

2. 我们能否实现双赢？

3. 在工作中有类似的情况吗？

（九）训练总结与点评：

1. 本训练通过将一些点连起来，充分调动了大家的沟通和团队合作精神，但是由于大多数人都具有竞争意识，因此大家在训练过程中可能会给别人制造一些不必要的障碍，这对于大家完成任务、达到一个双赢的效果是极为不利的；我们一定要在训练一开始就达成共识，只有共同合作才能完成任务。

2. 在训练中加入一些变化，如可以将所有人分成两个小组，在一块写字板上进行连点游戏。

## 实训任务三　潮起潮落

（一）训练目的：

1. 通过训练，培养学生的信任感和团队合作意识。

2. 通过训练，培养和增强学生的团队协作能力。

（二）训练时间：15～20 分钟。

（三）训练场地：较为开阔的场地。

（四）训练参与人数：全班学生，每组至少 20 人。

（五）训练器材：无须任何道具。

（六）训练操作流程（见图 13－3）：

图 13－3　潮起潮落训练

1. 整个团队分两列纵队站立，两列队员要肩并肩站齐，彼此尽量靠近。

2. 选队列最前面的一名队员作为“旅行者”，让队员们把这位“旅行者”举过头顶，沿他们排成的两列纵队，传送到队尾。这是一个能真正体现“人多力量大”的例子。“旅行者”到达队尾，后面几个队员举着他的身体下落时，应保证他的双脚安全着地。

（七）训练注意事项：

1. 团队成员发扬团队精神，协同工作。

2. 如果队员总数是奇数，让其中一名队员做助手。

（八）训练交流与分享：

1. 你对本次训练最初的感受是什么？

2. 本次训练结束以后你的感受又如何？

3. 当你作为“旅行者”被别人举着传送至队尾时，感觉如何？

（九）训练总结与点评：

1. 这个训练需要团队成员相互信任，自然地进行身体接触和配合，消除害羞和扭捏感，发挥团队协作精神。

2. 如果参训者较少，让队列前面的队员传送“旅行者”后，立即移动到队尾，这样也能使“旅行者”转移到预定地点。

## 实训任务四　盲穿拖鞋

（一）训练目的：

1. 通过训练，提高学生相互信任、相互合作的意识。

2. 通过训练，培养学生的沟通能力和团队协作能力。

（二）训练时间：不限。

（三）训练场地：开阔的场地。

（四）训练参与人数：全班学生，每组 5～6 人。

（五）训练器材：与所分组数相当的棉拖鞋。

（六）训练操作流程：

1. 各队轮流派出 1 个人。

2. 把拖鞋放在起点前方 5 步的地方。

3. 回到起点，蒙眼旋转 3 圈以后出发。

4. 能够准确地前进 5 步，第 6 步穿到拖鞋较多的一组获胜。

（七）训练注意事项：进行中己方可以大声提示，对方也可以用错误的指示来扰乱。

（八）训练交流与分享：

1. 为什么蒙上眼睛后，迈出的步伐不再是以前的步伐了？

2. 你能否在自己行动的基础上，听从别人的指导，从而顺利穿上拖鞋？

3. 在训练中，如何分清己方的声音和对方的干扰？

（九）训练总结与点评：蒙上眼睛之后，世界一片漆黑，人会失去方向感。这时，一方面要把握住自己，尽力按照正确的方向、正确的步伐前进；另一方面，要多听来自身后的声音，你的同伴——能够看得见的人，他们的指点会帮助你走出迷津。

## 实训任务五　迷阵出逃

（一）训练目的：

1. 通过训练，提高团队成员之间的信任感和互相帮助的意识。

2. 通过训练，培养团队的沟通能力和协作能力。

（二）训练时间：10 分钟。

（三）训练场地：一间大教室。

（四）训练参与人数：集体参与，单独完成。

（五）训练器材：桌子、椅子等障碍物。

（六）训练操作流程：

1. 选择一间大教室，两边有两扇相对的门，教室里凌乱地摆放了很多桌子、椅子等。

2. 将一个学生的眼睛蒙上，然后让他从教室的一扇门走向另一扇门，一般情况下，学生会到处碰壁、步履艰辛。

3. 那个蒙眼的学生可以提且只可以提一个要求，他要通过这个要求帮助自己走出这片迷阵。

（七）训练注意事项：一定要注意安全，尤其是在学生第一次走进迷阵的时候，教师应当时刻关注，一旦发现要发生危险，应该及时出声阻止。

（八）训练交流与分享：

1. 如果单靠你自己的力量，你觉得你能走出这片迷阵吗？

2. 当你发现你不能独立完成任务时，你最先想到的解决办法是什么？你提的要求是什么？

3. 大多数人的第一反应是寻求他人的帮助，是否有人提的要求不是寻求他人的帮助？他们是否能靠自己的力量走出去？背后有没有什么道理？

（九）训练总结与点评：

1. 当一个人经历了黑暗的摸索以后，此时别人给予他的帮助将令他刻骨铭心。

2. “人”字本身就是一个相互支持的架构，因为人不仅是一个自然人，还是一个社会人。只有在团队中大家互相帮助，才能真正体会社会人的含义。

3. 第一反应不是寻求他人帮助的学生可能其独立性和能力都比较强。他们在工作中一般可以充当领导和主要角色，但也应该引导他们加强对于团队精神的理解。

## 知识链接

### 一、什么是团队协作

北宋刘昼在《刘子·兵术》说："万人离心，不如百人同力。"清代王之春《椒生随笔》说："和于国，然后可以出军。和于军，然后可以出阵。和与阵，然后可以出战。"从中我们可以认识到一个群体团结的重要性。因此，我们欲获取发展和成功，就要有团队协作精神，认同团队和伙伴意识。

团队协作是一种为达到既定目标所显现出来的自愿合作和协同努力的精神。它可以调动团队成员的所有资源和才智，并且自动地驱除所有不和谐和不公正现象，同时给予那些诚心、大公无私的奉献者适当的回报。如果团队协作出于自觉、自愿，每位成员都主动去寻找其他成员的积极品质，那么团队协作就会变得很顺畅，工作效率就会提高，进而产生一股强大且持久的力量。

联邦快递是创立时间最早、全球最大的航空快递公司之一，目前，它向包括中国在内的 220 多个国家及地区提供 24～48 小时、门到门的快递运输服务。有统计显示，联邦快递每个工作日运送的包裹超过 320 万个，每年运送包裹的总价值超过 600 亿美元，全球拥有超过 138 000 名员工、50 000 个投递点、671 架飞机和 41 000 辆车，并且通过互联网与全球 100 多万客户保持密切的电子通信服务。如此繁杂的业务量靠的就是团队的精诚合作。在联邦快递遍布全球的物流网络上，有成千上万个团队，如负责销售的 Sales 团队、负责收派件的 Courier 团队、负责分拣的 Service Agent 团队、负责客户服务的 800 团队、负责调度的 Dispatch 团队，以及负责技术的团队和负责航空运输的团队等。这些团队每时每刻都在高度负责地传递着客户的包裹。任何一个环节出现纰漏或失误，都可能给下一道工序造成连锁并且是成倍的压力，甚至可能给客户造成无法挽回的损失。毫无疑问，这种环环相扣、时间连续、跨越区域的业务，没有一支强大的具有精诚合作的团队是绝对做不到的。

### 二、团队协作力

团队协作力是指建立在团队的基础之上，发挥团队精神，互补互助以达到团队最大工作效率的能力。对于团队的成员来说，不仅要有个人能力，更需要有在不同的位置上各尽所能地与其他成员协调合作的能力。

#### （一）团队协作力的表现

团队协作力是团队获得成功的关键因素。团队就像一条链子，一环紧扣一环，缺一不可。我们在团队协作中，首先要做好自己的工作，同时相互密切合作。正如奥斯特洛夫斯基所说，不管一个人多么有才能，集体总比他更聪明和更有力。

1. 团队大于个人

团队不仅强调个人的工作成果，更强调团队的整体业绩。团队所依赖的不仅是集体讨论和决策，同时依赖于成员的共同努力。团队大于各部分之和。一根筷子轻易就能被折断，但把更多的筷子放在一起，想要折断就是很困难的事。

2. 团队协作的本质是共同奉献

这种共同奉献需要一个切实可行、具有挑战意义且让成员为之信服的目标。只有这样，才能激发团队的工作动力和奉献精神，不分彼此，共同奉献。

3. 团队合作与个人的潜力

当团队的每一个人都坦诚相待，都有一份奉献精神时，互相取长补短，个人的能力肯定会得到大大的提升。古语有云："三人行，必有我师焉。"如果大家能把其他团队成员的优点和长处都变为自己的优点和长处，灵活运用，不仅团队的力量会日益强大，自己的能力和潜力也会慢慢得到升华。

4. 团队精神的核心就是协同合作

协同合作是任何一个团队不可或缺的精髓，是建立在相互信任基础上的无私奉献，团队成员因此而互补互助、相互协作，造就一个好的团队，所以才有"三个臭皮匠，赛过诸葛亮"之说。

在海尔流传着这样一个小故事：

1994年4月5日下午两点，一个德国经销商打来电话，要求海尔在两天内发货，否则订单自动失效。两天内发货，意味着当天下午对方所订的货物必须装船，而此刻已是星期五下午两点，如果按海关、商检等有关部门下午五点下班来计算的话，只有3个小时，按一般程序要想做到这一切几乎是不可能的。

如何将不可能变为可能？此时，海尔人优良的团队精神显示了巨大的能量，他们采用齐头并进的方式，调货的调货、报关的报关、联系船期的联系船期，各部门全身心投入工作中，每一个部门的每一个人都在抓紧每一分钟，使每一个环节都顺利通过。下午五点半，德国经销商接到了来自海尔货物发出的消息，非常吃惊，然后由吃惊转为感激，还破了十几年的惯例向海尔发了感谢信。

海尔把公司的价值观定义为"人的价值高于物的价值，共同价值高于个人价值，共同协作的价值高于独立单干的价值，社会价值高于利润的价值"。

## （二）团队协作力的组成要素

1. 尊重：内外兼修的美德

尊重，意味着尊重他人的个性和人格，尊重他人的兴趣和爱好，尊重他人的感觉和需求，尊重他人的态度和意见，尊重他人的权利和义务，尊重他人的成就和发展。只有团队中的每一个成员都尊重彼此的意见和观点，尊重彼此的技术和能力，尊重彼此对团队的全部贡献，这个团队才会得到最大的发展，这个团队中的成员也才会赢得最大的成功。

2. 欣赏：高段位的品质

欣赏就是主动去寻找团队成员的积极品质，尤其是你的“敌人”，然后，学习这些品质，并努力克服和改正自身的缺点和消极品质。团队中的任何一位成员，都可能是某个领域的专家。因此，你必须保持足够的谦虚，并真正看清自己的肤浅、缺憾和无知。团队的效率在于每个成员配合的默契程度，团队成员的互相欣赏和熟悉——欣赏长处、熟悉短处，最主要的是扬长避短。

3. 宽容：让心胸更宽广

宽容是团队合作中最好的润滑剂，它能消除分歧和战争，使团队成员互敬互重、彼此包容、和谐相处，从而安心工作，体会到合作的快乐。雨果曾经说过：“世界上最宽阔的是海洋，比海洋更宽阔的是天空，而比天空更宽阔的则是人的心灵。”

4. 平等：真正以人为本

美国企业在这一点上的所作所为让人叹为观止，从无差别的办公室到无等级之分的停车场，每一个管理环节都充分体现了团队的平等精神。当每一个团队成员都处于相同的起跑线上时，他们之间就不会产生距离感，他们在合作时就会形成更加默契、紧密的关系，从而使团队效益达到最大化。

5. 信任：成功协作的基石

现代社会的发展使职业分工越来越细，一个人单打独斗的时代已经成为过去，越来越需要集体的合作。个人的能力再强、工作做得再出色，也不能离开团队这个大的氛围。团队成员只有相互信任、主动做事、乐于分享，才能共同成长，共达成功的彼岸。

6. 沟通：管理的桥梁

现代社会是一个开放的社会，当你有了好想法、好建议时，要尽快让别人了解、让上级采纳，为团队做贡献。否则，不论你有多么新奇的观点和重要的想法，如果不能同更多的人分享，那也是白费。只有敢于沟通、勤于沟通、善于沟通，才能让更多人了解你、欣赏你、喜欢你。

7. 负责：对团队的忠诚

负责不仅仅意味着敢于担当，对自己负责，更意味着对团队负责、对团队成员负责，并将这种负责精神落实到每一个工作细节之中。任何有利于团队荣誉、有损于团队利益的事情，与每一个团队成员都是息息相关的，所有的人都拥有不可推卸的责任。

8. 节俭：以小显大

正所谓细节决定命运，很多细小的环节都与公司的前途休戚相关。为了团队的整体利益，所有的团队成员都应该养成节约成本的好习惯。当我们在工作中自主、自动和自发地极力减少不必要的浪费时，无形中就使整个团队减少支出、降低成本，也就等于为整个团队增加了利润。

9. 诚信：不容置疑

诚信既是做人的基本准则，也是每一个团队成员都应具备的基本价值理念。唯有诚信，才是让你在竞争中得到多助之地的重要条件。团队精神应该建立在团队成员相互信任的基础上。只有当你做到了“言必信，行必果”时，你才能真正赢得同事的广泛信赖，同时为自己事业的兴旺发达注入活力。

10. 热心：帮助身边每一块“短木板”

只有完全发挥作用的团队，才是一个具有竞争力的团队；只有身处最具竞争力的团队之中，个体的价值才能得到最大限度的体现。当你是团队中的那块“长木板”时，你不能只顾自己前进的脚步，而忽略“短木板”的存在。当我们身处一个团队，只有想方设法让短木板达到长木板的高度，或者让所有的板子维持足够高的相等高度，才能完全发挥团队作用。

11. 个性：坚持自己的特质

团队精神不是集体主义，不是泯灭个性、扼杀独立思考。团队不仅仅是人的集合，更是能量的结合与爆发。作为团队成员，不要因为身处团队之中就抹杀自己的个性特质。一个好的团队，应该鼓励和正确引导员工最大限度地发挥个人能力。团队若能给团队成员提供一个充分施展、表现自己才能的机会，那么将会为团队带来永不枯竭的创新能力。

12. 团队利益至高无上

团队精神不反对个性张扬，但个性必须与团队的行动一致，要考虑整个团队的需要，并不遗余力地为整个团队的目标而共同努力。在团队之中，一个人与整个团队相比是渺小的，太过计较个人得失的人，永远无法真正融入团队之中。而拥有极强全局意识的人，最终会是最大的受益者。

## 三、建立相互信任的团队合作关系

众所周知，蚂蚁是最具有团队合作精神的动物之一。不同地域、不同环境，屋里屋外到处都可以见到它们的踪迹。研究发现，蚂蚁的种类达 3 000 多种，它们永远过着团体生活，有时候一窝蚂蚁好几十万只，也有数量极少的，不过每一个蚂蚁窝都由一个蚁后（有的有一个以上的蚁后），若干雌蚁、雄蚁及兵蚁共同组成，它们各司其职，分工合作：蚁后的任务是繁殖、产卵，同时受到雌蚁的服侍；雌蚁负责建造、觅食、运粮、育幼等工作；雄蚁负责和蚁后交配；兵蚁的主要任务是抵抗外侮、保护家园。团队成员应当一条心发挥各自的专长才华，群策群力，团结合作。

### （一）团队合作面对的困境

在团队中建立相互信任的关系和合作是取得成功的关键。如果一个团队是一台逻辑性很强、可以预测和控制的机器，那么日常的工作或者团队的建设就会变得非常简单，只需要输入相应的指令，把机器设到自动挡，等着它自动实现就可以了。

但是，团队常常是由不可预知的、没有合作意识的甚至是唱反调的成员组成。同时，团队还需要面对不同的压力，成员间的关系也可能因为需要不断地协商和磨合而变得十分紧张，如果此时再遇到组织内的重大改革，如兼并、重组，更会增加团队成员的无所适从和不确定性，从而影响团队的成长和成功。

一般而言，当团队遇到问题、无法很好地进行协作时，常常会有一系列迹象（见表13－1）。

**表13－1　团队合作面对的困境**

| 迹象 | 表现 |
|---|---|
| 错失机会 | 团队缺乏协作时，不是因为团队成员互相拆台，仅仅因为团队成员没能看到协作的优势，就会错失利用全体智慧、知识和技巧来应对严峻的工作挑战或抓住独一无二的机遇的机会。 |
| 自我孤立和沟通断裂 | 由于团队成员关系紧张，有些成员宁愿选择将自己与其他成员孤立开来的方式处理这种不和谐，使得成员之间无法及时沟通重要的事情、变化的情况或正在出现的问题或机会，甚至连最基本的信息也无法正常转达，从而大大削弱了整个团队的力量。 |
| 形成小团体 | 其表现形式包括向其他团队中处于战略决策地位的人寻求支援，或者向自己团队的领导施加压力要求其对事情表态；有些成员，不分青红皂白，凡事都喜欢唱对台戏，纯属内部派系争斗。 |
| 缺乏了解 | 地域差异、调动频繁、经常出差、手头事情太多、身居高位，都会造成成员之间很难形成和提升良好的合作关系。 |
| 职责不明确 | 不清楚项目的目标、自己在团队中的角色定位以及如何与项目的利益相关者打交道等，都会导致团队成员在工作职责周围筑起“防御墙”，并很容易为一些小事争吵不停。 |
| 无法就目标和优先顺序达成共识 | 协作的一个关键要素是团队成员就组织的发展目标的价值或可行性、各种目标应该如何根据优先性进行排序、期望取得怎样的绩效目标等达成共识，一旦无法达成共识，团队很快就会从协作转为冲突。 |
| 缺乏协作及冲突管理的技巧 | 每个团队都需要一次又一次地解决很难处理的事情，如果团队成员没有取得共识的技巧及能力，这些事情就会演变成一次又一次冲突。 |

执行航班任务时，保证飞行安全是每一个飞行机组与客舱乘务组共同的责任与使命。

飞行机组与客舱乘务组分属不同的管理部门，有着不同的规章制度与管理模式，驾驶舱由飞行机组负责，乘务组则是客舱的主人。独立的排班系统也将飞行机组与客舱乘务组分为两个板块，执行不同的排班程序。性别差异、岗位职责的不同，加上分组不确定的陌生感，在执行航班任务的过程中，难免会因为沟通不畅、理解不善出现一些矛盾和摩擦，影响团队成员的工作情绪，甚至会影响正常的航班服务。

**案　例**

### 团队协作保平安

某航空公司在圣弗朗西斯科空难发生时，执飞机型有8个门，两侧机身每边均匀分布4个门，当时由于故障，只有前面的左一、左二和右一、右二4个门能开启。但是在开启舱门后，意外发生了，右一、右二的门滑梯向客舱内翻转充气，正常滑梯是向外翻转充气的，这千钧一发的生死关头，一方面是滑梯挡住了旅客的撤离路线，另一方面是滑梯死死地将右二门的乘务员压在了身下。乘务长发现此情形后迅速部署，旅客迅速从左一、左二门撤离，有的乘务员负责旅客撤离工作，有的乘务员在门口指挥，有的封存不能使用的舱门，组织旅客从左一、左二门撤离，有的协助弱小旅客，还有的处理客舱内的滑梯，将被压在滑梯下的乘务员救出来，同时使用尖锐物品将错误充气的滑梯刺穿。最后，除了2名没有系安全带的旅客被甩出舱外，其余人员安全撤离。在撤离过程中，所有人紧密配合、友爱互助，体现了团队协作的精神。

资料来源：案例由某航空公司在职资深乘务员提供。

**案　例**

### 一小时内两次救援　管制员开辟生命的绿色通道

在民航的大家庭中，让飞行安全，让每位旅客有一个安心之旅永远都不是一个人、一个班组能够完成的，可能涉及空中和地面的上下联动、各个部门的通力协作、相关保障单位的高度配合。2018年2月16日大年初一晚22点25分，正值咸阳机场进场航班晚高峰时段，此时，从新疆克拉玛依起飞前往咸阳机场的MU7392航班机组报告："机上有一名小孩被烫伤，有乘务员给孩子包扎，请求优先落地。"此时，咸阳机场正处于进港高峰时段，如果按照正常顺序落地，孩子需要多忍受10～15分钟的疼痛。为了减少孩子忍受痛苦的时间，减轻机组的压力，值班领导积极协调，尽最大努力安排该机优先落地，并安排使用就近跑道。管制员既要为孩子尽快治疗争取时间，又要将由此可能带来的运行风险降至最低。最终，在各管制部门的通力配合下，MU7392航班于22点38分安全落地。一波未平，一波又起。仅仅过了半个小时，23点07分，从沈阳飞来在咸阳落地的HU7570航班，机组报告："机上有一位年龄在50～60岁的男性乘客发生昏迷，疑似心脏病发作，需要优先落地，落地后需要医生和急救车。”经过进一步询问了解到，机上虽有护士对乘客进行照顾，但病人情况依然危急。

拯救生命就要与时间赛跑，值班领导丝毫不敢放松，第一时间将信息通报相关保障单位，协调各部门通力配合，为该航班开辟一条绿色通道。区域管制室引导航班直飞机场上空，组织其余航班进行避让，终端管制室积极向空军协调直飞空域，为该航班提供就近落地跑道，并同意机组大速度飞行，缩短飞行航径和时间，为病人争取救助时间。塔台管制员指挥即将起飞的飞机在跑道外等待避让，为该航班提供最便利的滑行路线，为救援争取抢救时间。最终，在全体管制人员的通力配合下，HU7570航班以最短的时间顺利靠桥，病人及时被送上救护车进行救治。

新年伊始，短短不到1个小时，两起特情保障，高效的应急响应、高效的安全保障、高效的团队协作、高效的管制指挥，凸显的是西北空管局管制员的团结与担当，是管制员“在岗一分钟，安全六十秒”的庄严承诺。

资料来源：http：//news. carnoc. com/list/436/436581. html

案　例

## 门里与门外的一唱一和　保证安全拧成一股绳

某航班旅客正在登机，乘务长站在客舱门口热情有礼地问候登机旅客，同时清点人数，各号位乘务员也在各自的岗位上有条不紊地进行紧张的机上服务。“小姐，我是坐在紧急出口的旅客，需要一条毛毯。”“靓女，我坐36排，要一份特区报。”“好的，稍后会送到！”正在忙碌之时，驾驶舱门开了，飞行机组递出来两个水杯：“乘务长，请帮我们把餐盘收一下，再泡两杯铁观音。”乘务长服务完这两位机组同事，旅客已陆陆续续走上了好几个人。“我刚刚点到多少人呢？”“是哪一排旅客需要毛毯来着？”驾驶舱机组同事已经开始催促：“乘务长，旅客都到齐了吗？我们已经申请到了起飞时间。”由于被各种信息干扰，乘务长初次核对旅客人数时出现错误，只好重新清点。而此时，狭窄的过道上拥堵着许多安放行李还未入座的旅客。等乘务长再次清点好人数并且与地面人员办理完交接手续时，机长向塔台申请的起飞时间已经错过，而重新安排的起飞时间是20分钟以后。机长不禁有些不悦。

在雷雨季节的一次飞行中，飞机经过一阵强烈的颠簸，终于进入平飞状态。客舱里的旅客们有的在欣赏夜景，有的在看机载电视，有的已经进入梦乡，有的津津有味地品尝着餐食。这时，机长走出驾驶舱，对乘务长说：“刚才避绕雷区，舷窗外电闪雷鸣、火光一片，我们一刻也不敢放松，洗手间都不敢去。”乘务长冲了一杯热腾腾的咖啡，并准备好水果、点心送进了驾驶舱：“机长，你们辛苦了！”

可见客舱乘务组与飞行机组的工作时刻冲突是时常会发生的，但是只要在航前准备会上做好事前沟通和协调，就可以有效避免“关键时刻”机组间沟通的相互干扰，很多问题也是完全可以避免的。机组成员不仅仅是飞行任务书上一个个或陌生或熟悉的名字，更是一个团队，像同事、像朋友、像家人。他们身着航空公司制服，在同一架飞机上服务，虽然履行着各自不同的岗位职责，却有着同样的责任与使命。飞行机组的专业性、技术性是乘务员所无法代替的；而客舱服务亦是飞行机组陌生的领域。各司其职，互相协作，才是“搭档”的真正含义。

资料来源：http：//news. carnoc. com/list/224/224539. html

案 例

**120 秒的撤离**

2005 年 8 月，法航某航班飞机出现故障。当飞机在空中盘旋时，乘务组广播告诉旅客：“请旅客们不要惊慌，保持镇静，机长就在大家身边。”随后，飞机降落在多伦多皮尔逊国际机场并冲出跑道。乘务员迅速做出紧急处置，他们很快就从地上爬起来，打开舱门，帮助旅客离开，并要求旅客保持镇静，维持秩序。飞行员从驾驶舱出来，与乘务员并肩坚持到了最后一刻，在起火的飞机中确认所有旅客都安全撤离，他们才离开飞机。消防负责人称，在 52 秒内，机上 3/4 的旅客离开了飞机；在 2 分钟内，飞机上 297 名旅客和 12 名机组成员全部脱险。机组人员沉着冷静的表现和团结高效的配合受到高度赞扬。

资料来源：http：//news. carnoc. com/list/224/224539. html

## （二）建立良好的团队协作关系

诗人泰戈尔说：“一朵鲜花打扮不出美丽的春天。”一个人的力量总是单薄的，只有协作才能够移山填海。“两人三足”是我们小时候非常熟悉的游戏，最后取得胜利的不一定是跑得最快的两个人，但一定是步调最一致的组合。团队协作从来不是单纯的人员叠加，团队工作需要相互协作、友好和专业的氛围、主动合作的意愿以及共同的目标。在平时的培训中，飞行员和乘务员实施协同训练和密切配合，一旦有事故发生，能够将旅客受害程度限制在最小范围内。

不管在生活中还是工作中，合作的精神无比重要。团队应当如何构建更加密切、更加强大的协作关系呢？

### 1. 统一目标和期望值

要使团队成员对所设置的目标、优先顺序及绩效期望值有一致的认识和理解，就得有机会坐下来开诚布公地讨论这些期望值，帮助成员澄清目标，精确找出绩效期望值，明确先后顺序，并借助不同的传播媒介随时了解组织和任务、环境的变化趋势，这将有利于团队目标和绩效的完成。

2. 讨论支持和帮助的重要性

团队成员之间本来就是各有各的特长，各有各的职责，相互支持和帮助是团队合作的常态，因而要明确团队成员各自需要从对方那里获得什么支持和帮助。在进行团队讨论、寻求解决办法的过程中，探讨各种可能遇到的阻力以及减少阻力的方法，寻求尽可能多的、有效的、可行的支持。

3. 思考并分享各自的优势

让每个团队成员都思考一下："在我们的团队中还有其他什么人具有与项目相关的技能及经验?"每个人都将自己的想法说出来与大家分享。这种做法可以达到两个目的：1）让所有团队成员都知道自己对团队的贡献得到了肯定；2）为从团队成员之间寻求支持和帮助提供了一种建设性方案。

4. 回顾过去成功协作的经历

任何微小的成功都是鼓励团队成员继续努力的动力。要求每个人找出他们所认为的成功协作的范例，并且自问："在协作得最好的时候，我们做了哪些与众不同的事情?"然后试着找出可以在未来复制这种行为的方法。

5. 通过提高透明度来建立信任

如果认为团队中需要更高的信息透明度，那么通常需要团队成员回答两个问题：1）你希望更多地了解哪些最近开展的项目或发生的事情的相关信息？2）你认为今后对哪些项目或事情来说信息分享是非常关键的？然后，制定分享信息的战略和途径，确定哪些信息是需要保密的，哪些信息是可以传达给团队成员的，以提高信息的透明度。

6. 找出沟通的热点

每个团队都有一些需要特别关注的沟通热点，可能包括如何将选择的任务分配给每个团队成员、如何分配团队的预算和资源、谁是团队的负责人等。借助团队成员的帮助找出团队中需要特别加以关注的沟通热点，就可以讨论如何处理并避免这些矛盾的产生。

7. 鼓励团队成员理解他人的观点

团队合作的一个很重要的因素是互相理解、换位思考，在假设自己已经完全理解了他人的关注点和优先顺序之前，先考虑团队其他成员的观点，或者鼓励成员退后一步，倾听其他成员的观点，在理解的基础上，合作就水到渠成了。

8. 创造分享反馈意见的机会

最简单的方法就是让团队成员互相给出反馈意见，或者欢迎大家给出反馈意见，刚开始可能效果不会太好，大家会互相试探，给出比较中庸或自我防范的反馈，久而久之就可以得到比较中肯的意见了。

**课外拓展**

1. 寻找一个关于团队协作的民航业真实案例，根据本项目理论思考与分析，并以小组为单位进行分享。

2. 以团队协作为主题，以小组为单位，提炼自己平时学习生活中的 2～3 个案例与同学分享。

自我测试、课后锦囊和参考文献请扫描下方的二维码。

# 项目十四　创新力的有效提升

## 项目导引

本项目主要介绍创新及创新力的概念，创新的内容与特点，创新型人才的培养。通过学习本项目，学生可以对创新力的有效提升有一个概念性的了解，对个人的创新力有一个基本判断。通过本项目的训练，学生可以提升自身的创新力，更好地指导生活和工作。

## 学习目标

### 一、知识目标

1. 了解创新及创新力的内涵。
2. 认识创新力提升与创新型人才培养之间的关系。

### 二、能力目标

1. 掌握有效提升创新力的具体方法。
2. 具备成为创新型人才的基本能力，并在实践中反思和提升。

## 案例导入

### 开心难忘的生日礼物

某国内航班上，乘务员了解到有一位乘客陈女士当天正值生日，而航班由于天气原因已经延误了几个小时，航班落地将是午夜了。陈女士因来不及回家和家人一起过生日而心情有些失落。乘务长得知这个情况，与乘务员一起商量，利用头等舱及普通舱果仁、水果、小蛋糕、饮料、卡片等，还有乘务员绘画、唱歌的才能，准备给陈女士一个生日惊喜。在有限资源里大家完成了：1）一个很漂亮的心形水果果仁蛋糕。2）一张写了小诗和祝福语、手绘了漂亮图案的小卡片。3）以果汁软饮调配的颜色很漂亮的无酒精鸡尾酒。4）乘务员主持及唱生日歌。在乘务组的精心准备下，陈女士度过了一个开心而难忘的生日。航班上的其他乘客也感受到乘务员的用心和生日的喜悦气氛。

资料来源：案例由某航空公司在职资深乘务员提供。

**案例解读**

资源有限，创意却是无限的。在有限的条件里，凝聚集体的心意和创意，肯定会有意想不到的收获。

---

**小任务**　阅读案例后请小组分享创新力对于案例所述事件的重要意义。

## 任务实训

### 实训任务一　龙行虎步

（一）训练目的：

1. 通过训练，让学生尽可能开拓思维，充分发挥想象力，从而完成任务。
2. 通过训练，让学生结合自己的特点，找到与他人的不同，这是产生创意的关键。
3. 通过训练，发挥团队的凝聚力、集体的智慧，提升团队创新力。

（二）训练时间：30分钟。

（三）训练场地：较为开阔的室外场地。

（四）训练参与人数：全班学生，分为两组进行。

（五）训练器材：无须任何道具。

（六）训练操作流程：（见图14-1）

图14-1　龙行虎步训练

1. 所有人分成两组，在场地上排成两列站立，两组相隔约5米。

2. 按照同一方向，两组成员逐个轮流交替上场，从两组中间的地带走过。

3. 成员走路的动作不可以重复，否则必须重新回到队列中。

4. 前一位成员约走出10米远后，下一位成员出发，如果所轮到的成员超过10秒还没有出发，则让对方组先走。

5. 最先走完所有成员的组胜利。

（七）训练注意事项：

1. 两组以排头成员进行“剪刀石头布”来确认哪队先出发。

2. 对于一些痕迹不明显的模仿，可以算作过关。

（八）训练交流与分享：

1. 团队中，谁的创意最好？

2. 为了整个团队能够尽快走完，有哪些方面需要考虑？

3. 创意有没有可能形成模式化的可能？

4. 要确保自己与他人不同，需要考虑哪些方面？

（九）训练总结与点评：

1. 从创意的角度来说，本训练中只要学生能够合理利用身体的各个部位，很容易创造出与他人不同的走路方式。在现实中，对周边资源加以合理利用也是产生创意的一个较好的途径。

2. 为了产生新的创意，很大程度上需要突破原有事物的影响，所以如果过分注重观察他人的走路方式，很有可能在生成创意的过程中受到影响，表现出明显的模仿痕迹。

3. 一旦产生模式化的创意，那其扩展度就不高，这种创意对人的束缚不小，在训练过程中可以针对某些情况进行探讨。

## 实训任务二　跨越激流

（一）训练目的：

1. 通过训练，培养学生转换思维思考问题的能力。

2. 通过训练，培养学生团队合作、创新思维、解决问题的能力。

（二）训练时间：1个小时。

（三）训练场地：较为开阔的室外场地，清除地面上的危险物。

（四）训练参与人数：全班学生，若超过20人，可适当分组。

（五）训练器材：高跷1副、2米绳4条、3米绳4条、10米绳1条。

（六）训练操作流程：

1. 准备好高跷1副、2米绳4条、3米绳4条、10米绳1条。

2. 在场地上画好起点线和终点线，相距大约 30 米。

3. 将道具发给学生，并将学生全部带到起点，宣布训练任务。

(1) 我们现在将要通过一条宽约 30 米的“河流”，“河流”深度超过 2 米。

(2) 经过测试，人站在高跷上可以安全通过“河流”。

(3) 要求所有学生在 30 分钟内通过“河流”。

4. 在训练过程中，要注意给踩高跷的学生提供安全保护。

(七) 训练注意事项：

1. 突破固有思维，转变思考方向。

2. 充分利用资源并进行团队协作。

(八) 训练交流与分享：

1. 本训练的难点在哪？团队是如何解决的？

2. 有没有需要团队成员牺牲自我的环节？为什么要出现这样的环节？

3. 在处理问题时，有时候转换思路可以带来什么影响？

(九) 训练总结与点评：

1. 这是一个设置了障碍的游戏，如果学生只在高跷上考虑问题，永远也无法完成任务。其实只需要转变一下思路，从绳子上着手，就可以想到，9 条绳子加起来刚好 30 米，可以连接起来作为传递高跷的工具。

2. 在某些情况下，团队会以牺牲部分学生的方式来完成训练，看到这种情况不必制止，但在训练之后的总结中，必须将此提出作为重点进行讨论，针对解决问题的方式，进行深刻反思。

3. 大多数情况下，解决问题的办法不止一个，我们要学会从多种角度思考，此路不通，便选择其他道路，方能找到最佳的解决办法。这种创新思维应该贯穿我们的工作和生活。

## 实训任务三　无限创意

(一) 训练目的：

1. 通过训练，激发学生积极思考，发挥创新能力，产生更多的创意。

2. 通过训练，培养学生团队合作的习惯，互相取长补短，帮助团队做出决策。

3. 通过训练，让学生明白“细节决定成败”的道理，更加关注事物的每一个细小的环节。

(二) 训练时间：60 分钟。

(三) 训练场地：可以间隔的教室。

(四) 训练参与人数：全班学生，每 15 人为一组。

(五) 训练器材：每组 50 张 A4 规格的白纸、1 盒彩笔、1 把剪刀。

（六）训练操作流程：

1. 将所有学员分成15人一组。

2. 为各组指定一个活动地点，最好能够保证各小组之间不能互相交流。

3. 发给每个组50张白纸、1盒彩笔，告知这是可以利用的材料，另外发给每个组1把剪刀作为工具。

4. 训练开始以后，要监督各小组，严禁其互相抄袭和交流。

5. 各小组完成创意之后，集中进行展示，并派出1名代表为大家讲解本组的创意和实施过程。

6. 最后进行公开评分，公布最佳创意小组名单，可以不止1名。

（七）训练注意事项：

1. 要求各小组在60分钟内用所分到的材料造就一座景观或者组成一幅图画。

2. 景观评比以宏大、巧妙、结实为标准，图画评比以意境和画面复杂度为标准。

3. 最后公开评分，评出最佳创意小组。

（八）训练交流与分享：

1. 对于给予了极大发挥空间的任务，团队采用了哪些方法来获得尽可能多的操作方案？最后通过什么程序筛选出最佳方案？

2. 本团队中哪些学员提出了创意？哪些创意可以运用到现实中？

3. 在实施选定创意时团队进行了哪些分工？分工的标准是什么？

4. 最后是否顺利完成了任务？哪些环节无法实施？进行了怎样的修正？如果没有完成，是什么原因？

5. 在展示的过程中，有没有发现本团队应该考虑却没有考虑到的优秀创意？阻碍团队想到这些创意的原因是什么？

（九）训练总结与点评：

1. 本训练提供的任务具有极大的发挥空间，这使得团队可能会获得来自成员的不止一个的创意，但最终只能保留一个创意。这就要求有一个良好的决策机制来对创意进行筛选，解决团队中可能出现的冲突和矛盾。

2. 团队可以对选定创意中的一些细节进行考虑，以便尽可能发挥所有团队成员的主动性，提高效率。在监督过程中，对组织比较混乱的团队应给予适当提醒，但不能涉及具体的事情。

3. 团队往往会形成大量听起来无比美好的创意，但实际操作起来，却不断遇到阻碍，甚至有可能无法继续。要从某一方面进行创新，不仅要打破固有思维，更需要具备这方面的深厚的知识底蕴。这也告诉我们，只有为创意打好坚实的基础，才不至于使我们自己的创意成为“无源之水”。

## 实训任务四 智慧钥匙

（一）训练目的：

1. 通过训练，让学生明白当面对压力时，保持进取心和积极的心态并不断地尝试，可以激发创新意识。

2. 通过训练，培养学生的沟通能力和团队协作能力，充分发挥团队的智慧。

3. 通过训练，培养学生的团队创新力。

（二）训练时间：60分钟。

（三）训练地点：较为开阔的场地。

（四）训练参与人数：全班学生，选出两名志愿者。

（五）训练器材：一把椅子，一把扫帚或一把地拖（头部可以拆卸且手柄直径略大于钥匙环的直径），一串钥匙（钥匙环大小适中，不能串在扫帚柄上但可以串在其连接螺钉上），一根约20米长的绳子，其他无关的道具若干。

（六）训练操作流程：

1. 从学生中选出两名志愿者，为了训练顺利进行，可以考虑选择性格更加乐观的学生。

2. 要求这两名志愿者离开活动场地，使之处于一种与现场完全隔离的状态。

3. 组织其他学生布置现场：

(1) 将一把椅子放在开阔场地的中心位置，同时将一串带有大小合适的钥匙环的钥匙放在椅子上。

(2) 用一根约20米长的绳子以椅子为圆心围成一个圆圈，绳圈的直径以不超过5米为宜。

4. 宣布在现场的所有学生的任务：当发现志愿者的行为明显不妥时，要求其寻找其他的解决办法。在要求志愿者放弃原有的方法的过程中，不得采用辱骂的语言，但可以采用一些激将或者尖利的语言。

5. 如果志愿者采用一些方法解决了问题，所有学生都要对他表示祝贺，同时说明那种办法并不是大家所需要的。将一切复原之后，让志愿者再进行尝试。

6. 一直到志愿者采取了大家所期望的方法，即将拖把头或者扫帚头拧下来，用带有较细螺钉的一端将钥匙挑出来。

7. 当所有学生明白任务之后，让第一名志愿者开始任务：他可以将一把地拖或者一把扫帚作为工具，把椅子上的钥匙取到手，过程中，志愿者不能进入绳子所围成的圆圈之中。

8. 第一名志愿者完成任务之后，重新摆好道具，让第二名志愿者开始任务，他可以使用的道具除了第一名志愿者所选之外的所有道具，还包括一些其他道具，如花瓶、饼干、书这些看起来无关紧要的道具。

9. 同样，第二名志愿者也必须一直进行到采用了大家所期望的方法为止。

10. 引导所有学生对过程中出现的情况进行讨论。

11. 两名志愿者要用不同的方法完成任务。

（七）训练注意事项：

1. 要求志愿者用大家预想的方法，使用道具将直径不大于5米的绳圈中心的钥匙环取到手。

2. 两名志愿者要用不同的方法完成任务。

（八）训练交流与分享：

1. 志愿者在整个过程中的感受如何？如果没有坚持下去，结果与现在的差距有多大？

2. 当第二名志愿者拥有比第一名志愿者更多的道具时，任务的完成是更加困难了还是更加容易了？为什么？

3. 虽然遭遇失败，但从大家的反馈中可以得知有更好的办法，这种较为明确的目标对于志愿者萌生更多的创意有哪些方面的影响？

（九）训练总结与点评：

1. 本训练不仅对志愿者具有挑战性，同时对于一直拒斥志愿者创意的其他学生也具有挑战性。其他学生相当于现实中一些服务或者产品的使用者，他们不断表现出的不满意固然可以给志愿者一定的压力，督促其不断完善方法，但是一旦压力超过了志愿者所能够承受的范围，则可能适得其反。这也是为什么选择比较乐观的志愿者更有助于完成任务。

2. 第二名志愿者虽然拥有更多的道具资源，但因为其中有很多都是无效资源，所以实施起来也许不如第一名志愿者有效率。现实中也是如此，如果我们不能对拥有的资源与我们的目标的关系有清醒的认识，就可能因为资源过多而造成新的困扰。

3. 两名志愿者在正常情况下都会面临多次失败，但只要不放弃，他们就会从更加广阔的角度来思考解决方案。这同样给予我们具有现实意义的启示，有时候不成功，可能只是因为思考问题的角度不对而已，一旦换一个角度，便可能达到“柳暗花明又一村”的新境界。

## 实训任务五　小问题难倒你

（一）训练目的：

1. 通过训练，培养学生运用发散思维解决问题的能力。

2. 通过训练，帮助学生拓展思路，改进工作方法。

（二）训练时间：5分钟。

（三）训练场地：教室。

（四）训练参与人数：全班学生。

（五）训练器材：每人 8 根火柴。

（六）训练操作流程：

1. 发给每个学生 8 根火柴，要求他们在最短的时间内用这 8 根火柴拼出一个菱形。要求菱形的每条边只能由 1 根火柴构成。拼出的人举手示意教师。

2. 教师在旁观察每个人的方法是否相同，最后选出最快且符合要求的学生，给予一定的奖励。

（七）训练注意事项：突破原有思路，用 8 根火柴拼出一个菱形。

（八）训练交流与分享：

1. 请完成的学生讲讲各自的思路是怎样的。

2. 没有完成的学生，思考和总结失败的原因。

（九）训练总结与点评：

1. 答案其实很简单，用 8 根火柴拼成一个菱形的方法就是用它们拼成“一个◇”。数数笔画，正好是 8 画，而这 8 画正好可以由那 8 根火柴代替。

2. 一般而言，能做出来的人不多，原因就是没有想到“一个”也要表示出来，这样自然就不知道剩下的 4 根火柴放哪里了。而做出来的人有两种可能：一种人平时就表现得很灵活，对一件事情可以从好几个角度分析，对一个问题可以用好几种方法解决；另一种人是“直心眼”的人，这种人对别人的话很信任，不会加入自己的想法，别人说一就是一，所以他们听了教师的话不会多想，简简单单就把题做出来了。

3. 对于其他人，如果当时头脑灵活一点的话是可以做出来的。他们应该这样想，菱形只有 4 条边，又不允许每边使用两根火柴，那么一定还有别的什么地方需要火柴。这时候只要再把问题想一遍，就会发现窍门所在了。

## 知识链接

### 一、什么是创新

“创新”起源于拉丁语的“innovate”，意思是更新、制造新的东西或改变。在西方古典经济学家的著作里，创新被认为是在不确定的环境下组合、利用资源的能力。西方学者对创新在经济发展中的作用进行了有意义的探索，包括古典经济学的集大成者马歇尔，他在《经济学原理》中不止一次提到在经济生活中的组织和创业对于经济社会发展的作用，然而，他仍然没有提出系统的“创新”概念。最早提出“创新”概念和建立系统“创新理论”的是奥地利经济学家熊彼特，他在 1912 年出版的德文版著作《经济发展理论》中首次提出“创新”的概念，即“建立一种新的生产函数”，是把一种从来没有过的关于生产要素和生产条件的“新组合”引入生产体系。

中国的教育发展史，也闪烁着一些简单而朴素的培养创新力的思想和方法。例如：两千多年前，老子就在《道德经》中提出“天下万物生于有，有生于无”的创造思想；孔子提出要“因材施教”以及“不愤不启，不悱不发。举一隅不以三隅反，则不复也”的思想；1919 年，我国著名教育家陶行知先生第一次把“创造”引入教育领域，他在《第一流教育家》一文中提出要培养具有“创造精神”和“开辟精神”的人才，培养学生的创新力对国家富强和民族兴亡有重要意义。

创新，是指以现有的思维模式提出有别于常规或常人思路的见解为导向，利用现有的知识和物质，在特定的环境中，本着理想化需要或为满足社会需求，而改进或创造新的事物（包括产品、方法、元素、路径、环境），并能取得一定有益效果的行为。

## 二、创新的特点

### （一）不确定性

任何创新都有不确定性，创新的实现和扩散过程，同时是创新的不确定性逐步消除的过程。任何人都不可能了解所有关于既定创新的全面信息，这种不确定性使创新成为一个团队或一个组织进行的最无法预测和最难以捉摸的活动。

### （二）风险性

创新的风险性表现为创新所带来的效果具有建设性与破坏性。创新的建设性，是指创新使得创业能够提高现有能力、技能的价值和可用性，推动企业的发展。创新的破坏性，是指某一企业的一项创新产品对行业内其他企业来说是一种威胁，会以其产品低劣地满足市场的需要。索尼公司创始人盛田昭夫就认为，最好的创新来自一个看上去像撞车比赛的过程。

### （三）压力性

创新的压力性来源于创新的不确定性和风险性，任何创新都需要勇气和决心。创新恐惧就是对创新压力的描述。创新压力除了本能驱使的压力，还有情感和心理的压力。

### （四）知识性

创新意味着解决以前不存在的问题，意味着提供新的产品、服务，形成新的技术、制度和管理范式，甚至意味着开发新的资源。而这些活动都需要创新者在创新领域掌握丰富的知识，在创新活动中既运用直觉，又运用分析能力。

## 三、创新的内容

从全面的角度看，“创新”概念包括产品创新、技术创新、管理创新、组织创新、制度创新、知识创新、思想创新和理论创新八个方面的内容。

### （一）产品创新

在民航服务中，产品创新是最直接、最能让广大旅客尤其是经常乘坐飞机旅行的旅客印象深刻的。各航空公司飞机餐的口味长期被诟病，而乘务员在一线工作，与乘客有更多、更直接的接触，更加了解客人的喜好与需求。针对这一情况，某航空公司客舱服务部与航空食品公司合作交流，举行乘务员厨艺大赛，将厨艺比赛的前三名菜品，做成航食配餐菜品在机上推广并向客人推荐，得到广泛认可和喜爱。让乘务员比赛推出适合做成航食的美味菜品，乘客在品尝时也多了一份期待与理解，这次合作和创新赢得了一致的好评。

### （二）技术创新

技术创新，首先体现在物质商品生产的设备和工艺的创新上，进一步体现在方法、思路的“软技术”上。机械化、电气化技术大大提高了劳动生产率，计算机、机器人等自动化技术在生产中的广泛应用使得产品的数量和质量都有了进一步的提高，从而更大幅度地改变着社会面貌。

### （三）管理创新

管理创新是行为效益的手段性创新，有了管理创新，才有了各种组织及各种事业不断前进的技术保障。正确把握自身的条件与特点，根据环境的变化进行管理理念、管理方法、管理手段和管理体制创新，是组织的生存之道，也是事业的发展之道。

### （四）组织创新

组织创新是微观结构的体制性创新，有了组织创新，才有了各种组织在竞争中可持续发展的自身目标。从世界的角度看，当今各类组织呈现出扁平化、小型化、弹性化、柔性化、网络化、哑铃化、倒金字塔化等格局，出现了可塑性组织、变色龙组织、虚拟组织、学习型组织以及内部市场、战略联盟、无边界组织等形式。

### （五）制度创新

制度是社会运行的规矩。制度创新是宏观环境的运作性创新，有了制度创新，才有了社会蓬勃发展的创新动力。制度创新是通过扭转现行的公众心态、改变现行的利益格局、趋向合理的社会环境，来达到先进的、公平的、理性的、效益的、人本的目标。

### （六）知识创新

戴维·温伯格（David Weinberger）提出，知识包含三个层面：1）知识是不同信息或者信息片段之间的联系，是对一般的信息予以提升、有一定的抽象性的看法，存在于知识库、数据库中。2）知识是方法，是人们可以从身边的人那里得到的。3）知识是主意或想法，这种主意或想法需要判断是否合理。知识创新是对现有信息的制造和改造，有了知识创新，才有了一系列其他创新的延伸和出现。

### （七）思想创新

思想创新是人的知识、智力的输出性创新，有了思想创新，才有了持续的创新成果。思想创新的结果会形成理论创新和制度创新。例如："鼓励消费"是观念创新；重视人的因素，"以人为本"，也是现代经济学、现代管理学的观念创新。

### （八）理论创新

理论创新是对原有理论的否定、突破、变异，是在寻找新的观点、学说和新的体系。有了理论创新，才有了人们对于自然世界、人类社会认识的飞跃和更加自觉、理性、有效的把握。

## 四、创新的过程

创新的过程，即创造性思维的过程，在思维过程中同时伴随着创造性活动。从一般意义上说，人们解决某种问题时通常有一定的思维顺序，这种顺序包括发现问题、提出问题、分析研究问题、提出假设、检验假设几个步骤。特别是"提出假设"这一步骤，带来了科学理论的产生、科技发明、人类认识中质的飞跃。

一直以来，中国民航局都将"真情服务"作为民航工作的"三条底线"之一。乘坐航班出行成为人们经常选择的一种旅行方式，人们对服务品质的要求提升到了新的高度。"真情服务"的核心在于"真情"，出发点是"真"，落脚点是"情"。航空公司在航班服务的过程中，力图为旅客提供有温度、超越期待的服务。"真情服务"就是让旅客体会到发自内心的热情，让外化于行的服务行为"有温度"。

## 五、创新力与创新型人才

### （一）创新力的概念

创新力又称创新能力，由创新和能力两个名词共同构成。

## （二）创新力的表现

### 1. 学习能力

学习能力是指获取、掌握知识、方法和经验的能力，包括阅读、写作、理解、表达、记忆、搜集学习资料、使用工具、对话和讨论等能力，还包括态度和习惯。管理学大师彼得·德鲁克说："真正持久的优势就是明白怎样去学习，怎样使得自己的企业能够学习得比对手更快。"

### 2. 分析能力

分析能力与三个因素有关：一是个人的知识、经验和禀赋，二是分析工具和方法的水平，三是共同讨论与合作研究的品质。随着科学技术的发展，高性能计算机和各种科学仪器以及新的分析方法的出现和应用，有效地提高了人们的分析能力。

### 3. 综合能力

综合能力包括三项内容：一是思维统摄与整合，就是把大量分散的概念、知识点以及观察和掌握的事实材料综合在一起，进行思考加工整理，对事物进行整体把握；二是积极吸收新知识，特别是要学会跨学科交叉，只有把不同学科的知识、不同领域的研究经验融会贯通，才能更好地综合；三是只有与分析能力紧密配合，才能正确认识事物，实现有价值的创新。

### 4. 想象能力

想象能力往往是发现问题和解决问题的突破口，以一定的知识和经验为基础，在创新活动中扮演突击队和急先锋的角色，缺乏想象力很难从事创新工作。

### 5. 批判能力

在学习、吸收已有知识和经验时，批判性和选择性地吸收与接受，去粗取精、去伪存真；在研究和创新方面，如果没有质疑和批判，就只能跟在权威和定论后面亦步亦趋，不可能做出突破性贡献。科学技术史表明，重大创新成果通常都是在对权威理论进行质疑和批判的前提下做出的。

### 6. 创造能力

创造能力是创新力的核心，它是指首次提出新的概念、方法、理论、工具、解决方案、实施方案等的能力，是创新型人才的禀赋、知识、经验、动力和毅力的综合体现。

### 7. 解决问题的能力

解决问题分狭义和广义：狭义的解决问题就是人们通常认为的各种问题的解决，如物理问题、数学问题、技术问题；广义的问题解决则包括各种思维活动，这种情况下，创新力就等同于创造性地解决问题的能力。

8. 实践能力

实践能力特指社会实践能力，要使创新成果得到承认、传播、应用，实现其学术价值、经济价值和社会价值，必须和社会打交道，实践能力就是为实现这一目标而进行各种社会实践活动的能力。

9. 组织协调能力

对于创新型人才来说，要完成创新活动，就要协调各方，当拥有一定的资源时，就可以通过沟通、说服、资源分配和荣誉分配等手段来组织协调各方以最终实现创新目标。

10. 整合多种能力的能力

创新型人才的宝贵之处不仅在于其拥有多种才能，更重要的是能够把多种才能有效地整合在一起并使其发挥作用。整合多种能力的能力是能力增长和人格发展的结果，这需要学习、实践和人生历练。是否拥有整合多种能力的能力对能否完成重大创新具有关键性影响。

### （三）创新型人才及创新型人才的特征

创新的根本是培养创新型人才。创新型人才是指富于开拓性、具有创造能力、能开创新局面的人才，通常表现出灵活、开放、好奇的个性，具有精力充沛、坚持不懈、注意力集中、想象力丰富以及富于冒险精神等特征。

1. 有可贵的创新品质

创新型人才必须是有理想、有抱负的人，具备良好的献身精神和进取意识以及强烈的事业心和历史责任感等可贵的创新品质。只有具备这些品质，才会有为求真知、求新知而敢闯、敢试、敢冒风险的大无畏勇气，才能构成创新型人才的强大精神动力。

2. 有坚韧的创新意志

创新是一个探索未知领域和对已知领域进行破旧立新的过程，充满各种阻力和风险，为了既定的目标必须始终不懈地进行奋斗，锲而不舍，不达目的誓不罢休，不自暴自弃，不轻言放弃。只有具备这样的创新意志，才能不断战胜创新活动中的种种困难，最终实现理想的创新效果。

3. 有敏锐的创新观察

创新不仅仅是发现，更是突破。要实现突破，创新型人才就要具有敏锐的观察能力、深刻的洞察能力、见微知著的直觉能力和一触即发的灵感和顿悟，不断地将观察到的事物与已掌握的知识联系起来，及时发现别人没有发现的东西。壶水滚沸使瓦特发明了蒸汽机，苹果落地使牛顿创立了“万有引力”说，带细齿的野草划破了鲁班的手指使他发明了锯，这些无不证明了敏锐的创新观察能力在创新活动中的重要作用。

4. 有超前的创新思维

创新思维是创新的基本前提，创新型人才只有具备前瞻性、独创性、灵活性等良好思维品质，才能保证在对事物进行分析、综合和判断时做到独辟蹊径。

5. 有丰富的创新知识

创新型人才还需具有广博而精深的文化内涵，既要有深厚而扎实的基础知识，了解相邻学科及必要的横向学科知识，又要精通自己专业并能掌握所从事学科专业的最新科学成果和发展趋势。只有不断积累知识，才能用更为宽广的眼界进行创新实践。

6. 有科学的创新实践

创新的过程是遵循科学、依据事物的客观规律进行探索的过程，任何一种创新都不能有半点马虎和空想，因此，创新型人才必须具有严谨而求实的工作作风，严格遵循事物的客观规律，从实际出发，以科学的态度进行创新实践。

具有创新思维的人才组成的团队可以创造出不拘泥于传统、超越于同行的产品、设计、风格以及服务感受。

## （四）打造创新型团队

打造一支创新型团队，有以下七种方法：

1. 鼓励学习

要打造一支创新型团队，首先要在整个团队中创造一种良好的学习氛围，让团队成员至少对创新的动力有所了解，让团队所有成员都将学习转变成一个连续不断的过程。

2. 内部竞争

良好的内部竞争是一个团队追求完美的开端，如果想获得成功，就必须努力进取，良性的竞争有助于激发员工的潜力。

3. 分享信息

分享信息就是团队之间、个人之间、团队与个人之间的信息公开，团队成员可以自由地交换意见或者进行沟通，这也是打造创新型团队的重要条件。信息沟通制度要简单，不拘泥于形式；要给予信息沟通物质性支持；分享信息也要制度化，发挥监控的作用。

4. 容忍失败

如果不想失败，那么只有一条路，就是永远不要尝试。如果团队成员有创新的构想，就让他亲自试验，只要不是因玩忽职守、不负责任而导致的失败，即使造成了损失也不要处罚。因为创新者只有经过无数次的试验，承受多次失败，才能获得胜利的果实。

5. 支持创新者

创新者是团队发展道路上的先锋，但是枪打出头鸟，他们往往会遭受攻击、谩骂、批评。这时团队管理者就要给予全力支持，允许有才华、有创造力的人才在他们认为最能发挥才能的环境中工作，并且为他们提供各方面的支持。

6. 吸收改造

创新并不仅仅是从无到有地创造出某个东西，也可以是在原有基础上加以改进，融合吸收。

7. 从小队伍带起

打造创新型团队就像滚雪球，可以先从团队中挑选几名骨干，组成一个微型的创新型团队，在成熟后再吸纳新人进来，经过消化之后，再吸纳新人，如此循环，最终形成一支坚不可摧的创新型团队。

案 例

白云机场“海天走廊”

众所周知，机场是旅客进入一个城市的门户，一直以来机场主要的功能就是提供飞机的起降、停靠，以及旅客货物的进出港、中转服务。广州白云机场作为中国南大门和广州窗口名片，在打造中国首家国际枢纽机场的同时，结合“一带一路”倡议，把“文化机场”战略作为白云机场未来重点发展方向之一，2017 年 8 月，在机场候机楼内创立了“文化机场”战略的首个里程碑项目——“海天走廊”。

“海天走廊”项目是白云机场首个大型的历史文化景观地标，其打破传统，全长约 200 米，占地约 3 300 平方米，通过概念构思、空间设计、墙面改造及增加设备，有效利用公共空间，重新对通道进行升级改造，为旅客提供更好的服务体验并为白云机场增加了历史文化底蕴。

“海天走廊”的设计分三部分：“古”“今”“未”。以时间为序，在“古”部分尝试回顾古代海上丝绸之路的发展历程，并设立白云机场首座文化博物馆，该馆风格为独具传统岭南元素的仿古建筑，运用实物展品和高科技的三维触摸屏幕。其余区域采用仿真的建材营造古代船舱龙骨感觉，并设有数十个船窗口，以活动画面的形式，模拟展现古代航海中的画面。

“今”部分主要突出当今海上丝绸之路的发展，展示我国在“一带一路”倡议下的相关成果资料及展示沿线国家的风光景观。让广大旅客通过现场观看和体验，学习和了解海上丝绸之路的发展历程以及国家“一带一路”的倡议。

而在“海天走廊”末端，“未”部分是对未来丝绸之路的展望。采用“未来飞船”的概念与“古”展示区首尾呼应。颇有宇宙风格的船舱设计和用玻璃与导光光纤的繁星，表达了对未来空中丝绸之路的美好展望以及憧憬。

整条走廊的天花板部分，设计有绵延飘逸的抽象“丝带”，在走廊的不同部分，有不同风格的艺术表现。“古”阶段是“帆”，“今”阶段是“海浪”，“未”阶段是“星空”。

“海天走廊”项目作为机场与博物馆跨界合作的成功案例，不仅兼具传播岭南历史文化的功能，更成为大部分国内外旅客感知广州的“第一站”，从视觉、触觉角度创新旅客对机场服务品质的感知，是机场文化建设、提高城市文化价值的重要举措，得到国内外旅客的高度认可。

资料来源：http：//news. carnoc. com/list/439/439891. html

案　例

## 厦航美食·云端定制

2017 年 5 月 20 日，厦航成功举办了“惊喜来得太突然”活动第五季——“这个 520，厦航和你在一起”活动。厦航惊喜活动策划小组，根据“520”的特殊意义，集思广益，制订了详细的活动计划。第一步，借助@厦门航空和@厦航美食等新浪微博公众号，宣传“这个 520，厦航和你在一起”主题活动，预告惊喜和幸运将降临在某位神秘旅客身上，为此次活动造势。第二步，将爱意融入餐食设计和伴手礼之中，由厦航空厨精心制作了一款爱心花瓣蛋糕，并配上温馨祝福贺卡及玫瑰花。第三步，筛选适合本次活动的幸运旅客。活动呈现，在 5 月 20 日当天，机供班长将带着真情服务的伴手礼和充满爱的味道的餐食送上飞机，由乘务员传递给惊喜活动所挑选的神秘旅客。此次惊喜活动得到了神秘旅客及机上其他旅客的一致点赞，同时受到了社会各界的广泛关注，仅微博视频点击量就超过了 10 万次。

资料来源：http：//news. carnoc. com/list/440/440119. html

案　例

## 一线飞行人员的救助心

某乘务员曾就读医科大学全科临床专业，在飞行过程中，他发现现行的手册急救章节有着不够完善、不便查询等缺点，于是利用自己的业余时间撰写一些适用于机上急救的文章供大家阅读。不久之后，某报便为其开设名为“机舱急诊室”的专版，专门为机组人员及旅客普及机上医疗知识。但是，作为一名 90 后，飞行经验还很有限，于是前辈们便自愿组成团队，分享了各自几十年来的飞行经验及碰到的案例。最终，该乘务员在前辈们的指导下撰写了专用书籍《机上医疗救助》，用来指导乘务员在飞机上如何进行紧急医疗救助并避免相关法律责任。该书开创了由一线飞行人员编写专业指导类书籍的先河，并打破了在飞机上遇到病人，只能依靠广播寻找医生的尴尬局面。

资料来源：案例由某航空公司在职资深乘务员提供。

案 例

## 华夏航空"人文客舱"

华夏航空公司成立于2006年，以"为生活在中小城市的人们获得更大的发展空间提供平等的出行权"为使命，开启了艰难的支线航空探索之旅。经过12年的沉淀，华夏航空由前期专注于安全生产保障，逐步发展为安全高效运行与服务品牌建设并举。2017年5月，华夏航空将支线航点特色、创新特色服务和华夏传统文化三者融合，推出了"人文客舱"项目。该项目以传承和弘扬华夏传统文化为根基，从视、听、嗅、味、触"五感"入手，立体化打造人文客舱，全方位提升旅客乘机体验，探索建立华夏航空服务品牌；通过线上线下、空地联动的形式，利用"互联网＋"、新技术手段来扩大项目的影响力与受众范围，在丰富民航"真情服务"内涵的同时，履行企业社会责任，传播华夏传统文化。

【视·水墨人文，怡情逸景】 根据旅客视觉接触点，选取行李架壁板、头枕巾、小桌板三个位置，将支线航点城市自然风貌、人文景观、经典诗词，以传统水墨晕染风格设计进行呈现，让旅客一进入客舱，便好似翱翔云端、俯瞰大地，回归山水之间，悠然自得。翻开小桌板，便陶冶在祖国支线城市的名胜古迹、灿烂文化之中。

【听·华夏之声，横跨古今】 机上广播，甄选各支线航点城市历史人文典故，如汉中"胸有成竹"，宜宾"赵匡胤杯酒释兵权"等，为旅客讲述滚滚历史长河中千古流传的人文典故。迎送客音乐，选取宛转悠扬的古典音乐——《琵琶语》和《江湖》，通过琵琶、洞箫等华夏传统乐器，为旅客带来一场横跨古今、物我两忘的心灵对话，让旅客在匆忙的旅途中也能享受一份古典音乐带来的宁静、闲适。

【嗅·古典檀香，清心隽永】 檀香气味幽香、温和隽永，可助人清心凝神、排除杂念，是华夏传统仪式及皇家庆典的经典香型，代表专注的意念与至诚至圣的愿望。"人文客舱"项目选用檀香作为客舱主香，并对香薰片配以水墨风格设计，让旅客一进入客舱，便沉浸在悠悠山水、冉冉檀香之中。

【味·飨支线美食，赏华夏故事】 华夏航空客舱地面服务部机供品团队成立"美寻"小组，携手"云鸽示范乘务组"和"花样空姐华夏行"旅游直播团队，前往舟山、敦煌等支线城市寻找当地特色美食，并通过机上餐食呈现给广大旅客，"美寻"小组全程通过直播镜头向网友展示。

【触·特色活动，空地联动】 围绕"人文客舱"主题，在春节、端午节、中秋节、重阳节等节日，开展系列特色活动。在推广中国传统节日文化的同时，为旅客带来一场场精彩的华夏客舱人文服务之旅。更通过线上线下互融、客舱地面联动的形式，充分发挥"互联网＋人文客舱"的影响力，促成该项目的广泛传播。

资料来源：http：//news.carnoc.com/list/439/439047.html

案 例

## 用心服务 老大爷感到家的温暖

2017 年 5 月的一天，在某航空公司北京—维也纳—巴塞罗那航班上，一位独自乘机的老年旅客引起了该航班主任乘务长的注意。在和这位老人简单沟通后，她主动叫来区域乘务长，要求区域乘务员对这位独自出行的老人全程关注，尽可能给予照顾。在接下来近 10 个小时的飞行中，区域乘务员按照主任乘务长的要求在迎客、细微服务、餐饮服务以及乘客休息期间都对这位老大爷格外照顾，时时关注老大爷的需求。在飞机经停维也纳下降前，区域乘务长不忘叮嘱老大爷在飞机停稳后带好全部手提物品下机，办理转乘手续以及注意事项。在随后的登机过程中，看到老大爷顺利办好转乘手续再次出现在机门口时，乘务长和乘务员王爽一直悬着的心暂时放下了。

维也纳—巴塞罗那飞行时间为 2 小时 20 分钟，客舱服务工作有条不紊地进行着。在飞机下降前，乘务长发现老大爷面露愁容，她走过去和大爷攀谈起来。老大爷说自己是天津人，这次一个人来巴塞罗那旅游，现在遇到两个困难不知道怎么办了：一是想知道出机场后怎么找到公交车站去自己预订的酒店，二是所带现金都是大额的，没有零钱买公交车票。乘务长建议大爷去候机楼换钱处兑换零钱并提醒大爷保管好随身财物、谨防扒手。乘务员考虑到老大爷不熟悉路线，下机后又语言不通，经过反复琢磨，在客舱来回几趟仔细观察之后，终于寻找到一名在巴塞罗那留学的中国留学生，并详细地向留学生讲述了老大爷的情况，留学生一口答应为老大爷提供路线咨询。值得一提的是，细心的乘务员还专门调换座位让留学生和老大爷坐到一起，这样更加方便留学生和老大爷沟通。王爽也一直站在一旁，随时为他们提供必要的帮助。热情的中国留学生耐心地为老大爷写好乘车路线，得知老大爷没有零钱，还将自己的地铁票送给了老大爷。大爷感动不已，说自己这次旅行太幸运了，虽然一个人身处异国他乡，但乘坐此次航班让他感受到家的温暖。乘务员像家人般无微不至的关怀，用爱心搭起了乘客与乘客之间爱的桥梁，作为一个中国人，他觉得无比骄傲和自豪！

将心比心，以心换心。当我们真正用心地去给旅客提供服务时，你就会发现问题并没有那么难解决；只要我们尽心尽力地为旅客服务，终将会打动旅客，简单的一句“谢谢”，在我们听来都是那么悦耳动听，这就是旅客给我们的最好的礼物和反馈。其实，创新不仅仅是我们看到的一些出乎意料的新鲜主意，在大家习以为常的工作当中，有效利用现有资源，在正常工作范围以外，为旅客提供的延伸服务就是一种创新、一种态度、一种责任。

资料来源：本案例由某航空公司资深乘务员提供。

### 课外拓展

1. 寻找一个关于创新力的民航业真实案例，根据本项目理论思考与分析，并以小组为单位进行分享。

2. 以创新力为主题，以小组为单位，提炼自己平时学习生活中的2～3个案例与同学分享。

自我测试、课后锦囊和参考文献请扫描下方的二维码。

图书在版编目（CIP）数据

民航团队拓展训练实务/池锐宏，陈振旗主编．—北京：中国人民大学出版社，2018.9
21世纪高职高专规划教材．空中乘务系列
ISBN 978-7-300-26003-7

Ⅰ.①民… Ⅱ.①池… ②陈… Ⅲ.①民航管理-组织管理学-高等职业教育-教材 Ⅳ.①F560.1

中国版本图书馆CIP数据核字（2018）第158484号

高等职业教育“十三五”规划精品系列教材
21世纪高职高专规划教材·空中乘务系列
**民航团队拓展训练实务**
主　编　池锐宏　陈振旗
副主编　黄进委　白文宇　张晓明
Minhang Tuandui Tuozhan Xunlian Shiwu

| | | | |
|---|---|---|---|
| 出版发行 | 中国人民大学出版社 | | |
| 社　　址 | 北京中关村大街31号 | 邮政编码 | 100080 |
| 电　　话 | 010－62511242（总编室） | | 010－62511770（质管部） |
| | 010－82501766（邮购部） | | 010－62514148（门市部） |
| | 010－62515195（发行公司） | | 010－62515275（盗版举报） |
| 网　　址 | http://www.crup.com.cn | | |
| 经　　销 | 新华书店 | | |
| 印　　刷 | 固安县铭成印刷有限公司 | | |
| 开　　本 | 787mm×1092mm　1/16 | 版　　次 | 2018年9月第1版 |
| 印　　张 | 16.5插页1 | 印　　次 | 2023年6月第4次印刷 |
| 字　　数 | 338 000 | 定　　价 | 35.00元 |

# 信息反馈表

尊敬的老师:

您好！为了更好地为您的教学、科研服务，我们希望通过这张反馈表来获取您更多的建议和意见，以进一步完善我们的工作。

请您填好下表后以电子邮件、信件或传真的形式反馈给我们，十分感谢！

## 一、您使用的我社教材情况

| | | | |
|---|---|---|---|
| 您使用的我社教材名称 | | | |
| | | | |
| 您所讲授的课程 | | 学生人数 | |
| | | | |
| 您希望获得哪些相关教学资源 | | | |
| 您对本书有哪些建议 | | | |

## 二、您目前使用的教材及计划编写的教材

| | | | |
|---|---|---|---|
| 您目前使用的教材 | 书名 | 作者 | 出版社 |
| | | | |
| | | | |
| 您计划编写的教材 | 书名 | 预计交稿时间 | 本校开课学生数量 |
| | | | |
| | | | |

## 三、请留下您的联系方式，以便我们为您赠送样书（限1本）

| | | | |
|---|---|---|---|
| 您的通信地址 | | | |
| 您的姓名 | | 联系电话 | |
| 电子邮箱（必填） | | | |

我们的联系方式:

地　址：苏州工业园区仁爱路158号中国人民大学苏州校区修远楼

电　话：0512-68839320　　　　传　真：0512-68839316

网　址：www.crup.com.cn　　　　邮　编：215123